CRIANDO GÊMEOS E MÚLTIPLOS EM IDADE ESCOLAR

CRIANDO GÊMEOS E MÚLTIPLOS EM IDADE ESCOLAR

Os desafios e as recompensas de educar gêmeos e múltiplos

Christina Baglivi Tinglof

M. Books do Brasil Editora Ltda.
Rua Jorge Americano, 61 - Alto da Lapa
05083-130 - São Paulo - SP - Telefones: (11) 3645-0409/(11) 3645-0410
Fax: (11) 3832-0335 - e-mail: vendas@mbooks.com.br

Dados de Catalogação na Publicação

Tinglof, Christina Baglivi.
Criando Gêmeos e Múltiplos em Idade Escolar: Os desafios e as recompensas de educar gêmeos e múltiplos. Christina Baglivi Tinglof.
2008 – São Paulo – M.Books do Brasil Editora Ltda.
1. Pais e Filhos 2. Psicologia 3. Relacionamento

ISBN: 978-85-7680-044-6

Do original: Parenting School-Age Twins and Multiples
© 2007 by Christina Baglivi Tinglof
© 2008 by M.Books do Brasil Editora Ltda.
Original publicado por McGraw-Hill.
Todos os direitos reservados

EDITOR
MILTON MIRA DE ASSUMPÇÃO FILHO

Produção Editorial
Renata Truyts

Tradução
Dayse Batista

Preparação de Texto
Sonia Silva

Revisão de Texto
Regiane Miyashiro

Coordenação Gráfica
Silas Camargo

Editoração e Capa
Crontec

2008
Proibida a reprodução total ou parcial.
Os infratores serão punidos na forma da lei.
Direitos exclusivos cedidos à
M.Books do Brasil Editora Ltda.

Para a minha família. Que jornada maravilhosa!

Sumário

Prefácio   ix

Agradecimentos   xv

Introdução   xvii

1 **Entendendo o relacionamento entre gêmeos   1**

Os seis subgrupos de gêmeos   2
O vínculo entre gêmeos   9
Natureza *vs.* criação: o grande debate   13
A vantagem do gêmeo: a história real   20
Um amigo para a vida toda   24

2 **Desenvolvendo a identidade e promovendo a individualidade   25**

Os desafios de identidade para gêmeos e múltiplos   26
Promova a individualidade   31
Múltiplos e amizades   41
Quando um gêmeo domina o outro   51
Ofereça privacidade   54
Às vezes *eu*, às vezes *nós*   59

viii | Criando gêmeos e múltiplos em idade escolar

3 Disciplina em dobro 61
Lidando com filhos múltiplos 61
Múltiplos na adolescência: mais difíceis de disciplinar? 70
Tudo sob controle 74

4 Os múltiplos e a educação 77
Prontidão para o jardim-de-infância 78
Separados ou juntos? 83
Quando os múltiplos têm diferentes capacidades 98
Dificuldades de aprendizagem 104
A escola está aberta! 109

5 Combata a competição e promova a cooperação 111
O que é rivalidade entre irmãos? 112
O lado positivo da competição entre gêmeos 123
E todos viveram felizes para sempre 127

6 Repense a igualdade de tratamento e combata o favoritismo 129
Eu só quero ser justo! 130
Entenda o favoritismo 135
Igualdade, mesmo com parcialidade 143

7 Puberdade: múltiplos na adolescência 145
As vantagens de ser um adolescente gêmeo 146
As dificuldades de ser um adolescente gêmeo 148
O corpo do gêmeo 162
Duas vezes mais hormônios e duas vezes mais diversão 166

8 Relacionamentos familiares: mãe, pai e irmãos não-gêmeos 167
Dinâmica familiar 168
Os outros irmãos 172
Os pais 180
Uma grande e feliz família 186

Bibliografia 187

Índice remissivo 193

Prefácio

Em trinta anos de pesquisas com famílias com gêmeos múltiplos, tive a felicidade de trabalhar em dois estudos longitudinais sobre o desenvolvimento de gêmeos durante toda a infância. Esses estudos me convenceram do poder dos acontecimentos em fases precoces do desenvolvimento que podem moldar o curso de vida de pares de gêmeos e o relacionamento dessas pessoas umas com as outras quando ingressam na idade adulta. Explicar esses acontecimentos é um dos pontos fortes deste livro, na medida em que acompanha gêmeos e múltiplos durante o período da pré-escola e do ensino fundamental e médio, chegando à faculdade e à vida adulta. Este livro não é apenas para os pais. Ele é igualmente relevante para outros parentes, como os avós, e também para os professores, para que possam apreciar seu papel nas transformações desses gêmeos enquanto finalmente emergem para a idade adulta.

De onde vêm todas essas informações?

Um dos méritos deste livro vem da capacidade da autora para interligar duas fontes de informações: entrevistas com mais de quarenta famílias e literatura científica. A isso, ela sobrepõe suas experiências como mãe de gêmeos e de outros filhos não-gêmeos, estes tantas vezes ignorados pela literatura sobre gêmeos. Freqüentemente, investigadores acadêmicos deixam de reconhecer a abundância de informações que podem extrair dos pais. Isso é especialmente verdade no caso de famílias com gêmeos múltiplos, nas quais grande parte dos dados coletados tem sido altamente quantitativa e baseada em pesquisas genéticas, não se aventurando a tratar do cotidiano dos múltiplos e seus pais, irmãos e professores. Senti pessoalmente esse problema em um estudo que fizemos recentemente com famílias nas quais um gêmeo tem transtorno de déficit de atenção e hiperatividade (TDAH), e o outro não. Nenhum de nossos instrumentos formais de avaliação psicológica chegava realmente a revelar como era a vida para o gêmeo sem TDAH e percebíamos a dificuldade desses jovens durante suas conversas, quando nos contavam de seu embaraço diante de algum comportamento do gêmeo com TDAH na escola, mas também do vínculo entre os dois, apesar desses incômodos.

O texto usa imagens verbais poderosas para capturar parte das peculiaridades de famílias com gêmeos múltiplos. Não consigo pensar em melhor ilustração da competição entre gêmeos que o exemplo do menino que gritou "Eu ganhei, eu ganhei", no fim de uma corrida, quando na verdade havia ficado em penúltimo lugar. Seu irmão gêmeo estava em último. Exemplos como este oferecem ótimas revelações sobre o que se passa na mente de um gêmeo.

Junto a isso, apresenta-se explicação muito criteriosa e completa a respeito da literatura de pesquisas sobre gêmeos, auxiliada pelas habilidades da autora como jornalista para traduzir a prosa muitas vezes árida dos acadêmicos. O trabalho de meu próprio grupo foi extensamente usado e preciso admitir que em alguns momentos li uma seção e perguntei-me: "Descobrimos mesmo isso?" Sim. Havíamos descoberto, mas não expressado nossos achados com tanta clareza. Aprecio particularmente o reconhecimento do trabalho de Helen Koch, de Chicago, e René Zazzo, da França, duas pessoas cujas contribuições para o entendimento do mundo dos gêmeos não receberam a atenção merecida.

A idéia de "efeito da dupla", de René Zazzo, era muito criteriosa, mas foi ignorada por muito tempo, porque muito pouco de seu trabalho estava disponível em língua inglesa. O efeito de "prima-dona" de Helen Koch é imensamente importante, mas também foi negligenciado nos últimos anos. Embora o trabalho dessas duas estudiosas revele-se neste livro apenas durante a discussão sobre a adolescência, eu recomendo que cada leitor reflita sobre como as idéias de Koch servem para tantos múltiplos, da pré-escola em diante, enquanto se esforçam para conquistar a atenção ("prima-donas") ou para se distanciar e exagerar quaisquer diferenças que possam existir entre eles ("o efeito da dupla").

Ao identificar a diferença na vida dos gêmeos, a partir do fato de serem gêmeos idênticos ou não, meninos ou meninas, do mesmo sexo ou de sexos opostos, Helen Koch prestou uma grande contribuição — freqüentemente ignorada por famílias que buscam orientação em outras obras sobre múltiplos —; ela documentou que nem todas as crianças nem todas as famílias são iguais. Ao longo deste livro, somos lembrados constantemente de que nem todas as famílias de múltiplos são iguais e que aquilo que dá certo para uma pode não funcionar para a outra. Portanto, embora este livro talvez não lhe dê uma receita precisa para entender a sua própria família, ele fornece ingredientes que podem ser combinados da forma mais adequada para um maior entendimento da dinâmica em sua família.

INDIVIDUALIDADE E COMPETIÇÃO

Um ponto que negligenciei no livro de Mary Rosambeau, *How twins grow up* (*Como os gêmeos crescem*), mas que me tirou o fôlego ao ser citado aqui, foi que, na média, os gêmeos da Grã-Bretanha passam duas ou mais noites separados pela primeira vez aos quatorze anos, enquanto nos Estados Unidos a média de idade é de nove anos para irmãos não-gêmeos. Nos Estados Unidos, talvez seja diferente. Crianças saírem de casa para passar uma parte significativa do verão, e, ainda mais, sem seus irmãos gêmeos, é incomum fora dos Estados Unidos. Esta é uma objeção real para o argumento de que gêmeos vivenciam a mesma diversidade de ambientes que pares de irmãos não-gêmeos.

O que realmente adorei no livro foi a forma como o desafio entre a individualidade e o poder de ser múltiplos foi tramado ao longo de todo o texto. Como a autora aponta, as comparações entre os gêmeos iniciam-se logo ao nascimento (senão antes, como mostram alguns trabalhos italianos recentes sobre ultra-som) e podem moldar atitudes para com os gêmeos individuais e os relacionamentos entre os dois durante a vida inteira.

Eu endosso a firme abordagem destinada a parentes que possam ter o desejo de comparar as crianças. É claro que um ou outro parente pode magoar-se ante o pedido para que pare de fazer isso, mas o que importa é o bem-estar dos múltiplos no longo prazo, e não as emoções dos adultos envolvidos no curto prazo.

Entretanto, uma conversa firme não serve apenas para os parentes. É fácil perceber a mensagem de que a vida não é justa. Gêmeos e múltiplos não podem ignorar as diferenças entre eles, por exemplo, quando um, mas não o(s) outro(s), obtém uma bolsa de estudos ou algum outro reconhecimento. O livro deixa bem claro que os pais não podem e não devem sentir-se culpados por isso. Na verdade, no mínimo, o oposto é o que vale, e os pais devem sentir culpa se tentarem proteger os filhos, recusando-se a reconhecer diferenças reais entre eles.

ESTE LIVRO SERVE PARA LEITORES FORA DA AMÉRICA DO NORTE?

Qualquer escritor (e todos os editores) deseja o maior mercado possível para um livro novo. Portanto, será que este livro pode ser traduzido para leitores fora da América do Norte? Além de questões óbvias como a incapacidade eterna dos norte-americanos para soletrarem *mum* (mãe), acho que qualquer família encontrará exemplos com os quais se identificará, não importando onde more. Isso se deve, em grande parte, aos esforços da autora para usar trabalhos internacionais, como os de Mary Rosambeau, do Reino Unido, e de René Zazzo, da França, e de muitos grupos de pesquisas sobre gêmeos na Escandinávia, além dos nossos próprios estudos na Austrália.

Entretanto, isso não significa que não existam diferenças entre países. Este é particularmente o caso quanto à difícil questão de separar ou não os múltiplos na escola. Nosso próprio trabalho na Austrália sobre este tópico iniciou-se quase vinte anos atrás, seguido pela iniciativa de minha colega Pat Preedy, da Grã-Bretanha, alguns anos depois. Em 1990, o departamento de educação de um estado australiano, Queensland, emitiu uma diretiva a todas as escolas no sentido de que não deveria haver uma política rígida sobre a separação de múltiplos e que os pais deveriam ser consultados sobre a questão. Nosso site na Internet, *Twins and Multiples* (www.twinsandmultiples.org), lançado em 2001, incluía um esboço de política para as escolas considerarem a colocação de múltiplos. Assim, entristeceu-nos ver que o estado norte-americano de Minnesota considerou necessário aprovar uma lei, em 2005, dando aos pais a decisão sobre a colocação de seus filhos na escola, uma iniciativa que começa a ser adotada por outras escolas dos Estados Unidos.

A autora fez um excelente trabalho ao resumir as questões envolvendo a separação ou não dos gêmeos, incluindo dois estudos recentes da Grã-Bretanha e da Holanda que usam dados longitudinais para mostrar que não existem desvantagens em se colocar os gêmeos juntos em uma mesma classe de ensino fundamental e talvez existam até algumas vantagens. Isso me leva à questão final: como as mensagens deste livro podem chegar àqueles que precisam delas?

O DESAFIO: COMO LEVAR A MENSAGEM ADIANTE

Enquanto eu lia este livro, não conseguia parar de pensar se as pessoas "certas" também o leriam. É claro que os pais terão interesse por ele; mas e quanto aos outros parentes? Será que o avô que tem um gêmeo "favorito" reconhecerá sua própria situação e mudará seu modo de agir? Será que o administrador escolar apreciará a seção sobre escolarização e reconhecerá que nenhuma política rígida pode acomodar todos os conjuntos de gêmeos? Esta obra contém muita sabedoria cedida por famílias e estudiosos. Todos os que trabalham ou cuidam de múltiplos precisam fazer o possível para transmitir essa mensagem, a fim de melhorarem as vidas daqueles múltiplos nascidos e criados no século XXI. Este livro traz o pensamento mais recente para essas crianças e suas famílias.

A mensagem que precisa ser divulgada vai além de como lidar com os desafios adicionais de criar múltiplos. O trabalho pode ser árduo e existem dilemas e decisões que famílias sem filhos gêmeos nunca terão de tomar. Este livro o ajudará a tomar decisões mais fundamentadas, quando essas situações surgirem. Contudo, o livro é positivo e também aponta o lado bom de ser um gêmeo ou de ter irmãos gêmeos múltiplos. Famílias com múltiplos recém-nascidos ou mesmo aquelas que ainda esperam seus filhos da mesma gestação se beneficiarão da leitura deste livro e apreciarão a alegria dos gêmeos múltiplos, que pode permanecer para sempre.

— **David A. Hay**
Professor de Psicologia da Curtin University, Austrália Ocidental; Patrono Nacional da Associação Australiana de Gêmeos Múltiplos; Co-editor (Desenvolvimento Infantil) da obra *Twin research and human genetics*

Agradecimentos

Eu gostaria de estender minha mais sincera gratidão a todos aqueles que me ajudaram a transformar este livro em uma maravilhosa realidade. Sou muito grata ao Dr. David A. Hay por escrever o prefácio e me oferecer preciosos comentários. Agradeço às minhas editoras, passadas e atuais, Michele Matrisciani e Deborah Brody. À minha agente, Betsy Amster, obrigada – eu não teria conseguido sem você. Um reconhecimento especial vai para o meu marido, Kevin, por assumir responsabilidades familiares extras durante a duração desse projeto. Envio meu "muito obrigada" a todos os pais que doaram seu tempo para preencherem questionários ou que falaram comigo diretamente, incluindo Cheryl Feldman, Jam Meyers, Chris, Sandy Davis, Adrianne Austin, Mary E., Gretchen S. Pretty, Pam Heestand, Alicia Gutierrez, Julie Dupré Gilman, Susan e John Leahy, Renee Hald, Oma Jane Woods, Steve e Betty Bullington, Amy Mahaffey, Jeannette, Jim, Rick, Nancy Johnson e família, Mary W. Pasciuto, Jennifer Reed, Lucia Shugart, Linda M. Yaffee, Donna May Lyons, a família Boretz, Sue Biernier, Martha Slater, Ann Owens, Julie Seely, Kimberly Farrar, Laurie Moore, Christine Kumler, Donna Fredericks, Linda Gliner, MyrtleBeth, Julie McCarron, Amber Radunz, Heidi Snyder, Juliann Lipiski, Christy Helvajian, Sheila Kroll, Sabrina Sanchez, Robin Bortoli, a família Hicks de Prattsville e àqueles que desejaram permanecer anônimos.

Introdução

Você finalmente aposentou aquele carrinho duplo de bebês (ou talvez esteja abrindo espaço no sótão para guardar para sempre aquele seu trio de cadeirinhas altas) e a troca dupla de fraldas é uma coisa do passado. Parabéns. Você conseguiu! Você sobreviveu aos primeiros anos de loucura múltipla, durante os quais uma boa noite de sono parecia praticamente impossível e em que, quando um dos gêmeos começava a correr para um lado, o outro inevitavelmente corria na direção oposta. Embora eu tenha certeza de que você está aliviada por deixar esse período frenético para trás, sei que também haverá um pouquinho de melancolia nisso tudo. Afinal, eles eram tão engraçadinhos! Duas vezes mais amor e duas vezes mais encantamento. Lembra-se de todos os comentários entusiasmados que ouvia das pessoas que passavam enquanto você andava pela vizinhança com seus dois anjinhos sorridentes no carrinho duplo? Ainda que já tivesse enjoado de ouvir a mesma velha pergunta — "São gêmeos?" —, o orgulho era constante.

Agora, porém, seus gêmeos estão crescendo, e tão rapidamente! As coisas também estão mudando depressa demais, para vocês e para os gêmeos. Você não precisa mais se perguntar: "Como faço para amamentar os dois ao mesmo tempo?" O que você precisa saber, agora, é se é uma boa idéia separar seus múltiplos e colocá-los em salas de aula diferentes quando forem para o maternal, como pode incentivá-los a transformarem-se em indivíduos únicos, mantendo ainda assim o forte vínculo um com o outro, e, também, se devem dividir o mesmo quarto.

Além disso, seus gêmeos lhe fazem perguntas que pais de filhos não gêmeos raramente enfrentam, como "Por que não posso ir com ele à casa do Billy? Ele é meu amigo também" ou "Não é justo ele ganhar o prêmio de ciências e eu não". Você deseja desesperadamente dizer a coisa certa para aquele que se sente desapontado, mas, ao mesmo tempo, não quer diminuir a alegria ou as conquistas do outro. Então, como fazer as duas coisas simultaneamente?

Nos últimos anos, enquanto o nascimento de gêmeos e múltiplos continua aumentando, um número cada vez maior de livros sobre os cuidados e criação de múltiplos jovens chega às livrarias, mas isso não é novidade para você, que já viu tudo isso e já fez o que eles pregam. É possível obter muita orientação sobre a criação de filhos não-gêmeos, mas isso não serve exatamente ao perfil de sua família. Outros pais podem tentar lhe dizer que ter filhos com idades muito próximas é quase como ter múltiplos (será que todos nós já não ouvimos isso pelo menos uma vez?). Você sorri, sabendo muito bem que não é nada disso, especialmente quando seus múltiplos eram muito pequenos e as necessidades deles não apenas eram constantes, mas o corriam ao mesmo tempo.

Criar gêmeos é, de fato, muito diferente de criar irmãos não-gêmeos, não importando a proximidade de seus nascimentos. Diferentemente de crianças sem irmãos gêmeos, os múltiplos são concebidos e chegam ao mundo como um par ou um grupo, levando muitos estudiosos a especulações de que o forte vínculo entre eles floresce já no útero. Durante os primeiros anos de vida, os múltiplos exigem mais atenção de seus pais que um filho não-gêmeo e, ao mesmo tempo, eles devem aprender a aceitar a atenção dividida dos seus pais. Eles também crescem e desenvolvem-se na presença de um irmão ou irmã com a mesma idade, alcançando muitos marcos do desenvolvimento ao mesmo tempo. Este "efeito da dupla" pode ter grandes implicações em seus relacionamentos, à medida que amadurecem. Embora muitos múltiplos apreciem sua ligação e amizade e orgulhem-se da semelhança física, passatempos ou interesses parecidos, nem todos se sentem assim e, em vez disso, assumem características opostas, apenas para se diferenciarem um do outro.

Assim como você sabia que cuidar de gêmeos na primeira infância traria um conjunto único de desafios, criar múltiplos em idade escolar apresenta também seus próprios desafios e recompensas.

Existem algumas diferenças bem documentadas entre filhos singulares e gêmeos. Por exemplo, você sabia que múltiplos estão mais propensos que filhos não-gêmeos a vivenciar problemas com a linguagem ou atraso na fala, o que com freqüência resulta em dificuldades de leitura na escola podendo contribuir para um aumento no transtorno de déficit de atenção e hiperatividade (TDAH)? Em virtude de sua interação estreita uns com os outros, eles podem vivenciar as situações sociais diferentemente de filhos sem irmãos gêmeos, por exemplo sendo comparados com mais freqüência ou vistos e, às vezes, tratados como uma única entidade. Ainda assim, é o vínculo entre os gêmeos ou múltiplos que os mantêm fortes nos bons e maus momentos e nos faz admirar sua união e o prazer genuíno que sentem na companhia do irmão ou dos irmãos gêmeos.

Portanto, onde você pode encontrar as respostas a todas essas preocupações novas e prementes? Agora os pais com gêmeos e múltiplos mais velhos têm a quem recorrer. Este livro foi escrito exclusivamente para pais como você, que já começam a passar adiante todo aquele equipamento duplo — dois berços, dois cadeirões, dois triciclos — e vêem novos horizontes à frente.

Neste livro, você não encontrará uma discussão sobre como organizar horários para seus pequenos gêmeos múltiplos (A essa altura, provavelmente são eles que organizam os *seus* horários) ou dicas sobre treinamento para o toalete para dois ou mais bebezinhos relutante de uma só vez. Nada disso. Aqui, adentramos um novo território — a vida com múltiplos entre cinco e dezoito anos de idade —, com toda uma gama de novas dicas e soluções para todas as difíceis dúvidas sobre educação e criação dos seus filhos. Por exemplo, se os seus múltiplos são rivais constantes, como você pode ajudá-los a viver em harmonia um com o outro? Se os seus gêmeos têm um relacionamento íntimo um com o outro, será que isso afetará sua individualidade ou, na verdade, os ajudará a se tornarem mais sociáveis?

O que fazer quando um dos gêmeos está pronto para a pré-escola e o outro não: esperar até que possam comparecer juntos? E quanto à pergunta número um, com a qual todos os pais de múltiplos acabam se deparando: deve-se separá-los, colocando-os em salas de aula diferentes? Esse é um tópico tão controvertido que praticamente todos, do diretor da escola ao seu vizinho, têm uma opinião. E quanto à adolescência: será mesmo tão diferente para os múltiplos, em comparação com irmãos não-gêmeos? O que acontece com múltiplos do sexo oposto, casais de gêmeos, por exemplo, quando a menina atinge a puberdade muito antes do irmão? E qual é o efeito sobre a dinâmica familiar de ter um filho não-gêmeo mais jovem ou mais velho que seus múltiplos? Todas essas importantes questões são totalmente examinadas e respondidas, oferecendo-se aos pais de gêmeos mais velhos conselhos, apaziguamento e idéias para uma vida melhor.

Graças às centenas de estudos amplos e profundos já publicados, além de trabalhos clínicos de psicólogos, educadores e cientistas especializados na área de estudos de gêmeos, estamos aprendendo cada vez mais sobre a experiência de ser um múltiplo. Ainda assim, foi preciso um pouco de trabalho de detetive para descobrimos as respostas para as dúvidas dos pais. Examinei inúmeros textos analíticos, livros sobre múltiplos e pesquisas publicados e resumi as informações estatísticas e técnicas em uma linguagem que todos podem entender (embora tenha salientado apenas os resultados, os estudos completos estão disponíveis aos interessados. Todos os livros, periódicos e pesquisas que eu consultei estão anotados na seção de Bibliografia, na parte final do livro, para sua referência).

Além dos estudos científicos, *Criando Gêmeos e Múltiplos em Idade Escolar* oferece ao leitor as experiências de dúzias de pais com gêmeos e triplos mais velhos que já passaram por tudo de bom, e não tão bom, com seus filhos. Enviei mais de uma centena de questionários detalhados aos pais, perguntando-lhes sobre suas experiências na criação de múltiplos.

Recebi de volta 44 questionários — com a participação de pais de um total de 95 múltiplos (várias famílias tinham mais de um conjunto de gêmeos). A zigosidade (o relacionamento genético entre gêmeos e triplos) dessa ampla amostra de múltiplos é a seguinte: 16 gêmeos idênticos do sexo masculino, 12 gêmeas idênticas, 10 gêmeos masculinos não-idênticos, dezoito gêmeas não-idênticas, 26 do sexo oposto, dois pares de gêmeos cuja zigosidade é desconhecida (um de meninas e um de meninos) e três conjuntos de triplos. Em termos de idade, a amostra variava de 6 a 33 anos de idade, com uma média de 13 anos. As respostas dos pais às minhas questões eram muito sinceras e as que eu incluí neste livro falam diretamente aos pais e abordarão muitas de suas preocupações atuais.

A maioria das respostas ao questionário era tão interessante que tive dificuldade em escolher as citações para incluir no livro. Duas das mais intrigantes vieram dos pais que não conheciam a zigosidade de seus gêmeos. "Não fizemos o teste para determinar a zigosidade, mas meu médico disse que tem 85% de certeza de que meus filhos não são idênticos", disse uma mãe. "Ao nascerem, eles me pareciam idênticos, mas as diferenças começaram a se mostrar, enquanto cresciam." Mesmo agora, aos 13 anos, seus meninos ainda têm a mesma textura e cor dos cabelos e a mesma cor dos olhos. A diferença de peso entre os dois nunca passa de meio quilo e a diferença altura de um para o outro mal passa de dois centímetros.

"Tenho curiosidade, mas não quero gastar uma fortuna com o teste!", brincou a segunda mãe, cujas filhas adolescentes também se parecem muito. "Após o parto, minha placenta foi examinada e a enfermeira disse que, embora parecesse haver apenas uma, duas placentas poderiam ter-se fundido" (entretanto, é importante notar que as aparências podem enganar, já que de 25 a 30% dos gêmeos com placentas separadas podem ser idênticos e 20% dos gêmeos com apenas uma placenta podem ser fraternos. Além disso, embora o único modo real de determinar a zigosidade seja por exame diagnóstico, muitos estudos concluem que o "palpite" dos pais sobre a zigosidade é 95% correto. Talvez as mães realmente tenham um sexto sentido!).

Qual é a importância de conhecer a zigosidade dos seus gêmeos? Além de considerações médicas (na eventualidade de ser preciso um transplante de órgão ou tecido, um gêmeo idêntico é o doador perfeito), há muitas características intrínsecas ao tipo de gêmeo, e conhecer a real zigosidade pode ajudar a explicar melhor o relacionamento de seus gêmeos. Se os seus gêmeos parecem muito íntimos um do outro, se têm em comum quase todos os amigos nos anos mais avançados da escola e têm dificuldade para separar-se um do outro, pode ter certeza de que esse é um comportamento perfeitamente normal para gêmeos idênticos, uma vez que o DNA igual explica tamanha proximidade. Munido das informações oferecidas neste livro sobre a natureza dos múltiplos idênticos, você também pode orientá-los gentilmente em sua jornada para a individualidade.

Embora esses levantamentos não se equiparem aos estudos controlados de gêmeos que menciono aqui, eles oferecem idéias maravilhosas sobre a vida de múltiplos mais velhos. A escolha de uma amostra variada e interessante de múltiplos — de gêmeos que estão recém-entrando na escola, passando por aqueles que estão cursando o ensino médio e chegando aos que estão se formando ou já concluíram os estudos — proporcionou um entendimento sobre as experiências únicas de ter filhos múltiplos com diferentes idades e estágios do desenvolvimento. Os pais com filhos mais novos, por exemplo, debatiam difíceis questões, como colocá-los ou não na mesma sala de aula, o que fazer se apenas um deles recebe um convite para uma festinha de aniversário etc. Por outro lado, embora as mães e os pais de gêmeos que cursavam o ensino médio tivessem recordações apenas vagas desses primeiros anos, eles conseguiam apresentar claramente os desafios da adolescência, como a falta de privacidade, o início da puberdade e as lutas por individualidade, com a resultante competitividade. Ter uma ampla faixa etária, portanto, possibilitou uma profundidade maior para as respostas e conselhos resultantes.

Atualmente, existem poucos estudos publicados sobre o desenvolvimento cognitivo e social de múltiplos (embora eu tenha certeza de que, com o aumento contínuo nos nascimentos de triplos e quádruplos, essa situação mudará). Entretanto, salientei informações específicas que julguei pertinentes para os pais de filhos múltiplos. Além disso, um leitor com triplos ou quádruplos pode facilmente extrair uma grande ajuda do texto deste livro, mesmo nos capítulos ou seções em que não se trata especificamente de múltiplos.

Espero que você use o livro como um guia para entender melhor como é ser um gêmeo, triplo ou quádruplo. Ainda assim, gostaria de salientar que, embora o texto discuta muitos desafios únicos para múltiplos em idade escolar, como a incidência maior de problemas de leitura ou a luta singular para o desenvolvimento de uma identidade individual, e embora essa leitura possa trazer preocupações a alguns leitores, nem todos os múltiplos passarão por tais conflitos. Na verdade, a maior parte deles, mesmo com todas essas dificuldades, se sairá muito bem. As informações oferecidas aqui visam a esclarecer o leitor. Conhecimento é poder. Além disso, durante a leitura você encontrará muitas soluções, algumas das quais poderão servir perfeitamente à situação enfrentada por sua família no momento e algumas das quais podem não se encaixar absolutamente no seu estilo de criar seus filhos. Ser pai ou mãe não é uma experiência igual para todos. O que é regra para uma família pode ser algo inédito para outra. Acima de tudo, preste atenção nos seus filhos. Eles saberão lhe dizer — se houver um problema, você precisa apenas prestar atenção, observar os sinais e intervir, de acordo com a situação.

Independentemente de vocês serem pais de gêmeos que mal começaram a andar e estarem curiosos para saber o que podem fazer para ajudar seus múltiplos a entrarem com o pé direito na vida, ou serem pais experientes que apenas precisam de alguma garantia de que está tudo bem com seus filhos adolescentes, apesar da explosão de hormônios, este livro tem respostas para as suas dúvidas. Espero que vocês o consultem com freqüência para poderem construir relacionamentos múltiplos saudáveis, e que ele lhes sirva de inspiração para serem os melhores pais que podem ser.

capítulo 1

Entendendo o relacionamento entre gêmeos

Enquanto vejo meus gêmeos não-idênticos passando pelo décimo ano de união inseparável, continuo maravilhando-me com o relacionamento que mantêm e sinto um pouquinho de assombro e, sim, também alguma inveja. Imagino como deve ser ter um melhor amigo que também é seu irmão, e ainda por cima gêmeo. Ser gêmeo de um, dois ou até mesmo três irmãos é diferente de ter irmãos com idades diferentes, mesmo quando são apenas um pouco mais velhos. Os múltiplos não apenas crescem e se desenvolvem lado a lado, compartilhando muitos interesses comuns entre si, mas as comparações feitas entre eles também são mais óbvias (e, com freqüência, mais destrutivas) que com irmãos de idades diferentes. Provavelmente, a maioria das pessoas nunca dividiu o útero com seu melhor amigo, nem cresceu na mesma casa, fazendo aniversário no mesmo dia! Assim, esses e muitos outros componentes fazem toda a diferente entre ter um amigo íntimo, um irmão e um gêmeo.

Quando as pessoas me pedem para descrever o vínculo que une meus filhos, respondo que são os melhores amigos e os piores inimigos um do outro — são dois lados da mesma moeda. Por exemplo, nada me enternece mais do que vê-los saindo da escola juntos à tardinha.

Criando gêmeos e múltiplos em idade escolar

Ainda me surpreendo quando andam lado a lado sussurrando um para o outro sobre os acontecimentos do dia. Mesmo assim, nem bem se passaram dez minutos depois de entrarem em casa e já se atacam verbal e fisicamente, discutindo sobre de quem é a vez de jogar no videogame primeiro ou quem tem o direito de comer o último biscoito de chocolate.

Como pai ou mãe de múltiplos, você já testemunhou em primeira mão a singularidade e, com freqüência, a qualidade realmente muito especial do relacionamento entre esses irmãos. Neste primeiro capítulo, examinaremos o vínculo entre gêmeos e múltiplos — onde e quando começa, como difere para cada subgrupo de múltiplos, como evolui durante suas vidas e os fatos e mitos que o envolvem.

OS SEIS SUBGRUPOS DE GÊMEOS

Quantas vezes você não foi parada em um *shopping* por um estranho que seguia com o olhar o carrinho duplo dos seus bebês? Após a pergunta obrigatória: "São gêmeos?", inevitavelmente essas pessoas chegam à indagação suprema: "São idênticos ou fraternos?"

Nós aprendemos que devemos nos referir aos gêmeos por um desses dois adjetivos. Ainda assim, você sabia que há bem mais que isso e que dentro dessas duas categorias existem ainda outras seis subcategorias?

Primeiro, vamos relembrar rapidamente alguns fatos sobre a biologia da concepção de gêmeos: quando um único espermatozóide fertiliza um óvulo, e este se divide em dois zigotos separados, dizemos que os gêmeos são idênticos, ou, em termos mais científicos, monozigóticos (ou MZ, para abreviarmos). Esses gêmeos dividem exatamente a mesma conformação genética (DNA) e com freqüência muitos traços físicos, psicológicos e comportamentais. Se, por outro lado, dois espermatozóides diferentes fertilizam dois óvulos diferentes simultaneamente (ou praticamente ao mesmo tempo), dizemos que são gêmeos não-idênticos, dizigóticos (DZ), conhecidos em geral como gêmeos fraternos. Estes compartilham aproximadamente 50% de seu DNA — o mesmo que quaisquer irmãos não gêmeos — e freqüentemente têm diferenças de aparência e temperamento, como aquelas que ocorrem entre quaisquer outros irmãos.

Há, ainda, uma teoria sobre um tipo adicional de gêmeo, idêntico em genes maternos (o óvulo divide-se antes da fertilização), mas com diferentes genes paternos (os óvulos separados são fertilizados por dois espermatozóides diferentes).

Essa espécie não-oficial é chamada de gêmeos de corpo polar, ou gêmeos semi-idênticos, porque cada gêmeo tem 50% dos genes da mãe e cerca de 25% dos genes de cada um dos dois espermatozóides diferentes. No fim, essas crianças compartilham aproximadamente 75% de seu DNA — cerca de 25% mais que gêmeos fraternos, o que explica por que gêmeos de corpo polar com freqüência se parecem tanto um com o outro.

Uma mãe me disse que está convencida de que suas filhas encaixam-se nessa categoria hipotética de gêmeos. "Testamos Sam e Alex quando estavam com dois anos e meio, porque os médicos que fizeram o parto achavam que eram gêmeas fraternas, mas pareciam e agiam como gêmeas idênticas. Os testes revelaram que são fraternas — dois de treze marcadores eram diferentes", disse ela. "Eu sabia que não podiam ser apenas fraternas, porque as semelhanças entre as duas eram numerosas demais." Segundo a mãe, ambas nasceram com os mesmos problemas físicos. Aprenderam a andar no mesmo dia e as duas têm sindatilia (união de dois dedos nas mãos ou pés por membranas) no mesmo dedo do pé esquerdo e a mesma cor dos olhos. Ambas começaram a usar óculos quando tinham dois anos. Hoje, aos quinze, as meninas ainda reagem à maioria das situações exatamente da mesma forma, têm preferências e antipatias idênticas em seus passatempos e na escolha de namoradinhos. E, finalmente, chegaram à puberdade quase que simultaneamente, começando a menstruar com diferença de uma semana uma da outra.

Assim, fica a pergunta: quantos desses misteriosos gêmeos de corpo polar andam pelo mundo? É quase impossível determinar, porque atualmente não há um teste de DNA capaz de validar essa intrigante teoria. Atualmente, "semi-idêntico" ou "de corpo polar" não são tipos verdadeiros de gêmeos.

Além das classificações de idênticos e não-idênticos, os investigadores dividiram os gêmeos em seus subgrupos: gêmeas idênticas (MZf), gêmeos idênticos (MZm), gêmeas não-idênticas (DZSSf), gêmeos não-idênticos (DZSSm) e pares de sexos opostos (DZOSm e DZOSf, masculino e feminino, respectivamente). Talvez você esteja se perguntando por que isso é importante. Bem, é importante e por ser mais preciso (afinal, a palavra *idêntico* indica que o par é intercambiável, em vez de dois indivíduos separados), mas também porque nos ajuda a analisar o conjunto único de características de cada subgrupo (além disso, é muito mais rápido digitar ou escrever DZOSf que menina gêmea de um casal de gêmeos de sexos opostos!). Ao longo de todo este livro, você verá esses termos e símbolos usados em conjunto, bem como as classificações de gêmeos "idênticos" e "não-idênticos" e fraternos.

> ### DE PAIS para OUTROS PAIS
>
> "Como Matthew, Claire e Gregory (trizigóticos) são triplos, a dinâmica de 'aliado contra o inimigo' muda diariamente. Em determinado dia, os meninos são os melhores amigos do mundo e minha filha fica de fora. Então, no dia seguinte, um dos meninos e minha filha jogam juntos, enquanto o outro menino fica na sua, lendo em silêncio. Suas brigas são horríveis, mas eles são uma tremenda força quando se unem contra alguém que perturbe um deles!"

Triplos, por outro lado, encaixam-se em três categorias: todos idênticos (monozigóticos), em que um óvulo é fertilizado por um espermatozóide e então se divide em dois zigotos separados e torna a se dividir; dois idênticos e um fraterno (dizigótico), em que dois óvulos são fertilizados por dois espermatozóides separados e depois um deles divide-se novamente em dois zigotos diferentes; e, finalmente, todos fraternos (ou trizigóticos), em que três óvulos são fertilizados por três espermatozóides diferentes.

Ainda assim, será que todos esses subgrupos realmente diferem uns dos outros? No fim, crianças são crianças, e múltiplos não são diferentes — eles brigam e se amam, competem e cooperam exatamente como qualquer outra criança. Embora nunca seja uma boa idéia tentar encaixar qualquer criança em determinado papel, especialmente múltiplos. Vale a pena explorarmos algumas diferenças sutis entre os seis subgrupos de gêmeos e três subgrupos de triplos.

Talvez você já tenha testemunhado muitas dessas idiossincrasias em seus próprios filhos. Além disso, existem diferenças em ser um gêmeo ou triplo em um conjunto idêntico, no qual alguém se parece com você e com freqüência age exatamente como você, ser parte de um conjunto não-idêntico, no qual pode haver a necessidade de ser visto como um indivíduo e de provocar rivalidades, especialmente ao se aproximar da puberdade, ou ser um gêmeo de um par do sexo oposto, no qual a ordem do nascimento significa pouco e o fato de ser menino ou menina significa tudo.

Subgrupos de gêmeos: até que ponto eles são diferentes?

Pode ser difícil quantificar as diferenças entre os seis subgrupos, mas eles já foram alvo de estudos ao longo dos anos. A psicóloga Helen Koch, da Universidade de Chicago, por exemplo, estudou 90 pares de gêmeos (todos com bagagens similares) divididos igualmente por subgrupo, bem como um grupo de controle

Entendendo o relacionamento entre gêmeos

formado por crianças sem irmãos gêmeos. Sempre fascinada por gêmeos, Koch desejava tentar classificar variações na zigosidade e diferenças entre gêmeos e não-gêmeos. Em outras palavras, ela queria saber se existiriam contrastes acentuados entre gêmeos MZ e DZ, quais seriam os efeitos psicológicos e sociais dos gêmeos um sobre o outro e se crescer como filho sem irmão gêmeo é diferente de crescer como gêmeo.

Embora Koch tenha conduzido seus estudos em meados da década de 1960, ela ainda é considerada a principal pioneira nas pesquisas sobre gêmeos. Seus estudos nunca foram repetidos em igual extensão e a maior parte dos resultados contiua válida. Entretanto o mais importante é que seu trabalho oferece uma avaliação da "situação do gêmeo", aqueles dilemas interessantes — busca pela identidade individual, competição e cooperação entre gêmeos — que os múltiplos experimentam devido ao simples fato de nascerem com um parceiro da mesma idade.

Não causa surpresa, por exemplo, que suas pesquisas revelem que os gêmeos em geral são mais próximos um do outro que irmãos não-gêmeos da mesma idade — eles brincam juntos com maior freqüência, dividem brinquedos, roupas e amigos com mais facilidade que crianças sem irmãos gêmeos na mesma família.

Gêmeos idênticos (MZ), no geral, são um subgrupo mais próximo e mais íntimo que gêmeos fraternos do mesmo sexo (DZSS), e estes, por sua vez, são mais próximos que os gêmeos do sexo oposto (DZOS).

Em suas pesquisas, por exemplo, Koch comparou meninas idênticas (MZf) com meninas fraternas de pares do mesmo sexo (DZSSf) e descobriu que as do primeiro grupo compartilhavam mais seus pertences entre si e brigavam menos quando algo era tomado emprestado sem permissão,

DE PAIS
para OUTROS PAIS

"Elise e Suzanne (MZf) são muito chegadas e as melhores amigas desde bebês. Quando pequenas faziam tudo juntas — se uma adoecia e precisava faltar à escola, a outra se recusava a ir. As irmãs ficavam juntas sempre que enfrentavam novas situações. Nos últimos anos [agora estão no começo do ensino médio], as duas mudaram muito e começaram a se separar. Elas mantêm interesses diferentes — uma está na banda da escola e a outra faz aulas de artes — e têm grupos de amigos diferentes. Ainda são as melhores amigas em casa, mas se sentem muito confortáveis também sem a presença da outra.

compartilhavam mais amigos entre si e preferiam brincar na companhia de sua gêmea em vez de sozinhas. Será que tamanha proximidade poderia ser explicada pelo *pool* genético compartilhado? Ou será que os pais esperam que gêmeos MZ sejam mais íntimos um do outro que gêmeos fraternos do mesmo sexo e, assim, tratam os gêmeos idênticos de modo mais igualitário? É impossível saber.

MZf (meninas idênticas) e DZSSf (meninas gêmeas fraternas) parecem gravitar em torno da atenção que o fato de serem gêmeas lhes dá, freqüentemente usando-o para extraírem vantagens sociais. MZf adolescentes podem estar especialmente propensas a isso, ocasionalmente, salientando suas similaridades na esperança de manterem amigos e popularidade (isto é chamado de efeito de prima-dona e será discutido em mais detalhes no Capítulo 7 — *Puberdade: múltiplos na adolescência*).

DZSSf (gêmeas fraternas) muitas vezes desenvolvem uma amizade profunda, mas podem tornar-se rivais cordiais quando chegam ao ensino médio, uma vez que questões relativas à independência emergem e amizades externas podem comprometer a união. Contudo, essas meninas ainda podem sentir-se "abandonadas" quando suas irmãs gêmeas não lhes oferecem a companhia e o incentivo que julgam necessários no relacionamento. Diferentemente, as MZf com freqüência oferecem apoio naturalmente uma à outra, sem qualquer insistência por parte dos pais.

Outra distinção interessante entre os subgrupos envolve o de meninos idênticos (MZm) e o de meninos fraternos em pares do mesmo sexo (DZSSm). Koch descobriu que o primeiro grupo era menos competitivo que o último, uma vez que gêmeos idênticos geralmente agem como uma frente unida, em vez de trazerem estresse ao relacionamento com discórdias (Koch, porém, encontrou muito pouca diferença na competitividade entre gêmeas MZf e DZSSf). Ela também

---

DE PAIS

para **OUTROS PAIS**

"Victoria e Kate (MZf) são realmente as melhores amigas uma da outra e as piores das inimigas — muitas vezes as duas coisas ao mesmo tempo. Elas estão juntas, principalmente por opção, em todos os minutos do dia. A maior separação entre as duas ocorre durante a noite, já que têm quartos separados e dormem em suas próprias camas. Enquanto assistem TV, sempre no mesmo quarto, as meninas sentam-se no mesmo sofá com pernas entrelaçadas e não vêem nada de mal nisso. Depois, se começam a brigar e peço para separarem-se, acham que *eu* sou maluca."

descobriu que MZm eram mais tímidos e socialmente inseguros e menos verbais que DZSSm e irmãos do mesmo sexo sem gêmeos. Entretanto, o quanto isso se devia, indagou ela, ao funcionamento complexo de seu relacionamento intragêmeos? À sua capacidade para conhecer instintivamente as qualidades íntimas do irmão ou gêmeo? Meninos idênticos também parecem ter relacionamento mais forte com seus pais, já que freqüentemente não há competição pela atenção.

Outros estudos descobriram que meninos não-idênticos de pares de gêmeos do mesmo sexo são mais travessos em casa e na escola, talvez explicando por que os meninos gêmeos apresentam mais problemas de déficit de atenção que outro subgrupo de gêmeos, assim como irmãos não-gêmeos. Os pais também consideram meninos gêmeos mais difíceis que qualquer outro subgrupo, mas isso não deve ser surpresa para quem já teve de criar um time inteiro de meninos! Koch descobriu que esses meninos são mais agressivos, mas, ainda assim, têm maiores habilidades de liderança — são mais assertivos que gêmeos MZm quanto aos seus direitos.

Koch descobriu que pares de gêmeos do sexo oposto apresentam características muito interessantes. Especificamente, ao alcançarem a idade escolar, as meninas eram vistas como mais socialmente dominantes que seus irmãos (tra-

DE PAIS
para OUTROS PAIS

"Evan e Hope (DZOS) têm um relacionamento muito próximo, embora isso nem sempre se manifeste de forma positiva — em determinado momento eles são amigos do peito e, logo depois, já são inimigos ferozes. Evan é o mais forte dos dois em termos físicos, e isso há muito é uma fonte de rancor para sua irmã, o que a levou, em minha opinião, a aprimorar algumas habilidades verbais e a capacidade de manipulação que são bastante impressionantes desde muito cedo. Como resultado, agora ela provavelmente é 'quem manda', na maior parte do tempo. Evan geralmente concorda em fazer o que ela deseja (nesses momentos, são muito amigos), embora se rebele ocasionalmente (os momentos de inimizade feroz). Isso nos traz a preocupação de ele ser dependente demais de sua irmã e já moldou nosso enfoque em relação a escolarização e atividades extracurriculares dos dois, particularmente no último ano. Hope está se tornando gradualmente mais atenta à necessidade de brilhar do irmão e agora percebe, com freqüência, coisas que ele faz bem e comenta sobre seus talentos."

taremos mais sobre o efeito de se ter um irmão gêmeo sobre a escolarização no Capítulo 4 — *Os múltiplos e a educação*). Muitos dos meninos nesse subgrupo pareciam conscientes desse papel assertivo exercido pelas irmãs, e, embora gostassem de ser cuidados, a maioria também relatava o incômodo de estar em uma posição subordinada, quando começava a freqüentar a escola. Como resultado, isso às vezes causava tensão na união entre os irmãos.

Embora essas idiossincrasias tenham sido documentadas em muitos estudos respeitados, os resultados podem não ter relação com a situação em sua família. Nem todos os gêmeos pré-escolares do sexo oposto terão uma menina dominante e um menino submisso, por exemplo. Nem todos os gêmeos idênticos serão totalmente cooperativos um com o outro, assim como nem todos os conjuntos de gêmeos masculinos não-idênticos vivenciarão problemas de

---

GÊMEOS ESPELHADOS

Gêmeos espelhados — múltiplos que apresentam muitos traços herdados e físicos em lados opostos um do outro — foram usados para ajudar no estabelecimento do tipo de gêmeos porque se supunha que apenas gêmeos espelhados eram idênticos. Atualmente, existem testes mais exatos para a determinação da zigosidade dos gêmeos e há, também, alguma especulação no sentido de que gêmeos não-idênticos também podem ser espelhados. Os estudiosos acreditam que essa espécie de "imagem de espelho" ocorre em aproximadamente um quarto dos gêmeos MZ quando o óvulo divide-se, em um período embrionário mais tardio, depois que os lados direito e esquerdo do que teria sido uma única pessoa foram estabelecidos. Alguns cientistas chegam mesmo a considerar os canhotos sem gêmeos como sobreviventes de um par de gêmeos em que um desapareceu.

Seus gêmeos são imagens espelhadas um do outro? Atualmente não existem testes que comprovem essa surpreendente virada da natureza, a confirmação baseia-se apenas na observação. Assim, quais seriam alguns dos padrões invertidos indicando gêmeos espelhados?

- Lado dominante oposto (uma das crianças é destra, e a outra, canhota).
- Redemoinhos opostos nos cabelos (observe a coroa da cabeça para ver se os folículos capilares crescem no sentido horário ou anti-horário).
- Em casos muito raros, os órgãos localizam-se no lado oposto do corpo!

Entendendo o relacionamento entre gêmeos

atenção ou agressividade na escola. Todas as famílias e todos os gêmeos múltiplos são diferentes. Ainda assim, nas quarenta e quatro entrevistas que me foram devolvidas respondidas, compreendendo mais de noventa e cinco múltiplos no total, a maioria encaixa-se nesses parâmetros para gêmeos.

A maior parte dos pais de conjuntos de menino-menina, por exemplo, contou-me que suas filhas agiam como porta-voz para a dupla durante os primeiros anos da infância; gêmeos do mesmo sexo que já freqüentavam o ensino médio exibiam uma necessidade maior de serem vistos como diferentes um do outro (o que às vezes se manifestava como rivalidade) que os gêmeos idênticos; e, finalmente, todos os pais de gêmeos idênticos descreviam seus múltiplos como tendo uma união estreita, mesmo aqueles múltiplos MZ que agora já são adultos.

O VÍNCULO ENTRE GÊMEOS

Pela natureza de sua condição gemelar, os múltiplos são irmãos de "alto aces-so", isto é, passam muito tempo juntos durante seus primeiros anos de vida, muitas vezes incentivados por seus pais. Como resultado de uma exposição precoce e prolongada um ao outro e, com freqüência, sem muita resposta de outros irmãos não-gêmeos, os gêmeos e outros múltiplos desenvolvem uma aliança influente e intensa entre si. Eles têm grande impacto e poder sobre a personalidade e emoções uns dos outros. Embora esse relacionamento tenha a maior influência durante a infância e adolescência, ele pode esfriar um pouco quando cada um deles aventura-se a descobrir a vida ou durante a busca por um parceiro. Durante o final da adoles-cência e o início da vida adulta, muitos gêmeos separam-se e dão a impressão de que seu relacionamento está ameaçado, quando formam um vínculo saudável com um potencial parceiro romântico. A boa notícia é que, com o tempo, a maioria dos gêmeos reaproxima-se de seus irmãos e reassume um relaciona-mento forte e saudável, ainda que mais maduro.

A sociedade sempre viu múltiplos como pessoas naturalmente íntimas uma

> **DE PAIS**
> **para** **OUTROS PAIS**
>
> "Alicia e Troy (DZOS) são amicíssimos — fazem tudo juntos. O fato de serem de sexos diferentes nunca importou. Sua amizade sempre foi impressionante e eles incluem um ao outro em tudo o que fazem."

da outra, não importando a zigosidade ou as diferenças de personalidade. Os próprios gêmeos com freqüência pensam que deveriam sentir-se especialmente ligados ao seu par, mesmo quando talvez não sintam tal ligação. Dois irmãos não-gêmeos cujas personalidades não combinam em sua juventude e continuam vivendo separados na vida adulta não seriam vistos como fora dos padrões, mas a maior parte das pessoas expressaria incredulidade se irmãos gêmeos não sentissem grande afinidade um pelo outro na juventude e continuassem separados na vida adulta.

A gemelaridade também tem sido vinculada estreitamente a telepatia, percepção extra-sensorial (PES) e até mesmo paranormalidade. Histórias de um gêmeo que sente a dor ou o sofrimento de seu irmão ou sabe que o outro está ameaçado mesmo quando estão separarados por quilômetros geram ótimas capas de revistas sensacionalistas. Sim, há muitas suposições envolvendo o laço entre gêmeos, algumas verdadeiras, outras nem tanto.

DE PAIS
para OUTROS PAIS

"Lembro-me que, quando Erica e Chris (DZOS) nasceram, preocupei-me especialmente com o fato de não poderem dividir o berço. Parecia-me que, ao dormirem separados, estavam perdendo algum laço cósmico incrível que todos os gêmeos supostamente deveriam compartilhar. Lembro que estava em uma agência dos correios certo dia, eles estavam com quatro semanas de vida e eu os havia levado comigo. Lá, vi uma conhecida. Enquanto eu tentava manejar os bebês e a correspondência, ela comentou sobre as dificuldades logísticas inerentes ao fato de ter gêmeos e me perguntou se eu planejava levá-los sempre comigo quando saísse à rua. 'Ah, mas é claro', respondi. 'Estamos tentando mantê-los juntos o máximo possível, para poderem apegar-se um ao outro.' Ainda lembro desse encontro no correio, mas agora não consigo evitar uma risada, por minha ingenuidade na época. Eles são gêmeos e estarão juntos durante uma parte tão grande dos primeiros anos de suas vidas que uma ida à cidade não fará diferença. Eles se apegarão um ao outro sem qualquer esforço de nossa parte!"

No começo...

Desde o início dos tempos tem havido muita especulação e misticismo em torno dos gêmeos. Muitas sociedades reverenciavam os gêmeos e associavam a gemelaridade a poderes sobrenaturais, enquanto outras culturas a viam como um mau presságio e assassinavam tanto a mãe quanto os gêmeos que concebia. O tema da rivalidade e do domínio data de milhares de anos e aparece na mitologia grega, na qual muitos deuses eram gêmeos. Rômulo e Remo, por exemplo, foram lançados ao rio Tibre depois que seu pai, o deus romano Marte, os abandonou. Os irmãos foram criados por uma loba e tornaram-se os fundadores mitológicos de Roma. Ainda assim, Rômulo assassinou Remo em uma luta pelo poder. Ah, sim, esse foi o primeiro incidente de rivalidade entre gêmeos! Por outro lado, Gemini, os gêmeos astrológicos, eram inseparáveis e se tornaram ainda mais próximos com o avançar da idade. Assim, quando um foi morto em uma batalha, o outro deu fim à própria vida para estar com seu irmão. Lemos sobre gêmeos também na Bíblia. No Gênese, por exemplo, Rebeca relata a sensação de que seus gêmeos, Jacó e Esaú, brigavam em seu útero — sua rivalidade e luta pelo domínio continuaram ao longo de toda a sua vida adulta.

Até o advento da tecnologia de ultra-som, os pais podiam apenas especular sobre a experiência intra-uterina dos gêmeos. Hoje, uma vez que a maioria das gestações de gêmeos é classificada como de "alto risco" pelos médicos, os pais têm muitas oportunidades para verem como seus múltiplos relacionam-se um com o outro no útero, pelo ultra-som. Não apenas é extraordinário ver dois bebês lado a lado, mas também é maravilhoso observar seu comportamento fetal. Infelizmente, podemos observar o par apenas até aproximadamente vinte semanas de gestação. Depois disso, os bebês estão grandes demais para serem vistos próximos um ao outro no monitor de ultra-som. Assim, resta-nos a questão: será que os múltiplos desenvolvem uma ligação neste estágio precoce de suas vidas? Será que nem sequer percebem a presença de seu co-gêmeo?

Um modo de determinar se os gêmeos formam uma conexão — boa ou má — um com o outro durante a gestação é pela perda de seu co-gêmeo no útero. Uma vez que tal medição é cientificamente impossível, a única evidência que temos são expressões informais da perda, relatada pelo gêmeo sobrevivente. Ainda assim, será que esse senso de luto deriva dos sentimentos do gêmeo sobrevivente ou das expressões de perda relatadas repetidas vezes por pais enlutados ao sobrevivente, que vem a aceitá-lo como verdade? Novamente, é impossível saber com certeza. Entretanto, uma coisa é certa: uma gestação de gêmeos, com toda a estimulação existente entre os bebês, sem mencionar o espaço apertado onde vivem até o parto, é muito diferente do ambiente de uma gestação única.

Seus gêmeos são telepáticos?

Pegue qualquer livro sobre gêmeos e muito provavelmente você verá algo sobre telepatia, percepção extra-sensorial (PES) ou sobre a capacidade do par para canalizar pensamentos sem o uso de seus celulares. Queremos que os gêmeos tenham essas habilidades paranormais! Isso gera assuntos interessantíssimos para conversas em festas ou, no mínimo, confirma que a gemelaridade é, de fato, muito especial. Existem três tipos de PES em gêmeos: dor solidária, na qual um sente o sofrimento físico do outro, não importando a distância que os separa, pensamento idêntico, em que o par pensa ou diz exatamente a mesma coisa, ao mesmo tempo, e, finalmente, o contato iminente, no qual um deles sabe que verá ou ouvirá seu gêmeo dali a instantes. Correndo o risco de causar decepção aos leitores, porém, é preciso admitir que não existem evidências científicas concretas que apóiem a telepatia entre gêmeos. Parece que essas pessoas não são mais telepáticas que qualquer outra que ande pelo planeta. Ainda assim, muitos gêmeos sentem que têm uma ligação especial e mística com seu irmão ou irmã e insistem que existe realmente telepatia entre gêmeos.

Diversos pais contaram-me que tinham certeza da existência de telepatia entre seus gêmeos, que exibiam algo mais que uma simples coincidência, segundo eles. Uma mãe de gêmeos MZm, por exemplo, disse que muitas vezes encontra seus filhos dormindo exatamente na mesma posição, mas em camas diferentes, e que, quando eram bebês e um deles estava sendo amamentado, o outro movia sua boca em movimentos de sucção no outro lado da sala! Era como se também estivesse mamando. Outra história interessante vem de uma mãe que acredita que suas filhas podem ser semi-idênticas. Certo dia, ela decidiu ensinar as meninas a jogar "Batalha Naval", um jogo que nunca haviam visto antes. Sem consultar uma à outra, as meninas colocaram seus navios exatamente na mesma posição, voltados para o mesmo lado (um estava afastado do outro por apenas um pino). Vários pais contaram-me que seus gêmeos sabiam quando o outro havia se machucado ou que os gêmeos produziam trabalhos quase idênticos quando precisavam escrever redações para a escola. "Antes, eu nunca achei que eles se comunicassem telepaticamente, mas este ano eles escreveram praticamente o mesmo texto, embora cada um estivesse em um lado diferente da sala", disse uma mãe de gêmeos de sexos opostos. "Desde então, tenho prestado mais atenção ao trabalho que trazem para casa, e é engraçado ver que, às vezes, erram a mesma questão ao fazerem exercícios." Às vezes, a telepatia ocorre na forma de expressão artística. Algumas mães me contaram que seus gêmeos faziam os mesmos desenhos, em diferentes salas de aula ou sentados distantes um do outro. Cada criança dava à sua criação o mesmo título.

Portanto, por que alguns gêmeos parecem tão afinados um com o outro? Como conseguem terminar as sentenças de seus irmãos gêmeos ou saber que naquele instante o irmão está sofrendo ou se machucou?

A resposta pode estar mais associada a seus genes (lembre-se, gêmeos MZ compartilham 100% de seu DNA) e experiências compartilhadas do que com paranormalidade. Uma vez que gêmeos idênticos têm ondas cerebrais incrivelmente similares durante a vida inteira (todos já ouvimos a expressão "na mesma sintonia"), talvez eles realmente consigam captar os sinais um do outro. Alguns estudiosos explicam a hipótese de telepatia pelo entendimento precoce dos gêmeos sobre a linguagem corporal um do outro. Os gêmeos começam comunicando-se um com o outro de modo pré-verbal e não-verbal muito cedo na vida. Na verdade, em um estudo de múltiplos que afirmavam possuir poderes telepáticos, os investigadores descobriram que esses indivíduos haviam compartilhado o berço com seus irmãos gêmeos durante os primeiros seis meses de suas vidas.

Uma mãe de meninas MZ que sempre buscou sinais de telepatia nas filhas, sem encontrar, explica: "Elas possuem um certo entendimento sobre a outra, mas não ao ponto de serem telepáticas." Outra mãe, cujas filhas MZ com freqüência saem de seus quartos pela manhã usando roupas iguais, também não crê na teoria de telepatia e, em vez disso, acha que tudo se deve à completa familiaridade de uma com a outra.

NATUREZA *vs.* CRIAÇÃO:
O GRANDE DEBATE

O que nos torna quem somos? Será que a genética ou a natureza decide se seremos ganhadores do Prêmio Nobel, artistas ou professores? Será que nosso DNA determina se abusaremos de drogas ou álcool ou viveremos além dos cem anos

DE PAIS
para OUTROS PAIS

"Do momento em que nasceram, até os seis anos, Nathaniel e Preston (MZm) sempre foram muito próximos, chegando a ter uma linguagem própria para se comunicarem até os quatro anos. Era quase como se estivessem perdidos se o outro não estivesse por perto. Aos seis anos, começaram a explorar o mundo e descobriram que era divertido fazer coisas separados. Foi também nessa idade que as brigas e as provocações começaram. Eles conseguem ser realmente irritantes e, até hoje, aos treze anos, provocam-se mutuamente o tempo todo. Mesmo assim, meus meninos mantêm esse vínculo inexplicável. Já tentaram dormir em quartos separados três vezes. Sempre que se separam, encontram-se no sofá da sala para dormir juntos ali. Assim, embora aparentemente desejem separar-se, não conseguem."

de idade? Ou será que o ambiente em que somos criados, os fatores não-genéticos ou a criação (onde vivemos, nossa educação, os valores instilados por nossos pais etc.) podem explicar melhor como nos comportamos ou quem seremos na vida? Os cientistas têm debatido essas questões há séculos, muitos deles se concentrando em comparar gêmeos criados juntos com outros e gêmeos criados separados, como um modo de medir a influência da genética comparada com o ambiente e o efeito de ambos sobre o desenvolvimento da personalidade.

De 1979 até os anos 1990, o Estudo de Minnesota de Gêmeos Criados Separados (Mistra), por exemplo, examinou atentamente mais de cem conjuntos de gêmeos que foram separados ao nascer, criados por diferentes famílias e reunidos na idade adulta (muitos anos atrás, se colocados para adoção, os bebês gêmeos geralmente iam para famílias separadas. Embora essa prática seja rara hoje, e pareça um pouco cruel, ela permite que os cientistas estudem o aspecto de natureza-criação da gemelaridade). Os resultados do Mistra, um dos estudos mais amplos e mais detalhados de sua época, indicam que a natureza é uma força poderosa na determinação da personalidade de um indivíduo.

Em média, os gêmeos MZ do estudo Mistra que eram criados separados e reunidos na idade adulta mantinham personalidade, preferências e atitudes tão semelhantes entre si quanto aquelas dos gêmeos MZ criados juntos. Os estudiosos concluíram que os traços psicológicos (como QI) são influenciados igualmente pelos genes e pelos pais. De fato, um estudo sueco descobriu que gêmeos MZ com oitenta anos de idade são mais semelhantes, em termos cognitivos, que gêmeos MZ mais jovens, sugerindo que, embora esses gêmeos tivessem mais experiências separadas à medida que envelheciam, levando-nos a pensar que se diferenciariam mais, eles na verdade se tornavam ainda mais similares, devido à sua conformação genética ou à sua natureza.

Contudo, será que a natureza e/ou criação têm um efeito sobre as crianças durante os primeiros anos escolares? E quando tal efeito começa a mostrar-se exatamente? Um estudo conduzido em 2001, na Inglaterra, mostrou que a genética tinha realmente uma forte influência sobre o desempenho escolar inicial, enquanto o ambiente compartilhado pelos gêmeos apresentava um impacto muito menor. Os professores avaliaram e classificaram participantes com sete anos de idade que haviam completado seu primeiro ano de educação básica para uma ampla faixa de habilidades acadêmicas. Todas as crianças faziam parte do Estudo do Desenvolvimento Inicial de Gêmeos (TEDS), um estudo longitudinal em nível nacional que examinou mais de quinze mil gêmeos nascidos na Inglaterra e País de Gales entre 1994 e 1996. Os investigadores descobriram que pares de gêmeos idênticos (MZ) tinham uma correlação muito mais alta em habilidades de leitura, escrita e matemática que gêmeos não-idênticos, mesmo quando as crianças MZ estavam em salas de aula diferentes e eram avaliadas por diferentes professores.

Podemos perguntar, portanto, se isso significa que os destinos de nossos filhos são preestabelecidos e que não podemos fazer nada para ajudá-los a moldar seus futuros. A resposta para tal indagação é não. O ambiente de uma criança exerce um papel muito importante: de acordo com os investigadores, as diferenças descobertas entre gêmeos MZ deviam-se ao ambiente ao qual as crianças haviam sido expostas. Isso pode explicar por que tantos gêmeos parecem ser opostos um ao outro. Parece que, quanto mais tempo os gêmeos passam juntos, mais optam inconscientemente, por se diferenciarem. Ainda assim, se fossem permanentemente separados, a natureza assumiria o comando e levaria cada criança a escolhas, situações e experiências que sua essência inata considera agradáveis.

Muitos estudos também emprestam apoio à teoria da criação. Apenas alguns anos atrás, por exemplo, um estudo que usou participantes do programa TEDS descobriu que, quando gêmeos do mesmo sexo eram combinados com irmãos mais jovens do mesmo sexo durante os primeiros anos da infância, os pares de gêmeos tinham uma correlação cognitiva substancialmente superior. Em outras palavras, os gêmeos eram mais próximos, em termos cognitivos (verbais e não-verbais) um do outro que seus irmãos mais jovens. A correlação era muito alta

Criando gêmeos e múltiplos em idade escolar

para gêmeos idênticos (MZ), uma vez que eles têm em comum todo o DNA, mas a correlação entre pares não-idênticos (DZ) também era significativamente maior, em comparação com pares de irmãos não-gêmeos (lembre-se que gêmeos DZ e seus irmãos não-gêmeos têm as mesmas diferenças em termos de genética). Assim, por que os gêmeos DZ têm uma maior semelhança cognitiva que seus irmãos não-gêmeos? Existem muitas teorias, mas a melhor é a tese do "ambiente compartilhado específico aos gêmeos". Uma vez que têm a mesma idade e desenvolvem-se basicamente no mesmo passo, os gêmeos compartilham muitas das mesmas experiências, simultaneamente. O estudo concluiu que a criação é um aspecto das vidas dos gêmeos DZ mais similar que para irmãos não-gêmeos.

O impacto do ambiente compartilhado e não-compartilhado

Embora haja um consenso de que a genética exerce um papel importante sobre quem nos tornamos, ela não explica tudo. O ambiente (compartilhado e não-compartilhado) tem seu papel, especialmente para os gêmeos criados juntos.

Um ambiente não-compartilhado (experiências diferentes para cada múltiplo, como peso ao nascer, sala-de-aula, esportes e amigos) pode criar diferenças entre os gêmeos, enquanto o ambiente compartilhado (tudo o que os gêmeos têm em comum, como desenvolvimento pré-natal e uterino, vida familiar e até mesmo o estudo na mesma sala-de-aula) explica as semelhanças entre múltiplos, que a genética não consegue explicar.

Ainda assim, um ambiente compartilhado pode, às vezes, criar diferenças em gêmeos MZ ou persuadir-nos a pensar que gêmeos não-idênticos são mais semelhantes do que realmente são.

Os gêmeos MZ, por exemplo, são idênticos apenas em termos de genética. Embora alguns gêmeos MZ dividam um útero e uma placenta (um ambiente comum a ambos), eles podem não receber quantidades idênticas de nutrientes, oxigênio ou mesmo sangue. Em resumo, suas experiências dentro do útero podem ser diferentes. Fascinantes, também, são as variadas maneiras como os gêmeos MZ podem ser concebidos — será que o óvulo dividiu-se imediatamente ao ser fertilizado, cada um movendo-se para o lado oposto do útero para a implantação e cada um tendo sua própria placenta e bolsa, ou será que o óvulo fertilizado começou a desenvolver-se e então subitamente dividiu-se, com dois óvulos crescendo, então, dentro da mesma bolsa? À primeira vista, pode parecer que esse último grupo viria ao mundo com semelhança maior, mas os investigadores especulam que talvez não seja assim. O segundo grupo precisa competir entre si por alimento, oxigênio e sangue, levando a diferenças acentuadas em seu peso e tamanho ao nascer. Isso significa, simplesmente, que, embora gêmeos MZ (e mesmo triplos MZ) tenham exatamente a mesma bagagem genética, eles vêm ao mundo como dois indivíduos muito diferentes.

Um caso ilustrativo: devido a diferenças pré-natais, Jordan (MZm) nasceu com um grave defeito cardíaco e precisou de várias cirurgias nos primeiros meses de vida. De acordo com sua mãe, ele e seu gêmeo, Gabriel, sempre tiveram uma grande diferença física, embora fossem geneticamente idênticos. Agora, aos nove anos de idade, Gabriel ainda é um pouco mais alto. Os meninos também diferem em termos cognitivos.

Além disso, um ambiente comum (vida familiar, mesma sala-de-aula etc.) pode não afetar gêmeos MZ exatamente da mesma forma, uma vez que cada indivíduo percebe os eventos e reage a eles de forma única (um deles pode ver o copo como meio cheio, enquanto o outro o vê como meio vazio).

Ambientes compartilhados e não-compartilhados também têm um efeito diferente sobre os gêmeos DZ. Embora gêmeos não-idênticos tenham aproximadamente apenas 50% de seus genes em comum, o que não os torna mais semelhantes, geneticamente, que irmãos não-gêmeos, os gêmeos DZ podem ter experiências muito similares ou paralelas no útero, recebendo quantidades iguais de sangue e nutrientes. Durante o primeiro ano de vida, os dois desenvolvem-se aproximadamente ao mesmo tempo, dando seus primeiros passos ou falando as primeiras palavras com uma diferença de meses (e, às vezes, de dias) um do outro. O resultado é que, embora os gêmeos DZ possam vir ao mundo

---

DE PAIS para OUTROS PAIS

"Ryan e Christopher (zigosidade desconhecida) sempre foram muito amigos. Sempre gostaram de fazer coisas juntos e sentiam muita falta um do outro, quando se separavam. Na primeira série, Ryan ficou alguns dias em casa, enfermo, e os professores com freqüência viam Christopher chorando durante o recreio. Quando lhe perguntavam a razão, ele dizia que sentia falta do irmão. Mais ou menos na quinta série, eles começaram a desenvolver interesses distintos. Agora, um faz aulas de bateria e o outro está aprendendo a tocar violão. Nesse último ano, eles não quiseram mais parecer um com o outro ou ser confundidos com o irmão. Querem cortes de cabelo e roupas diferentes."

mais semelhantes que seus equivalentes MZ, com o tempo a genética assume o controle, tornando os MZ mais semelhantes (Jordan deverá alcançar o nível de desenvolvimento de seu irmão Gabriel nos próximos anos), enquanto os gêmeos DZ crescem e transformam-se e, sem dúvida, tornam-se indivíduos muito diferentes, em termos tanto físicos quanto cognitivos.

Meus próprios gêmeos não-idênticos são um exemplo perfeito disso. Ambos nasceram sem cabelos e pesando 3,060 kg e 2,950 kg (uma diferença de pouco mais de cem gramas), e mal conseguíamos distingui-los nos primeiros meses. Eles pronunciaram suas primeiras palavras e começaram a andar com uma diferença de dias um do outro. Os estranhos geralmente pensavam que meus filhos eram idênticos. Dez anos depois, um é quase cinco centímetros mais alto que o outro. Ambos são tão diferentes em aparência e modo de agir que, agora, a maioria das pessoas raramente reconhece que são gêmeos.

LIDANDO COM DEFICIÊNCIA

As chances de ter um múltiplo com deficiência, como problemas de aprendizagem ou paralisia cerebral, são maiores que com um filho sem irmão gêmeo (estatisticamente, a paralisia cerebral é seis vezes maior com gêmeos e trinta vezes maior com triplos). Gêmeos MZ têm uma chance ainda mais alta de nascer com uma deficiência em relação a gêmeos não-idênticos.

A resposta dos pais, ao ouvirem a notícia de que um dos gêmeos tem um problema, geralmente é de luto, medo, culpa e, até mesmo, raiva, uma vez que o gêmeo saudável é um lembrete — uma imagem em espelho do que o gêmeo com o problema poderia ter sido. Alguns pais chegam a passar por um processo de luto pela perda de uma gemelaridade normal entre os irmãos.

O gêmeo saudável também precisa lidar com alguns problemas. Ele pode retrair-se, na tentativa de atrair menos atenção para seu irmão com uma dificuldade. Ele pode sentir-se culpado ("Por que eu sobrevivi sem esse problema?") ou mesmo demonstrar ciúme, porque o gêmeo com uma deficiência recebe maior atenção dos profissionais de saúde, da família e dos amigos. Esse gêmeo pode até mesmo tentar cuidar do gêmeo deficiente para aliviar sua culpa. Na superfície, tal comportamento pode parecer nobre, terno e sensível, mas as boas ações podem ir longe demais e tornar-se excessivamente pesadas para uma criança pequena.

Ainda assim, existem muitos aspectos positivos nesse tipo de gemelaridade. A maioria dos gêmeos saudáveis com um co-gêmeo doente tendem a tornar-se adultos sensíveis. Sua visão de mundo não é tão centrada em si mesmos e, com freqüência, eles respeitam mais outras pessoas com dificuldades — muitos voltam-se para profissões ligadas à saúde. E, finalmente, muitos desenvolvem um senso profundo de autoconfiança, que vem de ajudar outra pessoa sempre que podem.

Entretanto, os pais precisam considerar alguns parâmetros quando têm um gêmeo saudável e outro com alguma deficiência.

- Explicar freqüentemente e desde o início ao gêmeo saudável a situação de seu irmão ou irmã. Garantir que ele entende que o problema não é absolutamente sua culpa. Muitos gêmeos saudáveis que não entenderam o problema e souberam da verdade apenas mais tarde passaram seus primeiros anos de vida confusos e magoados pelo que viam como um tratamento especial dado ao irmão. Gêmeos que entenderam a situação desde o começo e podem articular com confiança as circunstâncias para outras pessoas geralmente, quando adultos, aceitam muito bem a deficiência, em vez de demonstrarem ressentimento, e freqütemente descobrem um ponto de equilíbrio na forma de se relacionarem com o irmão.

- Não fugir do mesmo esporte extra-classe para os dois gêmeos, por medo de salientar a diferença nas habilidades de ambos. Como me disse a mãe de um gêmeo triplo DZ com deficiência: "A competição foi benéfica para a deficiência de Matt". Sem a competição velada com seus irmãos, ela explicou, seu filho não teria se esforçado tanto fisicamente.

- A criança com deficiência pode ser sensível ao que vê como elogios exagerados por tarefas simples. Pais e professores precisam recompensar adequadamente, assim como disciplinar a criança deficiente.

- Os pais de uma criança deficiente talvez precisem de ajuda externa, o que pode ser muito benéfico, para dedicar um tempo e, freqüentemente, uma atenção muito necessária também para o gêmeo saudável.

- Em vez de excluí-lo, permita que o gêmeo saudável participe de algumas sessões de terapia.

A VANTAGEM DO GÊMEO: A HISTÓRIA REAL

Os gêmeos podem não ter a capacidade para ler a mente um do outro e usar esse superpoder para o bem, não para o mal, mas existem outros benefícios tangíveis em ser gêmeo de alguém. Essas crianças desenvolvem uma confiança profunda com seu irmão ou irmãos gêmeos. Os múltiplos com freqüência fortalecem-se junto aos irmãos, em momentos de tensão e tristeza. Desde o começo, eles cultivam um sistema de apoio emocional e social que proporciona uma base sólida à qual recorrem repetidamente durante a vida inteira (tome como exemplo o caso triste e estranho, ocorrido nos anos 70, dos gêmeos confinados em um porão por seis anos pela mãe adotiva. Devido à gemelaridade, as crianças ofereceram uma à outra estímulos mentais que evitaram um dano permanente).

Quando os gêmeos ingressam na escola, sua prontidão emocional para a tarefa de aprendizagem é a mesma de seus colegas sem gêmeos. De fato, alguns múltiplos podem sentir-se mais seguros, devido ao forte relacionamento que já têm com o outro gêmeo. Devido à sua situação singular, eles aprendem desde cedo a arte da negociação, da conciliação e do compartilhamento. A presença física de um irmão gêmeo nem sempre é necessária — o vínculo entre eles geralmente é suficiente para manter os dois, mesmo se estão separados durante parte do dia (embora para aqueles com forte apego, a separação talvez precise ocorrer de forma mais gradual).

Além disso, embora algumas crianças não possuam um relacionamento forte com seus pais, os gêmeos geralmente apresentam uma associação muito mais precoce com eles. Afinal, o papai precisou ajudar com as mamadeiras e trocas de fraldas quando eram bebês. No processo, ele construiu um vínculo precoce que permanece, enquanto seus filhos crescem e se desenvolvem. As crianças com fortes relacionamentos com a mãe e o pai sentem-se mais seguras emocionalmente, o que as ajuda a ter sucesso na jornada para outros relacionamentos.

Os gêmeos em geral são muito protetores um com o outro, cada um deles agindo como um guarda-costas para o outro. Os provocadores na escola estão menos propensos a mexer com um deles, quando sabem que sua "vítima" tem um forte aliado que se dispõe a lutar até o fim por ela. A maioria dos pais diz aos filhos que devem proteger seus irmãos quando os vêem tendo problemas durante o recreio, na escola. A maior parte dos gêmeos sabe disso por instinto. Uma mãe contou-me que suas filhas não-idênticas sempre tiveram vidas separadas, desde o início da infância, mas ainda assim, quando uma delas teve problema durante o recreio, na pré-escola, a outra veio correndo do outro lado do *playground* em socorro da irmã!

E o que dizer daquele difícil período da adolescência? Ter um companheiro para apoio moral durante uma infinidade de novas situações sociais é uma bênção. Que tal não precisar passar por situações horríveis, como ficar de pé em um canto do salão, sozinho, durante a festa da escola? Com seu irmão ou irmã ao lado (ou, pelo menos, dentro de seu campo de visão), você se sente à vontade e tranqüilo. As pressões dos estudos no ensino médio, a preparação para a faculdade e para sair de casa, os altos e baixos dos primeiros encontros românticos são aliviados pela presença de um irmão gêmeo. Isso adquire uma importância ainda maior durante os anos tumultuados da adolescência, quando cada comentário ou olhar pode ter centenas de significados diferentes.

DE PAIS para OUTROS PAIS

"Aos dez anos, quase onze, Joseph e Jack (MZm) são competitivos e estão sempre tentando superar um ao outro. Eles brigam e se irritam mutuamente, às vezes. Eles também provocam e dizem palavrões um ao outro com freqüência. Acho engraçado quando um chama o outro de 'feioso', já que são idênticos. Entretanto, às vezes, depois de uma briga, especialmente à noite, entro no quarto que dividem e lá estão os dois, encolhidos na mesma cama."

E, finalmente, os próprios gêmeos nos mostram, repetidamente, o impacto positivo de sua gemelaridade-amizade, de ter um companheiro constante para o que der e vier. A maior parte dos gêmeos continua demonstrando um relacionamento estreito na vida adulta. Sua amizade, formada desde cedo, dá lugar a um relacionamento em que um é o confidente maduro do outro — alguém que entende e passa pelos mesmos desafios na vida.

Será que devo atrever-me a mencionar que os gêmeos tendem a ser mais populares na escola? Seja pelo *status* de gêmeo, que leva outros a desejarem conhecê-los, ou pelo fato de que a própria parceria entre os irmãos os faz se sentirem mais seguros, a maior parte dos gêmeos mais velhos menciona muitas amizades e experiências positivas, durante a vida escolar. Na verdade, estudos têm demonstrado que gêmeos adolescentes de sexos opostos têm mais facilidade para interagir com companheiros, já que têm mais oportunidades. A natureza de seu nascimento lhes dá maior acesso à prática de interações positivas com colegas do outro sexo. Esses gêmeos realmente se beneficiam socialmente, devido ao laço com seu irmão ou irmã gêmea.

Múltiplos como adultos

Será que seus gêmeos ou triplos continuarão íntimos, quando forem adultos? Embora alguns múltiplos possam sentir-se aliviados ao chegarem à idade adulta, sentindo-se finalmente livres do vínculo com seus irmãos gêmeos, a maioria permanece estreitamente ligada, se não em proximidade física, pelo menos em espírito. Assim, o que será que o futuro reserva para os seus múltiplos? Parte depende da zigosidade ou do tipo de gemelaridade — gêmeos idênticos com sua genética em comum geralmente são os que mais mantêm um vínculo forte e estreito, seguidos pelos gêmeos fraternos do mesmo sexo. O relacionamento dos gêmeos durante a infância e a forma como lidam com os anos difíceis da adolescência também determinarão a espécie de amigos que se tornarão, na idade adulta. Muitos irmãos gêmeos unem-se ainda mais durante a adolescência, sentindo-se reconfortados por terem um confidente da mesma idade, mas se "a turma" — essa entidade onipotente — não aprecia o fato de serem gêmeos e incentiva a rejeição de um pelo outro, o par pode separar-se.

Estudos revelam que, no geral, os gêmeos casam-se mais tarde que outras pessoas, provavelmente devido ao vínculo e amizade profundos existentes entre esses irmãos. Se há uma parceria com um gêmeo que o complementa em praticamente tudo, não há necessidade ou pressa para encontrar a outra metade da laranja. Talvez os gêmeos também se sintam relutantes em formar um outro par, uma vez que já possuem uma parceria estabelecida e bem sucedida. Ou, talvez, alguns considerem traição sair do relacionamento com seu gêmeo. Isso pode ser visto como uma bênção e como uma maldição. Por um lado, é sensato ter cuidado na escolha de um parceiro para o resto da vida, já que as estatísticas mostram que se casar mais

---

DE PAIS para OUTROS PAIS

"Quando minhas filhas Sheila e Virginia (DZSSf) eram bem pequenas, eu lhes disse que a outra seria sua melhor amiga para o resto da vida, de modo que deveriam poupar tempo e ser as melhores amigas uma da outra desde já. Agora que estão na faculdade, elas não se vêem e nem se comunicam muito uma com a outra. Os contatos que mantêm são principalmente através de nós, seus pais. Fomos visitar Virginia na universidade, e casualmente a banda da universidade de Sheila estava na cidade para uma competição. Não contamos a Virginia que Sheila estaria lá. Quando se viram, foi um festival de abraços apertados e lágrimas. Foi muito comovente."

tarde aumenta as chances de longevidade da vida a dois. Inversamente, alguns múltiplos podem esconder-se atrás de sua união, temendo não serem capazes de ter sucesso por conta própria.

Os múltiplos que aceitavam as amizades externas de seus irmãos gêmeos durante a infância é que, no fim, mostram-se receptivos a uma nova parceria para o irmão gêmeo na idade adulta. Com freqüência, quando um dos gêmeos casa-se, o segundo parece encontrar um parceiro para casar-se logo depois, já que o primeiro preparou o terreno para o grande passo.

Às vezes, quando irmãos não gêmeos casam-se com alguém que tem um gêmeo, o relacionamento íntimo entre esses irmãos não chega a ser totalmente compreendido. Em casos raros, quando sentem que vêm em segundo lugar no casamento e que o irmão gêmeo do parceiro vem em primeiro, os cônjuges sem irmãos gêmeos podem tentar romper a união ou, no mínimo, limitar o contato entre o par. Talvez isso explique por que alguns gêmeos casam-se com outros gêmeos. Há sentido nisso, uma vez que cada um entenderá a aliança existente e as nuanças sutis que a acompanham. Chamamos de casamento quaternário a união de um conjunto de gêmeos idênticos com outro conjunto de gêmeos idênticos. Certamente, isso é raro, provavelmente perfazendo menos de trezentos casais no mundo inteiro, mas acontece. Ainda mais estranhos são os filhos desses dois casais — os filhos não apenas são primos em primeiro grau, mas são irmãos com todo o DNA em comum, uma vez que seus pais idênticos compartilham 100% de seu DNA.

Entretanto, as estatísticas mais fascinantes sobre gêmeos adultos vêm do Estudo de Gêmeos de Minnesota. Os investigadores desejavam saber como os genes afetam nossas vidas amorosas.

Eles postularam que, uma vez que gêmeos MZ compartilham exatamente o mesmo DNA, eles também teriam os mesmos critérios para a seleção de parceiros

> **DE PAIS para OUTROS PAIS**
>
> "A intimidade entre Dan e Todd (DZSSm) sempre foi de altos e baixos. Eles sentem, essencialmente, um amor e uma admiração natural um pelo outro, mas sua ligação às vezes é colocada em xeque por outras demandas quanto ao seu tempo e por amizades e interesses externos. Acho que agora que estão na faculdade, eles conseguem ter uma visão diferente um sobre o outro, mas também vejo um desejo por afastar-se, não apenas um do outro, mas da família em geral, enquanto cada um deles tenta encontrar seu próprio estilo de vida."

(se um dos gêmeos tem preferência por loiras, o outro também terá). Além disso, eles especularam que os gêmeos MZ sentiriam atração pelos cônjuges de seus irmãos gêmeos ("Meu irmão tem muito bom gosto para mulheres!"). Isso faz sentido, especialmente quando consideramos os casamentos quaternários discutidos acima. Ainda assim, ao testarem sua teoria, ela desmoronou. Os cônjuges dos gêmeos MZ não apenas eram tão diferentes quanto cônjuges de quaisquer pessoas sem irmãos gêmeos, mas também não sentiam atração pelas esposas dos irmãos. Na verdade, dois terços sentiam indiferença ou clara antipatia por essas mulheres. A conclusão desses estudiosos? O amor não obedece a regras e é completamente imprevisível e aleatório.

Na vida adulta, muitos gêmeos tornam-se mais íntimos um do outro, cultivando uma amizade mais profunda do que aquela dos tempos de escola. À medida que cada um desenvolve uma vida independente, a rivalidade e as comparações, que eram tão evidentes na adolescência, finalmente diminuem e terminam. Quando a pressão de ser gêmeo já não é um problema, os dois finalmente se sentem livres para desfrutar de seu relacionamento especial.

E, finalmente, os investigadores concluíram que um vínculo emocional estreito entre gêmeos MZ adultos aumenta sua longevidade (não havia correlação com a longevidade entre gêmeos DZ).

Um estudo descobriu que gêmeos MZ que conversavam um com o outro pelo menos uma vez por mês por telefone ou pessoalmente viviam mais, em média, que aqueles que não se falavam tanto.

UM AMIGO PARA A VIDA TODA

E assim fechamos o círculo — nascidos juntos, os gêmeos tornam-se companheiros e colegas instantâneos e desenvolvem um relacionamento muito estreito, que os afetará social e psicologicamente, mais que aquele existente entre irmãos não-gêmeos. À medida que amadurecem, eles podem afastar-se um do outro ou trilhar caminhos separados, enquanto tentam descobrir quem são como indivíduos e o que querem da vida. Isso é natural e não deve ser desencorajado, embora possa ser muito mais difícil para um que para o outro gêmeo. Contudo, a força do vínculo precoce entre seus múltiplos muitas vezes os sustentará, durante esse período de crescimento, e, uma vez que as pressões da adolescência terminam, a maioria dos múltiplos volta a aproximar-se para desfrutar novamente dessa união especial.

capítulo 2

Desenvolvendo a identidade e promovendo a individualidade

Como nasci sem um irmão gêmeo, nunca pensei muito em minha individualidade. Quando olho no espelho, vejo a mim mesma. Não há ninguém igual a mim. Ainda assim, para alguns múltiplos, especialmente para aqueles com exatamente a mesma aparência, descobrir quem são nem sempre é fácil.

Muitos fatores diferentes afetam a identidade e individualidade dos gêmeos, como os pais e as atitudes da família, a cultura em que vivem e como os próprios gêmeos vêem seu relacionamento. Se, por exemplo, os pais valorizam a unidade e a solidariedade em família acima da independência e incentivam seus múltiplos a trabalharem juntos e a sempre contarem um com o outro, esses irmãos estarão muito propensos a adotar a mesma atitude.

No que se refere a múltiplos e individualidade, tudo tem a ver com equilíbrio — aprender a amparar seu vínculo especial e, ao mesmo tempo, dar-lhes liberdade para descobrirem e explorarem seus próprios mundos distintos. Quando um gêmeo tem uma visão saudável a seu respeito, isso reforça realmente o relacionamento com seu irmão — sem a pressão de lutar para ser visto como diferente dele, existe de fato uma oportunidade maior para sentir prazer com o laço existente.

OS DESAFIOS DE IDENTIDADE PARA GÊMEOS E MÚLTIPLOS

Já nas primeiras semanas de vida, os recém-nascidos desenvolvem rapidamente um relacionamento de dependência (uma união) com suas mães. Para os bebês, os limites entre eles mesmos e os responsáveis por seus cuidados são turvos; a mãe e eles formam uma unidade indiferenciada. Lentamente, à medida que crescem e ganham maior mobilidade, começam a descobrir um mundo fora desse relacionamento, percebendo, então, que são separados de sua mãe e do ambiente à sua volta. Por volta dos cinco aos trinta e seis meses, todas as crianças, incluindo os múltiplos, iniciam esse longo processo de separação e individuação, à medida que se distanciam do relacionamento entre mãe e filho e começam a moldar suas próprias personalidades. Embora não o façam conscientemente, a pergunta suprema que se fazem é: "Quem sou eu?" A conclusão desse processo de duas etapas é vital para o desenvolvimento de autonomia: toda criança precisa estabelecer um senso claro de si mesma para agir independentemente e para formar relacionamentos fortes com outras pessoas.

Gêmeos identificam-se não apenas com suas mães, mas, também, com seus irmãos. Portanto, a fase de separação-individuação pode ser um pouco mais complicada. A percepção de que são separados de suas mães ocorre bem antes de entenderem que também são separados um do outro. Talvez isso se dê porque os múltiplos em sua maioria são quase inseparáveis quando bebês e, assim, não têm as mesmas oportunidades de autodescoberta que os bebês que nascem sozinhos. A mãe pode contar com a ajuda de uma babá ou matricular seus filhos em uma creche e sair por uma hora ou trabalhar o dia inteiro, por exemplo, mas o irmão gêmeo está sempre lá. Gêmeos e outros múltiplos comem juntos, dormem juntos, tomam banho juntos e brincam juntos. Em resumo, na primeira infância, eles passam muito mais tempo na companhia um do outro que com a mãe, o que pode atrasar sua separação.

A mãe também pode agravar o processo, inadvertidamente. Logo após dar à luz, ela pode relacionar-se com os filhos como um par, já que é difícil para uma mulher investir emocionalmente em dois bebês de uma só vez. E, mesmo quando a mãe apega-se a cada um individualmente, o mundo em geral pode continuar pressionando para que ela os veja como uma única entidade, com comentários como: "Como você consegue diferenciá-los? Eles se parecem tanto!"

Além disso, na maior parte dos dias, a atenção da mãe é dividida entre o par. Quando um dos filhos tem um momento de seu tempo para um aconchego ou abraço, o outro sempre está ali, esperando sua vez. Estudos demonstram que mães de múltiplos têm uma interação mais interrompida com seus filhos que mães de filhos não-gêmeos (mas você já sabia disso, não é?). Os gêmeos também passam muito menos tempo a sós com a mãe fisicamente, o que é um componente crucial para o desenvolvimento de autonomia — é o apoio emocional exclusivo da mãe que torna uma criança segura e ajuda a guiar a busca da criança por individuação.

Podemos ver aí uma faca de dois gumes — à medida que os gêmeos adquirem maior prazer em seu relacionamento, compensando em parte a falta de atenção materna individual, eles podem pôr em risco sua própria individuação pessoal no processo. O resultado, embora raro, pode ser baixa auto-estima, problemas para agir independentemente e, mais tarde, frustração na obtenção e manutenção de relacionamentos externos. A identidade também está vinculada ao desenvolvimento cognitivo, uma vez que é preciso maturidade emocional para resolver problemas (é importante salientar que a maior parte dos gêmeos desenvolve um forte senso de *self* — mesmo se alguns sofrem atraso no processo — e avança para uma vida normal e satisfatória).

Subgrupos de gêmeos: diferenças no desenvolvimento da identidade?

O desenvolvimento da identidade individual é uma experiência diferente para todas as pessoas. Muitos psicólogos examinaram a questão ao longo dos anos. A psicóloga Sara Smilansky, professora de psicologia clínica e educacional infantil, por exemplo, estudou como gêmeos israelenses desenvolviam suas próprias identidades. Usando uma série de testes e entrevistas com os gêmeos, Smilansky criou um sistema — um escore de individuação — para determinar o nível de autoconscientização e autonomia de uma criança. O questionário aborda as autopercepções dos gêmeos, avaliando seus sentimentos sobre o relacionamento com o outro gêmeo, preferências, humores, reações etc. Em suas pesquisas, Smilansky descobriu que, embora crianças sem irmãos gêmeos da segunda à quarta série já apresentassem forte individuação, gêmeos não-idênticos (DZ) não haviam progredido tanto, com os gêmeos de sexos opostos saindo-se melhor com a individuação que gêmeos fraternos do mesmo sexo. Gêmeos idênticos (MZ) eram os que apresentavam

DE PAIS para OUTROS PAIS

"Elise (MZf) decidiu tocar clarinete na banda da escola na sexta série. Foi preciso alguma coragem, porque Suzanne (MZf) não tinha interesse por isso e, assim, Elise tomou a iniciativa sozinha. Suzanne faz aulas de arte há um ano e meio sem Elise e está adorando. Nós as apoiamos em suas decisões e as respeitamos por isso. Suzanne também cortou sessenta centímetros dos seus cabelos ano passado, para uma organização que confecciona perucas para crianças que passaram por quimioterapia e perderam os cabelos. Esse foi um importante ato de separação porque, de uma hora para outra, ficou fácil distingui-las. Elise decidiu não cortar os cabelos, e também apoiamos sua decisão."

menos individuação nessa idade. Já na quinta e sexta séries, os gêmeos DZ ainda estavam atrás das crianças sem gêmeos, mas não tanto quanto na segunda à quarta série (gêmeos do sexo oposto novamente tinham maiores escores de individuação que gêmeos fraternos do mesmo sexo), mas havia pouca mudança no grupo MZ. Eles não haviam feito qualquer progresso significativo para a individuação durante esse período de três anos.

Além disso, um estudo longitudinal sueco que acompanhou um grupo de gêmeos durante dezesseis anos obteve achados semelhantes. Usando o Teste de Desenho de Wartegg para determinar a autoconfiança, auto-estima e níveis de ansiedade e agressividade de uma criança gêmea, a forma como lidava com conflitos etc. — todos os componentes que formam a identidade de uma criança —, os investigadores concluíram que, dos diferentes subgrupos de múltiplos, os gêmeos DZ apresentavam o senso mais robusto de *self*, em pares tanto do mesmo sexo quanto de sexos diferentes. Novamente, os gêmeos MZ tinham mais dificuldade de individua-

ção, com as meninas MZ demonstrando mais dependência de suas irmãs gêmeas e menos de seus pais que as meninas DZ.

Portanto, por que será que, dos seis subgrupos, gêmeos MZ têm mais dificuldade para desenvolver a identidade individual? Muitos componentes contribuem para o atraso na autonomia que afeta todos os gêmeos, mas as crianças idênticas enfrentam obstáculos adicionais. Em primeiro lugar, o desenvolvimento simultâneo com um irmão idêntico pode causar confusão, turvando a consciência que cada criança tem de si mesma. Quando um gêmeo idêntico se olha no espelho, ele com freqüência reconhece o rosto do seu irmão gêmeo em vez do seu. Na verdade, estudos demonstram que bebês MZ, muitas vezes, levam até seis meses mais para identificarem a si mesmos em um espelho que gêmeos DZ. Até mesmo gêmeos MZ mais velhos e adolescentes cometem erros ao se verem em espelhos. Muitos gêmeos relatam a sensação de confusão ao verem uma imagem no espelho, sem perceberem, de início, quem os olha dali.

Muitos gêmeos jovens também respondem por seus próprios nomes e pelos do gêmeo, às vezes, referindo-se a si mesmos pelo nome de seu gêmeo. Não deveríamos nos admirar, portanto, quando vizinhos, professores e mesmo os pais continuam chamando os gêmeos pelo nome errado ou se referem a ambos como uma só pessoa. Os próprios gêmeos podem ter dúvidas acerca de exatamente quem são (em um estudo no qual um grande grupo de crianças, incluindo um conjunto de gêmeos, brincava junto, os outros colegas tratavam constantemente os múltiplos como uma só pessoa). Além disso, o senso de identidade evolui quando os gêmeos brincam com outras crianças, com diferenças em termos de personalidade, habilidades e experiência. Alguns gêmeos MZ preferem brincar apenas um com o outro e não vivenciam esses benefícios de socialização com outras crianças.

> ## DE PAIS
> ### para OUTROS PAIS
>
> "Eu havia lido sobre casos de gêmeos que não reconheciam seus próprios reflexos em um espelho, de modo que tentamos estabelecer suas identidades individuais desde cedo. Brincávamos de esconde-esconde na frente de um espelho, dizendo: 'Onde está Kaden (MZm)? Olha ele aqui!', movendo-o para frente ou para o lado do espelho. Depois, fazíamos a mesma coisa, mostrando os dois meninos juntos. Mesmo assim, eles ainda tinham problemas para afirmarem algo com *nós*. Era sempre algo como 'Será que nós podemos...?', mesmo se apenas um deles pedia algo. Tivemos de trabalhar muito para avançarem do *nós* para o *eu*. Isso apenas estabeleceu-se com maior firmeza pouco antes de ingressarem no jardim de infância."

Não negligencie a identidade dupla

Embora você tenha acabado de ler diversas páginas sobre os possíveis problemas para o desenvolvimento da individuação de alguns gêmeos, o atraso na autonomia não é necessariamente inevitável. Além disso, os pais não devem simplesmente ignorar a identidade dupla dos filhos na esperança de promover sua individualidade. Os gêmeos têm sua própria identidade individual, mas também têm sua identidade como múltiplos, como um par, que não deve ser desconsiderada. Embora seja importante que cada criança desenvolva suas próprias capacidades fora da sombra do irmão ou da irmã, é igualmente importante reconhecer o vínculo especial e a união da gemelaridade. A missão dos pais, portanto, deve ser incentivar seus gêmeos (e todos os filhos) a seguirem seu próprio ritmo.

Por outro lado, na pressa dos pais para que cada um dos filhos adquira sua individualidade, talvez a pressão seja excessiva. Por exemplo, se você acredita que seus gêmeos se beneficiariam com a colocação em salas de aulas separadas, pode não ser preciso separá-los em casa, fazendo-os dormir em quartos separados.

Nunca force a separação dos seus gêmeos, já que isso pode ter o efeito oposto do pretendido. Em vez de se sentirem mais independentes, eles poderão colocar-se na defensiva e sentir ansiedade, agarrando-se ainda mais um ao outro.

Há motivo para preocupação?

Para muitos múltiplos, o desenvolvimento de um senso forte e pessoal de *self* talvez nunca represente um problema. Sim, talvez leve mais tempo do que se a criança não tivesse um gêmeo, mas, ainda assim, isso acontece. Se um gêmeo ainda está tendo dificuldades ao chegar ao ensino secundário, talvez ele apenas funcione melhor em equipe do que sozinho. A atitude positiva dos pais, salientando as possibilidades benéficas que vêm com a descoberta, pode ser útil. Enquanto ajuda seus múltiplos a desenvolver um senso de autonomia, você

DE PAIS para OUTROS PAIS

"Uma vez, quando estavam com mais ou menos dois anos e meio e estávamos na casa da minha mãe, os meninos (MZm) começaram a brincar de esconde-esconde no *closet*, que tinha paredes espelhadas. Um dos meninos estava escondido rindo. Seu irmão escutou e foi ao seu encontro. Ao ver-se em um dos espelhos, ele estendeu a mão para pegar o irmão. Ao perceber que não era seu gêmeo, sua expressão tornou-se cômica. Eles brincaram naquele *closet* com espelho por mais de uma hora. Um dos meninos entrava ali e o outro fechava a porta e olhava para si mesmo, depois trocavam de lugar. Em determinado momento, os dois entraram no *closet*, fecharam a porta e tocaram seus reflexos no espelho. Acho que foi aí que perceberam pela primeira vez que eram idênticos. Foi realmente interessante observá-los enquanto aprendiam brincando."

pode considerar mais fácil pensar nesse período de individuação como uma reformulação do equilíbrio no relacionamento, em vez de uma separação ou rompimento da dupla, que tem conotações negativas.

Diversos pais de gêmeos idênticos que entrevistei reconheciam muito bem o estabelecimento de um forte senso de *self*, desde uma idade muito precoce, em seus filhos.

Muitos me disseram que salientavam o uso do nome de cada criança, em vez de se referirem a eles como "os gêmeos". Eles também incentivavam seus filhos a pensar e a falar por si mesmos.

> **DE PAIS**
> **para**　　**OUTROS PAIS**
>
> "Nós oferecemos opções a Gabriel e Jordan (MZm) — vocês gostaria de ir para este ou aquele acampamento? Gostariam de fazer este ou aquele curso? Se escolhem o mesmo, tudo bem; se não, tudo bem também. Muitas vezes, eles optam por fazer a mesma coisa, mas em outras ocasiões querem especificamente fazer algo diferente do que o outro pretende fazer."

PROMOVA A INDIVIDUALIDADE

Promover a individualidade dos múltiplos e amparar sua ligação ao mesmo tempo é um ato delicado de equilíbrio. Por um lado, todos entendem a força da ligação e as raízes profundas do relacionamento entre gêmeos. Ainda assim, como sociedade, valorizamos indivíduos únicos, independentes e fortes, um dissidente que se destaca na multidão. Gêmeos, triplos e quádruplos querem ser vistos como indivíduos, embora para alguns seja mais difícil articular tal anseio que para outros. Assim, será que é possível amparar a união e, ao mesmo tempo, a individuação? Claro que sim. Ao promover a individualidade entre seus gêmeos, você os ajuda realmente a aprofundar o relacionamento entre eles. Pode parecer paradoxal, mas, quando os múltiplos podem desenvolver suas próprias preferências, interesses e personalidades, a rivalidade diminui e eles têm mais oportunidades para desfrutar a parte do relacionamento que envolve o "nós", em vez de terem de lutar para expressar o "eu".

Não é preciso forçar seus filhos pequenos a passarem horas separados quando bebês para ajudá-los a desenvolver a individualidade. Como todos os pais de múltiplos sabem, tal imposição seria brutal. Por razões práticas, os gêmeos precisam fazer certas coisas juntos, como tomar banho e comer, para que os pais possam ter algum descanso.

DE PAIS
para OUTROS PAIS

"Sempre deixo que Natalie e Abigail (DZSSf) escolham suas atividades extracurriculares. Elas fazem algumas coisas juntas, mas eu incentivo os treinadores e instrutores a separá-las. Sempre que posso, eu as inscrevo em dias diferentes, ou em equipes distintas."

Em vez disso, tente dar um rápido passeio de uma hora por semana apenas com um deles, desde pequenos, para dar início a esse processo.

Existem também muitas pequenas coisas que os pais podem fazer dentro de casa, quando os múltiplos são bem pequenos, para ajudar no processo de individuação. Por exemplo, faça com que seus bebês cochilem em horários diferentes para que você possa acarinhar aquele que está desperto. Além disso, cada um dos pais pode levar um dos filhos para um cômodo diferente e brincar e ler apenas para o que está em sua companhia. Contudo, o mais importante é a percepção e o comportamento dos pais — as crianças buscam orientação com seus pais por meio de suas reações; e, se mamãe e papai continuam vendo e tratando os gêmeos como uma dupla, eles mesmos também verão a si mesmos assim. Em tudo o que vocês diz e faz, relacione-se com cada um individualmente. Embora nunca seja tarde para ajudá-los a desenvolver autonomia, é importante começar o processo cedo, já que os pais podem exercer uma influência maior quando seus filhos são pequenos.

O que os pais podem fazer

Se você agir no sentido de garantir que cada criança desenvolva um senso de individualidade desde muito cedo, estará preparando o terreno para atitudes e relacionamentos saudáveis no futuro, não apenas com aqueles que rodeiam seus múltiplos, mas também um com o outro. Aqui estão algumas estratégias para isso.

- Desde uma idade muito precoce (ou tão logo seja possível), permita que cada criança tenha seus próprios pertences — não agrupe todos os brinquedos, livros favoritos ou roupas juntos. Dê a posse individual dos objetos aos seus filhos. Não há problema em deixá-los compartilhar roupas (certamente é mais fácil), mas permita que cada um tenha alguns brinquedos favoritos (à medida que crescem, permita-lhes decidir por conta própria até onde desejam dividir as roupas. Afinal, um dos benefícios de ter uma gêmea adolescen-

Desenvolvendo a identidade e promovendo a individualidade

DE PAIS
para **OUTROS PAIS**

"Desde cedo, percebi que Rick e James (MZm) saíam-se melhor juntos se passassem algum tempo separados durante o dia. Não importava o que fizessem, apenas que passassem algum tempo sem o outro. Acho que lhes dar tempo para serem indivíduos foi tão importante quanto deixá-los na companhia um do outro para formarem laços de apego. Mesmo se brigassem muito, sempre estariam disponíveis um para o outro — se alguém perturbasse um deles, o outro sempre interviria. Usei muitas atividades esportivas e artesanato; esses afazeres prestam-se muito bem para tarefas em grupo e individuais."

te é ter o dobro de roupas!). Dê a cada criança uma "caixa do tesouro" especial ou uma prateleira pequena para guardar itens pessoais.

- Embora fotografias da dupla sejam preciosas, tire muitas fotos tendo cada um dos gêmeos em separado enquanto crescem e mudam. Crie um álbum, livro de recordações ou caixa de lembranças separada para cada um, em vez de ter apenas um desses itens para "os gêmeos".

- Reconheça suas preferências individuais, passando por alimentos, roupas, cores e personagens favoritos de desenho animado. Alguns pais deixam que cada um dos gêmeos decore seu lado do quarto compartilhado da maneira que gostar. Desde cedo, apóie a expressão criativa, as qualidades e os talentos, quer ocorram na música, na arte ou mesmo na escrita. Alguns gêmeos com dificuldade para verem sua singularidade precisarão de orientação dos pais.

DE PAIS
para **OUTROS PAIS**

"Por serem fraternos, meus triplos são bem diferentes uns dos outros. Contudo, eu sempre me preocupei com o fato de tratá-los como um grupo, em vez de indivíduos, porque fazia tudo sempre com os três juntos. Para mim, era uma questão logística, e eu achava que era importante tratá-los de forma igual e justa. Ainda assim, me preocupava porque, ao agir dessa maneira, eu suprimia sua individualidade. Eu não tinha tempo ou dinheiro sobrando para levar apenas um deles comigo de cada vez, mas ainda hoje, como no passado, tento reservar momentos tranqüilos ou algum tempo com cada um deles em casa. Revezo-me ensinando-lhes a cozinhar, ajudando em suas lições ou servindo como parceira em brincadeiras ou jogos."

- Dê prioridade a passar algum tempo a sós com cada um de seus pequenos gêmeos todos os dias. Inicie também uma separação gradual e planejada fora de casa. Comece com uma separação breve, quando seus bebês forem muito pequenos, e aumente a duração à medida que crescerem. As crianças mais velhas, com maior dificuldade com a separação, são aquelas que nunca tiveram um tempo sozinhas quando eram pequenas, mas nunca é tarde demais para começar. O objetivo é fazer com que cada múltiplo sinta que estar afastado do gêmeo ou dos gêmeos é normal e natural e não há problema nisso. Seja sensível em relação aos momentos em que eles realmente desejam estar juntos e exercite sua flexibilidade — nunca force o afastamento. Pense criativamente: uma mãe disse-me que, em termos práticos, é muito difícil sair com seu casal de gêmeos separadamente. Assim, um dos pais geralmente sai para jogar futebol com um deles, enquanto o outro permanece em casa com o filho ou a filha.
- Distribua tarefas domésticas diferentes para cada um dos gêmeos — um põe a mesa, o outro dobra as roupas de passar —, permitindo que desenvolvam confiança para trabalharem de forma independente.

PREPARAÇÃO PARA FESTINHAS DE ANIVERSÁRIO

Com toda essa conversa sobre a promoção da individualidade, há algo que todos os gêmeos precisam dividir — o aniversário. Muitos pais me contaram o que faziam para tornar a festa especial para cada um dos gêmeos. A mãe de filhas adolescentes, por exemplo, fazia uma "festinha do pijama", dois dias seguidos — uma das filhas convidava as amigas para dormirem em casa na sexta à noite e a outra trazia as suas amigas no sábado à noite. Embora essa programação fizesse um enorme sucesso, ela não a recomenda. "Era um fim-de-semana muito longo", disse. Este ano, ela decidiu transformar um pouco a sua solução: as amigas das duas filhas vieram passar a noite, mas na hora de dormir, cada gêmea retirou-se para o seu quarto com seu próprio grupo de amigas especiais.

Uma vez que o aniversário dos meus filhos caiu durante os Jogos Olímpicos de Inverno, este ano, nós usamos o tema para criar a festa paralela perfeita — duas equipes de jogadores competindo pelo ouro. Cada menino era o capitão de uma delegação formada por "jogadores" especialmente convidados, o que pelo menos dava a ilusão de duas festas separadas.

Existem muitos outros modos de fazer com que cada criança sinta que é o único centro da atenção em seu dia especial. Aqui estão algumas idéias para ajudá-lo a colocar mais brilho sobre cada um dos seus gêmeos nesse dia:

- Comprar ou fazer dois bolos em casa é tão fácil quanto comprar ou fazer apenas um que seja maior. Não se esqueça, também, de cantar "Parabéns a Você" duas vezes, revezando o nome do primeiro contemplado com a música a cada ano (em nossa casa, nós alternamos os anos; um dos garotos é "dono" dos anos pares, e o outro, dos ímpares).

- Obviamente, eu recomendo que os presentes sejam diferentes, de acordo com a lista de desejos de cada um dos aniversariantes. Mas o que acontece se duas meninas quiserem uma casinha de bonecas que custa muito? Não há problema em dividir coisas grandes e caras; apenas complemente esse presente com um brinquedo pequeno e personalizado para cada um.

- Considere dividir a lista de convidados e pedir que seus múltiplos enviem convites separados (talvez com diferentes *layouts* escolhidos por cada um). Isso não apenas permite que cada criança invista especialmente na festa, mas também retira do convidado a obrigação de trazer dois presentes, quando talvez seja amigo de apenas uma das crianças.

- Para um casal de gêmeos, para os quais um tema comum pode ser mais difícil, tente uma festa menor para cada criança em dias diferentes, apenas com os melhores amigos. Quando eles chegarem à adolescência e demonstrarem interesse pelo sexo oposto, você poderá voltar a fazer festas para os dois juntos (e, pelo que escuto dos pais, seus gêmeos de sexos opostos adoram esses eventos).

Facilite as coisas para quem não é da família

Ao contrário do que possa parecer naqueles dias em que você escuta comentários tolos de estranhos ("Como você consegue distinguir um do outro?"), a maioria das pessoas que não têm um irmão gêmeo gostaria de tratar os múltiplos como indivíduos, mas com freqüência precisa de alguma ajuda adicional para identificar cada uma das crianças. Em outras palavras, se você ajudá-las a

DE PAIS
para OUTROS PAIS

"Ao completar três anos, Victoria (MZf) pareceu decidida a afirmar sua identidade. Ela e Kate (MZf) estavam começando a pré-escola em uma cooperativa da igreja próxima, e certo dia ela apareceu pronta para a escola com seu uniforme e um boné de pele de guaxinim. Nós a olhamos, perplexos, e eu pensei: 'Que belo senso de estilo!' Isso não aconteceu apenas uma vez — ela usou aquele boné por bem mais de um ano, em todos os lugares aonde ia. Assim, a partir dessa idade, Victoria sempre teve um pouco mais de desejo de se identificar — de um jeito bom — e de ajudar os outros a distingui-las imediatamente."

ver seus gêmeos como seres unidos, elas provavelmente não errarão. Se você tem um casal de gêmeos ou gêmeos fraternos que não se parecem muito, isso já ajuda bastante, mas não é a solução total. Sem um modo de identificar cada criança (especialmente para gêmeos idênticos e triplos), a maioria dos professores, dos vizinhos e até mesmo dos parentes evitará ter de conhecer seus gêmeos separadamente, por medo de cometer erros. As pessoas evitarão usar seus nomes, por exemplo, talvez mantendo a conversa superficial, ou, pior ainda, evitando qualquer conversa. As crianças também são sensíveis, por exemplo, quando um professor cumprimenta todos pelo nome pela manhã, mas não os gêmeos, por temer chamá-los pelo nome errado.

Roupas idênticas e gêmeos mais velhos

Em determinada época, você provavelmente vestiu seus gêmeos iguaizinhos (ou, pelo menos, com roupas muito semelhantes). E por que não? Você tem orgulho dos seus múltiplos e quer que o mundo saiba o quanto são especiais. Embora a prática possa parecer completamente inocente e divertida, os pais precisam reconhecer que com freqüência isso não é o melhor para as crianças. Vesti-las com roupas iguais de vez em quando não terá efeitos negativos em longo prazo. Será que há algo errado em sempre vestir os gêmeos de forma idêntica? Sim. Em primeiro lugar, roupas iguais podem turvar a realidade e implicar, de forma sutil, que os múltiplos são uma entidade só, não pessoas individuais. Quando se trata de gêmeos MZ que têm a mesma aparência e se vestem com roupas iguais, a tarefa de diferenciá-los é muito mais árdua, confundindo, assim, a capacidade de um estranho de encará-los como indivíduos. Além disso, uma vez que a prática de vesti-los de modo igual começa, é difícil parar.

Vestir-se igual também tem conseqüências para os múltiplos. A escolha de roupas é um forte componente da formação da identidade, por ser uma forma de se apresentarem aos outros externamente, o que contribui para um senso interno de quem são. Para as crianças que sempre se vestiram de maneira igual, a prática pode tornar-se uma parte integral de ser um gêmeo. Usar roupas iguais reforça sua identidade dupla, confundindo o processo do desenvolvimento da autonomia. Ao se manterem apegados a essa tradição, muitos gêmeos começam a crer, inconscientemente, que são incapazes de viver de forma autônoma.

Não é de surpreender que meninas idênticas se vistam iguais com mais freqüência que meninas fraternas ou que qualquer tipo de múltiplos do sexo masculino. A conseqüência para as meninas MZ que continuam vestindo-se assim regularmente quando chegam à pré-adolescência pode dar a alguns pais uma razão para desencorajar tal prática. Meninas idênticas às vezes têm mais dificuldade para desenvolver sua própria imagem corporal visual positiva, já que vêem a si mesmas na irmã com as mesmas roupas. Elas simplesmente enfrentam mais problemas para visualizar a si mesmas internamente — não é preciso fazê-lo, já que a gêmea age como um espelho.

> **DE PAIS para OUTROS PAIS**
>
> "Eu sempre salientei a individualidade. Desde os primeiros meses de vida de Joshua e Anthony (MZm), parei de vesti-los de modo igual. Se alguém nos dava roupas idênticas, as duas peças iam para a gaveta de apenas um deles. Eu preferia roupas parecidas de cores ou padrões diferentes. Cada um dos meninos sempre teve seu próprio bolo de aniversário e seus próprios presentes. Quando alguém lhes dá um presente para ser dividido (como no Natal ou em aniversários), eu descubro o que é e se pode ser realmente dividido. Se não, dou o presente apenas para um deles, compro algo parecido para que os dois tenham um presente ou recolho à minha caixa de 'repasse de presente', usando-o como presente a ser dado por meus filhos em alguma festa para a qual sejam convidados."

O que os pais podem fazer

Os pais são uma forte influência para ajudar os filhos no estabelecimento de sua identidade social. Você pode ajudar outros a verem as qualidades únicas e especiais de cada um dos seus filhos e tentar transmitir aos seus gêmeos a mensagem de que a vida é repleta de escolhas pessoais e muitas possibilidades diferentes e excitantes.

- Ensine seus múltiplos, especialmente os MZ, a se apresentarem pelo nome. Assim outras pessoas não apenas os identificarão com mais facilidade, mas se sentirão mais à vontade para realmente conhecerem cada um dos gêmeos como um indivíduo. Se, por exemplo, os professores e colegas têm dificuldade para distinguir um do outro, ensine seus filhos a darem dicas como "Só eu tenho essa pintinha na bochecha esquerda" ou "Sou canhota; ela é destra".

- Explique aos seus filhos que roupas iguais não formam um vínculo entre gêmeos e, inversamente, vestir-se de modo diferente não o rompe. Se os seus gêmeos relutam em vestir-se diferentemente, talvez você precise reconhecer que a experiência é nova e que o desconhecido é sempre assustador. Talvez eles não tenham confiança para serem diferentes. Ou, ainda, talvez achem que estarão traindo a parceria se usarem roupas diferentes. Saliente que, mesmo quando se vestirem de um jeito diferente um do outro, ainda serão gêmeos. Até eles se sentirem mais confortáveis, porém, você poderá ajudá-los a fazer a transição para roupas diferentes, sugerindo alguma variação — mesmas roupas, mas em cores diferentes, ou mesmas calças, mas diferentes camisetas e tênis.

- Se os seus filhos precisam usar uniformes na escola, incentive-os a usar acessórios diferentes — faixas de cabelo, bijuterias, calçados e até mochilas diferentes.

- Faça experiências com diferentes cortes e estilos de penteado, até cada criança descobrir aquele que lhe parece melhor.

DE PAIS
para OUTROS PAIS

"Sempre que as pessoas a chamavam de 'as gêmeas' eu dizia: 'Seus nomes são Amélia e Amanda (DZSSf)'. Nós também incentivávamos as meninas a dizerem seus nomes. Quando eram pequenas, era mais difícil, já que queriam sempre apresentar-se como 'Amélia-Amanda' (como um nome só), porque era como lhes soava. Durante os primeiros anos de suas vidas, meu marido e eu tiramos fotos das meninas em estúdio, nas quais cada um de nós segurava uma delas, para que tivessem fotos só suas com mamãe e papai quando crescessem. Adoro álbuns de recordações, de modo que todos os meus filhos têm seus próprios álbuns de bebê, da escola e de suas atividades esportivas".

APENAS MAMÃE E EU

Passar algum tempo a sós com cada um dos gêmeos é importante sob muitos aspectos: representa uma chance de estar sozinho com a mãe ou o pai, de se expressar honestamente, sem o medo de ser ouvido ou mesmo julgado pelo irmão gêmeo, e uma oportunidade para desacostumar-se lentamente da presença do irmão. Os pais também se beneficiam, conhecendo seus gêmeos individualmente e desenvolvendo um vínculo mais profundo com cada criança, vendo-a de modo singular, não como parte de uma unidade. É fascinante, e um pouco assustador, quando nos damos conta, pela primeira vez, de que a personalidade do par dos gêmeos é muito diferente do caráter individual de cada um.

Os pais que descobriram formas de passar um tempinho a sós com cada gêmeo perceberam que a experiência é imensamente agradável e benéfica para o relacionamento pais-e-filhos. Uma mãe contou-me que adora brincar de hotel com cada uma de suas filhas, incluindo assistir a filmes e jantar no quarto. "É gostoso ficar com cada uma delas de vez em quando", disse. "Elas conseguem falar sem interrupções da outra irmã e agora que entraram na pré-adolescência aproveitam essas ocasiões para realmente se abrirem, já que muitas vezes não querem fazer isso na frente da irmã." Outra mãe recorda os momentos que passava sozinha com cada um dos filhos, servindo como parceira em jogos eletrônicos com o filho ou freqüentando restaurantes aconchegantes com a filha, como os mais marcantes da infância dos dois. Os pais também eram práticos em seu enfoque. Para poder recordar seus "encontros" com cada uma das filhas, uma mãe de triplas codificou em cores os dias em um calendário, para ter certeza de quem era a vez. Um pai tirava proveito de seus horários flexíveis de trabalho e alternava saídas vespertinas com cada um dos filhos gêmeos.

Ainda assim, às vezes pode ser bem difícil separar gêmeos muito pequenos. Alguns podem sentir muito medo, se for a primeira vez que passam algum tempo afastados do irmão, ou se for a primeira vez que interagem com um dos pais sem a presença do outro gêmeo (por isso é importante iniciar o ritual quando são pequenos e têm menos consciência disso). Esta é outra ótima razão para passar algum tempo a sós com cada criança: os gêmeos precisam desenvolver a personalidade individual, a capacidade para pensar e agir de forma independente. Se tudo isso for novidade para você e seus filhos, aqui estão algumas dicas para entrar com o pé direito nesse novo terreno:

- Se os seus múltiplos nunca se separaram, comece com passeios curtos (uma ida de quinze minutos até o banco ou o correio, por exemplo) e depois aumente o tempo gradualmente, enquanto eles crescem e se acostumam a passar mais tempo separados. Agora que meus filhos estão maiores, sempre levo um deles comigo durante a manhã inteira, em fins-de-semana, para fazer coisas na rua e, então, corôo nosso programa com algo que eles apreciam, como uma ida à loja de videogames ou uma paradinha para comer algo de que gostam.
- Mantenha um registro cuidadoso sobre a vez de cada um para sair com a mãe ou o pai (gêmeos podem ser muito sensíveis a erros nessa espécie de revezamento). E não se esqueça da tríade com o irmão sem gêmeo. Tente sair com um gêmeo e seu irmão não-gêmeo também — isso ajuda a formar o vínculo entre um gêmeo e um irmão mais novo ou mais velho, um relacionamento muitas vezes menosprezado.
- Não deixe que a culpa por não passar muito tempo com cada um dos seus filhos o leve a super-recompensá-los — não há por que se desculpar excessivamente ou deixá-lo comer todos os doces que quiser. Uma criança sente-se reconfortada e sente prazer com o simples conhecimento de que sua mãe ou pai está ali em sua companhia. Relaxe!
- Se passar um tempo a sós com cada criança for difícil, ocasionalmente um parente ou amigo pode, habilmente, atuar como um substituto dos pais ou como um confidente para seus filhos. Afinal, você não quer apenas fortalecer o relacionamento com seus filhos, mas também que cada gêmeo se sinta confortável sem a presença do outro.

DE PAIS
para OUTROS PAIS

"Comecei a sair com um gêmeo de cada vez quando eles estavam na pré-escola. Andrew e Jeffrey (DZSSm) estavam na turma de crianças com três anos de idade, e Joey estava na turma daqueles com quatro anos. Nas sextas-feiras, um deles ficava em casa comigo e os outros dois iam para a pré-escola. Fazíamos lanches juntos ou íamos às compras e depois almoçávamos fora — qualquer coisa que precisássemos fazer entre a hora do início da pré-escola e o fim do horário escolar. Éramos apenas nós dois. Eu adorava esse arranjo, e as crianças também ansiavam por sua sexta-feira."

MÚLTIPLOS E AMIZADES

Entre aqueles que estudam gêmeos, um dos tópicos mais debatidos é o das amizades, especificamente se ter um irmão gêmeo ajuda ou atrapalha na formação de amizades. Aqueles que concordam com a gemelaridade como um fator que aumenta a capacidade para conquistar amigos dizem que uma forte base emocional com um irmão gêmeo de fato pode tornar a criança mais segura para aventurar-se e encontrar novos amigos.

Até certo ponto, isso é verdade. Gêmeas, por exemplo, usam freqüentemente sua gemelaridade para se promoverem socialmente. Muitas crianças vêem a dupla como celebridades e se sentem naturalmente atraídas para brincadeiras com gêmeos. Ainda assim, com a exceção de gêmeos que já estão no ensino médio, em que a gemelaridade demonstrou ser um fator que contribui para a formação de amizades, a maioria dos investigadores apóia, hoje, a última teoria — de que gêmeos pequenos (na pré-escola ou no início do ensino fundamental) têm menor diversidade em suas amizades e são mais retraídos, socialmente que as crianças singulares.

Para entendermos por que, vejamos a vida típica de um conjunto de jovens gêmeos. Uma vez que a maioria dos lares com múltiplos é muito agitada, os pais geralmente têm dificuldade para encontrar companheiros externos de brincadeiras para os filhos, e uma vez que estes já têm companheiros um no outro, muitos pais nem sequer se preocupam em providenciar amiguinhos de fora. Até mesmo quando o vizinho vem brincar, a interação acontece com os dois gêmeos, não apenas com um. Em outras palavras, pela natureza de seu relacionamento, muitas crianças pequenas raramente têm interações sociais sem seu irmão gêmeo. Como resultado, muitos múltiplos jovens contam um com o outro como um de seus poucos amigos. Além disso, uma vez que gêmeos MZ são geneticamente idênticos, eles possuem interesses e padrões de brincadeiras semelhantes (eles conhecem as regras de todos os jogos que criam) e passam mais tempo brincando um com o outro que gêmeos DZ ou crianças não-gêmeas.

Isso é demonstrado por vários estudos. O *Estudo de Gêmeos e Irmãos do Sul do Illinois* (SITSS, *Southern Illinois Twins and Siblings Study*) usou o *Inventário de Comportamentos da Infância e Adolescência* (CBCL, *Child Behavior Checklist*) e observou como gêmeos de cinco anos de idade reagiam quando brincavam com outra criança desconhecida. Cada gêmeo foi combinado com uma criança não-gêmea da mesma idade e mesmo sexo em um laboratório com brinquedos e classificada em termos de inibições — relutância em tocar um brinquedo primeiro e hesitação em interagir com a criança desconhecida. Os resultados mostraram que os gêmeos eram significativamente mais relutantes em brincar com o brinquedo primeiro e até em interagir com seu coleguinha no laboratório que crianças não-gêmeas, com os gêmeos idênticos apresentando mais timidez que seus colegas não-idênticos.

É interessante notar que, quando indagados sobre as interações dos gêmeos com outras crianças desconhecidas antes da experiência, os pais tinham impressões totalmente opostas sobre os filhos e viam seus múltiplos como muito sociáveis. Os investigadores concluíram que, uma vez que os pais vêem seus gêmeos brincando juntos todos os dias, interagindo de forma bastante social um com o outro, eles estão mais propensos a focalizar sobre os comportamentos positivos e menos sobre as inibições desses filhos.

Com a luz lançada por esse estudo, é importante que os pais se distanciem um pouco e examinem a sociabilidade de seus múltiplos um pouco mais objetivamente, ajudando-os a desenvolver habilidades sociais e pessoais mais sólidas, se necessário. Caso contrário, os problemas de comportamento e até mesmo de linguagem podem começar a aparecer quando as crianças saírem do conforto de suas casas e se aventurarem em um mundo social mais amplo, como a pré-escola.

Lembre-se de nunca subestimar o poder dos amigos. Estudos têm demonstrado que um bom companheiro pode beneficiar a saúde emocional futura da criança e até mesmo ajudá-la a sair-se bem nos estudos, enquanto avança na escola. Além disso, crianças que têm dificuldade para formar amizades podem vivenciar problemas de adaptação de longa duração mais tarde. Embora ninguém saiba ao certo se esses achados se traduzem para a população de múltiplos, a mensagem é clara — os pais com múltiplos pequenos devem tentar ajudar seus filhos a formarem amizades individuais, fora do relacionamento entre os gêmeos.

DE PAIS
para OUTROS PAIS

"Nathaniel e Preston (MZm) tinham um amiguinho comum, quando eram pequenos, e agora dividem entre si um melhor amigo. Eu não diria que os dois realmente têm amigos fora de sua dupla. O que ocorre é que têm o mesmo grupo de amigos com os quais podem brincar separadamente. Isso não afetou o relacionamento entre meus meninos, mas percebo que sempre transmitem ao outro o que fizeram com o amigo de ambos. É como se não desejassem que o outro perdesse o que aconteceu enquanto estavam separados."

Gêmeos compartilham amigos

Será que fazer amigos é um processo diferente para múltiplos, se comparados a não-gêmeos? Quando os múltiplos começam a freqüentar a pré-escola e descobrem companheiros fora da unidade familiar, eles geralmente compartilham seus colegas um com o outro. Esse padrão freqüentemente permanece por muitos anos (muitos dos que responderam ao meu questionário confirmaram esse achado).

Além disso, o número de amigos que os múltiplos têm em comum varia imensamente de acordo com a zigosidade dos gêmeos. De fato, um estudo recente sobre gêmeos com oito anos de idade mostrou que gêmeos idênticos têm aproximadamente 50% de seus amigos em comum; gêmeos não-idênticos do mesmo sexo compartilham cerca de 25%; já pares de sexos opostos compartilham apenas 5% de suas amizades. Embora esse estudo esclareça algumas dúvidas, ele deixa muitas sem resposta: por que os gêmeos dividem amigos? Será porque muitos gêmeos (particularmente os MZ) têm preferências muito semelhantes e, assim, sentem-se atraídos pelo mesmo tipo de pessoas? Ou será que, uma vez que a maioria dos gêmeos está sempre junta e conhece os mesmos amigos em potencial ao mesmo tempo, sua fonte de contatos sociais é mais limitada do que se fossem duas crianças nascidas sem irmãos gêmeos? Além disso, será que compartilhar amigos é negativo? Isso afeta o desenvolvimento emocional e social de um gêmeo? Ninguém sabe ao certo quais são as implicações desse estudo no longo prazo, mas ainda assim ele dá margem a algumas observações interessantes.

Em primeiro lugar, gêmeos MZ em geral sentem um grande efeito positivo com o compartilhamento de amigos e grande prazer com isso. Eles os vêem como uma importante parte de seu relacionamento como irmãos gêmeos — como uma parte até mesmo divertida —, sem qualquer conflito envolvido. Embora quase metade dos gêmeos DZ considere agradável compartilhar os amigos, certas condições estão envolvidas nisso, como a de que cada um dos gêmeos brinque com um amigo comum, mas em dias diferentes.

> **DE PAIS para OUTROS PAIS**
>
> "Quando eram menores, Michael e Jennifer (DZOS) sempre tinham os mesmos amigos e sempre faziam as mesmas coisas juntos. Agora que estão maiores, cada um tem seus próprios amigos especiais, mas ainda fazem coisas juntos o tempo todo. Eles sempre dizem que são o melhor amigo um do outro e sempre reservam um tempo para estarem juntos."

Portanto, os gêmeos DZ, como um grupo, enfrentam mais conflitos dentro de seu relacionamento como gêmeos enquanto formam novas amizades. Gêmeos de sexos opostos, que como um grupo compartilham o menor número de amigos comuns, também sentem o menor conflito. A razão é que os amigos que compartilham estão em um contexto social mais amplo (amigos de um grupo da igreja, por exemplo), em vez de serem "os melhores amigos", eliminando assim qualquer espécie de rivalidade.

A maioria dos pais que respondeu ao questionário para este livro tinha múltiplos que caíam dentro dos "parâmetros para gêmeo", no que se referia ao desenvolvimento de amizades. Isto é, gêmeos idênticos compartilhavam o maior número de amigos entre o par, com pouco ou nenhum conflito associado com o arranjo (muitos gêmeos idênticos que já cursam o ensino médio ainda compartilham a maioria de seus amigos); gêmeos do mesmo sexo tendiam a diversificar no fim do ensino fundamental, fazendo amigos separadamente e compartilhando muito poucos deles. Minha amostra evidenciou que pares de sexos opostos pareciam compartilhar muito mais amigos do que os estudos indicavam, mas diversos deles vivem em áreas rurais, onde, segundo os pais, amigos do mesmo sexo e da mesma idade são mais difíceis de encontrar.

DE PAIS
para OUTROS PAIS

"Karsten e Annika (DZOS) compartilham muitos dos mesmos amigos em nosso bairro. Entretanto, dois desses amigos às vezes tentam colocar-se entre meus filhos quando estão todos brincando. O amigo faz ou diz propositadamente coisas para que Karsten ou Annika escolham algo diferente. O resultado final é que o amigo sempre tem um dos dois ao seu lado como aliado."

O melhor amigo de ambos

Com freqüência, os gêmeos jovens também têm um melhor amigo comum. Dividir um melhor amigo pode dar certo (meus gêmeos tiveram o mesmo "melhor amigo" por três anos — outros pais que responderam ao questionário contaram que seus filhos dividiram um melhor amigo na escola secundária), mas também tem suas armadilhas.

Algumas vezes, por exemplo, o trio de "dois com um" pode não funcionar, já que a criança não-gêmea pode sentir-se confusa, sem conseguir entender a dinâmica dos gêmeos e como eles funcionam como uma dupla. Além disso, a criança não-gêmea talvez nunca chegue a conhecer cada gêmeo separadamente, se brinca com eles como um par, em vez de com cada um individualmente. Pior ainda é quando uma criança não-gêmea, desconfortável com a força do vínculo entre os gêmeos, tenta deliberadamente jogar um dos irmãos contra o outro. Se uma quarta criança não-gêmea entra no grupo, a situação volta ao normal. Se a turminha chega a separar-se para brincadeiras paralelas, por exemplo, formam-se dois grupos de duas crianças.

A outra ponta do espectro é quando os pais de crianças não-gêmeas simplesmente evitam o contato social com pais de gêmeos. Eles podem relutar em receber os dois gêmeos de uma só vez e preferir que apenas uma das crianças vá às suas casas. Ainda assim, não querem dizer isso para não magoarem ou insultarem os pais dos gêmeos ou o irmão que não foi convidado. Isso ocorre com uma freqüência maior do que você imagina, especialmente se os seus filhos estão na mesma sala de aula e um colega prefere um dos gêmeos ao outro. O colega sente-se em uma posição desconfortável — ele quer convidar apenas um dos irmãos, mas sabe que acabará magoando o outro (especialmente se o vínculo entre os gêmeos for forte), de modo que, no fim, opta por não convidar absolutamente o gêmeo preferido. Lembre-se, é difícil mudar atitudes, e, se você coloca seus filhos como uma proposta de tudo ou nada para famílias com filhos não-gêmeos, é muito difícil mudar opiniões.

O que os pais podem fazer

Quem diria que ajudar seus gêmeos a fazer amigos seria tão complicado? Na verdade, não precisa ser, se você assumir um enfoque de receptividade completa. O segredo,

---

DE PAIS para **OUTROS PAIS**

"Na aula de ginástica artística, Guinevere e Meredith (MZf) costumavam escolher uma menina a cada semana, sufocando-a com sua atenção total e atrapalhando a concentração da garota, que se distraía e não conseguia seguir as instruções da professora. Elas não reconheciam que outras pessoas precisam ter algum espaço à sua volta. As outras meninas queixaram-se, e precisamos ensinar nossas filhas a respeitar o espaço de outras pessoas e separá-las fisicamente nas aulas. Quando elas começaram o jardim-de-infância, foram colocadas em salas de aula separadas e cada uma encontrou uma amiguinha. Pareceu-me que tentavam replicar seus laços como gêmeas quando estavam uma sem a outra. Meredith e Guinevere compartilhavam essas amigas, mas retinham a 'posse' primária."

aqui, é ajudar seus múltiplos a descobrirem um equilíbrio entre sua individualidade e seu relacionamento no par. Entretanto, todos os múltiplos precisam interagir com colegas diferentes, outras crianças além do irmão ou irmãos gêmeos, para poderem superar as inibições sociais. No fim, os múltiplos que compartilham parte dos seus amigos comuns, mas também desenvolvem algumas amizades separadas, parecem sair-se melhor. Aqui estão algumas idéias para ajudá-lo a abrir um mundo de amizades para seus múltiplos:

- Uma das melhores maneiras de apresentar seus gêmeos a novos amigos é tomar a questão em suas mãos e providenciar uma data semanal para brincadeiras. Tenha em mente que essa não é uma tarefa fácil, especialmente se você tem triplos e/ou meninos pequenos, mas a compensação em termos sociais será grande para seus filhos. As regras para o sucesso são simples: estabeleça um período específico (não mais que duas horas), para que não haja confusão sobre o horário para o fim das brincadeiras, planeje diversas atividades (prepare uma mesa com lápis coloridos e papel, por exemplo), bem como algumas idéias de brincadeiras livres para manter a turminha animada, e reserve quaisquer brinquedos especiais que seus filhos possam ter para evitar brigas ou a destruição acidental. Você pode incentivar brincadeiras mais tranqüilas com apenas duas crianças, fazendo com que cada um dos gêmeos aproxime-se de um dos convidados para praticarem algum jogo juntos.
- Seja direto e honesto com os pais de crianças não-gêmeas e garanta-lhes que não há problema em convidar seus gêmeos individualmente se preferirem.
- Se apenas um dos gêmeos for convidado para brincadeiras na casa de outra criança, tente planejar uma data separada de brincadeiras para o outro gêmeo, na sua casa ou na de outro amiguinho.
- Com supervisão adequada, exponha seus gêmeos a crianças de todas as idades, dos vizinhos (convide os meninos da casa ao lado para um jogo com bola no quintal) e primos (providencie pernoites em sua casa em fins-de-semana) a filhos dos amigos da família (talvez seus amigos tenham um filho uma filha da mesma idade que seus gêmeos) e crianças próximas, da pracinha e do clube. O objetivo é que seus gêmeos sintam-se confortáveis com mais que apenas o irmão como companhia.

Quando um dos gêmeos tem dificuldade para fazer amigos

Ao recrutar pais de múltiplos para este livro, recebi um e-mail de um pai muito aflito: "Sou pai de meninas gêmeas com oito anos de idade", ele escreveu. "Es-

Desenvolvendo a identidade e promovendo a individualidade **47**

tamos tendo problemas com uma delas. Enquanto sua irmã é popular e conquista as pessoas, esta (embora seja meiga) não é aceita da mesma forma." Bem, esse pai não está sozinho nessa situação. Outros pais me contaram que um de seus gêmeos é muito extrovertido e conquista amigos com facilidade, mas o outro não é tão habilidoso em situações sociais.

Uma mãe de gêmeas fraternas de nove anos de idade, por exemplo, disse-me que suas meninas começam a se distanciar socialmente — uma delas é popular na escola, dorme na casa das amigas com freqüência e brinca com as colegas, mas a outra tem dificuldades para relacionar-se com colegas da mesma idade.

Os pais sentem-se aflitos, quando vêem um filho ou uma filha sofrer emocionalmente por viver na sombra de seu gêmeo. Como conseqüência, a criança introvertida pode começar a sentir-se inferior ao irmão mais extrovertido e perder auto-estima, enquanto o gêmeo mais extrovertido pode distanciar-se do irmão menos sociável ou limitar suas amizades, tentando proteger o irmão.

Um múltiplo pode ser menos sociável que o outro por muitas razões. Algumas crianças simplesmente levam mais tempo para fazer amizades duradouras, preferindo observar em vez de participar. Outras, ainda, não são necessariamente tímidas, mas "mandonas", o que afasta as pessoas. Com intervenção sutil dos pais, porém, a criança menos sociável pode aprender a desenvolver confiança e amizades. Aqui estão algumas maneiras de lidar com o problema:

- Não tente mudar a personalidade de uma criança tímida ou incentivá-la a ser mais sociável como o irmão ou a irmã. Isso apenas aumentará o ressentimento e a rivalidade entre os gêmeos. Tente, em vez disso, ajudá-la a encontrar situações sociais em que se sinta mais confortável. Em outras palavras, não providencie encontros sociais com crianças mais populares, mas preste atenção às indicações dadas por seu filho e convide um colega estimado pela criança a vir à sua casa.

- Antes de novas situações em que seu filho se encontrará com outras crianças, planeje atividades nas quais ele pode ter sucesso, ajudando a promover uma experiência mais positiva. Não se esconda quando o novo amiguinho chegar, esperando que o melhor aconteça. Permaneça por perto, para poder oferecer orientação ou uma rápida mudança de programa, se determinada atividade não estiver funcionando. Se tudo correr bem, tente marcar encontros regulares com a mesma criança.

- Inscreva seu filho tímido em esportes que possam aumentar a confiança, como artes marciais ou atividades nas quais ele demonstra talento.

- Não tente conter a criança mais extrovertida para não magoar aquela menos sociável. Garanta-lhe que fazer amizades com pessoas de fora é uma experiência positiva.

"POSSO IR TAMBÉM?"
QUANDO UM GÊMEO É CONVIDADO, MAS O OUTRO NÃO

Esse dia vai chegar. Talvez não neste ano nem no ano que vem, mas não se engane: ele chegará. Não, não estou falando sobre a próxima Era do Gelo, mas do convite para uma festa de aniversário dirigido a apenas um dos seus múltiplos. Embora conscientemente os pais possam entender que seus gêmeos em idade escolar não precisam fazer tudo juntos, o tempo inteiro, em um nível inconsciente muitas mães sentem-se magoadas e zangadas quando um deles é excluído. Embora a maioria dos gêmeos já possa lidar com suas emoções negativas de uma forma bastante madura aos dez anos, gêmeos menores precisam de alguma ajuda.

- Lembre-se de que todas as crianças pequenas observem e aprendem com as reações dos seus pais e, com freqüência, assumem as mesmas atitudes mais tarde. Portanto, mantenha desde cedo diálogos francos e contínuos com seus filhos sobre a importância e as diferenças entre experiências compartilhadas e separadas. Uma atitude tranqüila terá resultados melhores para seus múltiplos.

- Resista à tentação de ligar para o aniversariante para indagar se as duas crianças podem ir. Isso não apenas é deselegante, mas também reforça, incorretamente, a idéia de unidade — de que seus filhos formam um par inseparável — para todos os envolvidos, dos seus múltiplos aos coleguinhas deles. Além disso, se a notícia de que você prefere mantê-los juntos se espalhar, famílias com filhos não-gêmeos terão muito mais dificuldade para abandonar essa idéia no futuro, quando você estiver pronto para permitir que seus gêmeos saiam separados um do outro (observação: vários pais que entrevistei para este livro discordavam desse enfoque, achando cruel convidar apenas um gêmeo para uma festa, especialmente quando as crianças são pequenas ou se o anfitrião sabe que são gêmeos).

Desenvolvendo a identidade e promovendo a individualidade **49**

- Tenha em mente que cada criança reage de maneira diferente à mesma situação. O gêmeo que não foi convidado pode sentir-se rejeitado ou com inveja. Aquele que foi convidado pode sentir-se culpado ou até mesmo temeroso de se separar do outro naquele dia. Os pais devem ser sensíveis a ambos os lados e oferecer apoio.

- Lembre a criança que não foi convidada de que esta é uma oportunidade para passar algum tempo sozinho com a mãe ou o pai e fazer algo especial. Escolha algo significativo (entretanto, evite algo muito complicado, como ir ao cinema para ver o filme que o gêmeo convidado estava morrendo de vontade de assistir também, porque, nesse caso, ele poderá achar que está sendo punido por ir à festa).

DE PAIS

para **OUTROS PAIS**

"Eu achava que eles (DZSSm) sempre dividiam seus amigos. Certo fim de semana, um amigo de Shane convidou meus dois filhos para passar a noite em sua casa, mas Shane disse que apenas ele iria. Kevin magoou-se, mas eu lhe disse que, às vezes, Shane precisa ficar sozinho. Kevin contou-me que teve dificuldade para dormir naquela noite, porque tem o hábito de conversar um pouco com Shane todas as noites sobre o que aconteceu durante o dia. Acho que eles se reconectam um pouquinho todos os dias na cama."

Meu irmão gêmeo, meu amigo

Já falamos extensamente aqui sobre como os gêmeos fazem amigos fora de seu próprio relacionamento, mas e quanto à amizade dentro do relacionamento? Como será que a maioria dos gêmeos vê seu irmão gêmeo? Como melhor amigo ou simplesmente como um irmão com a mesma idade? E, por falar nisso, até que ponto os gêmeos são compatíveis?

Poucos estudos examinaram como os gêmeos percebem sua própria amizade, mas um estudo recente pediu que trinta pares de gêmeos dos cinco aos dez anos descrevessem seus relacionamentos e como viam seus irmãos gêmeos. Talvez não lhe surpreenda que os investigadores tenham descoberto que gêmeos MZ são os mais compatíveis (maior cooperação com um número maior de atividades compartilhadas) de todos os subgrupos de gêmeos, seguidos por gêmeos DZ do mesmo sexo e gêmeos de sexos opostos. O estudo também concluiu que gêmeos DZ do mesmo sexo experimentavam o maior nível de conflito (provocações, brigas, implicância) de todos os subgrupos. Ainda assim, gêmeas fraternas eram as mais interessantes para os estudiosos, pois descreviam a si mesmas como sendo mais diferentes entre si, não apenas em seus pensamentos e escolha de atividades, mas também em termos de vestuário e corte de cabelos. É importante notar que, como muitos gêmeos, as meninas também gostavam de praticar juntas algumas atividades passivas, como escutar música ou fazer as lições de casa. Essas qualificações eram simplesmente observações das meninas sobre suas diferenças, em vez de uma declaração de falta de afeto pela irmã, e eram essas diferenças que as ajudavam a definir seu relacionamento. Entretanto, o estudo não ofereceu uma explicação para essa distinção.

Com base nos questionários que coletei para este livro, também descobri que, como um subgrupo de gêmeos, meninas gêmeas não-idênticas eram as mais independentes uma da outra. Elas pareciam depender menos uma da outra para companhia e buscavam mais amizades externas. Isso não quer dizer que essas meninas não eram amigas — eram, sim. Muitos pais relatavam que suas meninas DZ cooperavam uma com a outra em casa, mas tinham interesses imensamente diferentes no que se relacionava a atividades escolares e extracurriculares. E, mais importante, cada menina estava sempre emocionalmente disponível para a irmã. Os pais podem usar este conhecimento se o relacionamento entre suas gêmeas DZ "esfriar", tendo em mente que se trata de um estágio normal entre elas.

Inversamente, outro estudo revelou que meninas gêmeas pré-adolescentes chamavam uma à outra de "melhor amiga" com uma freqüência muito maior que

DE PAIS
para OUTROS PAIS

"Quando eram menores, Suzanne e Elise (MZf) compartilhavam quase todos os amigos. Nos últimos dois anos ela se separaram bastante e, agora, embora gostem dos amigos uma da outra, cada uma anda com um grupo diferente na escola. Acho que ter amigos fora de casa ajudou a aprenderem a ajustar-se a alguém que não sabe tudo sobre elas. Também fez com que apreciassem mais uma à outra."

QUANDO UM GÊMEO DOMINA O OUTRO

Ao longo de suas vidas, muitos gêmeos inconscientemente se revezam no papel dominante, enquanto o outro do par assume um papel mais passivo. Isso não deveria surpreender, já que em termos de desenvolvimento eles também se revezam. Embora o gêmeo *A* tenha andado primeiro, o gêmeo *B* provavelmente disse "mamãe" antes. Um aprendeu a andar de bicicleta antes, mas o outro tornou-se o primeiro a patinar na entrada da garagem sem esfolar o joelho. Isso equivale ao *yin* e *yang* de ser um gêmeo. O domínio e a submissão não terão quaisquer efeitos adversos no par, desde que continuem indo e vindo durante os anos, como ocorre na maioria dos relacionamentos. Porém, se os gêmeos continuam em seus papéis por longos períodos, isso pode trazer-lhes problemas.

No passado, acreditava-se que o peso ao nascer ou a ordem de nascimento tinham um forte impacto sobre quem dominaria o relacionamento — aquele que pesasse mais ao nascer ou chegasse ao mundo antes conquistaria a posição de dominante. Entretanto, um estudo descobriu que não era o peso ao nascer ou a ordem de nascimento que determinava quem agiria como porta-voz pelo par, mas o sexo da criança. Embora os meninos, em geral, dominem

---

DE PAIS
para   **OUTROS PAIS**

"Eu geralmente digo às pessoas que Carissa (DZOSf) é a mãe, e que eu sou apenas a adulta. Se ela pudesse dirigir, não precisaria absolutamente de mim. Ela também tem domínio sobre o irmão, que a deixa agir assim. O mais engraçado é vê-los em classes separadas na escola com esse aspecto de seu relacionamento. Kyle (DZOSm) gosta que sua irmã banque a 'mãezona' para ele. Em sua ausência, ele tende a procurar meninas pequenas como amigas na escola que também lhe auxiliem com sua lancheira, apontem seu lápis e lembrem das lições de casa. O ponto negativo disso é quando Carissa não permite que Kyle responda por si mesmo sempre que lhe fazem uma pergunta direta. Estamos trabalhando nisso com eles, porque desejo apoiar a independência para os dois e permitir que ele entenda que também tem voz. Creio que esse é nosso maior problema com eles."

fisicamente, são as meninas que geralmente assumem as rédeas da parceria em uma combinação de gêmeos de sexos opostos.

Uma vez que meninas pequenas tendem a amadurecer mais rapidamente, em termos sociais, e são mais verbais que meninos pequenos, a posição parece natural para uma menina. E não é lindo ver uma garotinha cuidando do irmãozinho? Ainda assim, se os dois permanecem nesses papéis de menina dominante e menino passivo durante a infância inteira e na adolescência, a visão de masculinidade da menina pode sofrer distorções. Se ela continua ajudando o irmão a vestir-se, a arrumar a cama todas as manhãs e chega a contar o dinheiro que ele leva na mochila enquanto cresce, pode vir a pensar que todos os homens são desamparados e incapazes.

Gêmeos DZ do mesmo sexo, por outro lado, podem tentar ser o dominante no par e se recusar a um papel mais passivo. Em determinado dia, esses dois tornam-se rivais, sempre tentando sair-se melhor que o outro ou, no mínimo, equiparar-se ao irmão. Infelizmente, às vezes, os dois podem ir um pouco longe demais, competindo constantemente um com o outro sobre praticamente tudo, desde quem teve a melhor nota no teste de ortografia, até quem é o mais popular na escola. Isso pode ser perturbador para uma família anteriormente simétrica e harmoniosa, bem como para a harmonia entre os próprios gêmeos.

Um interessante estudo de longa duração examinou o domínio e a submissão entre os gêmeos e seu efeito sobre a saúde mental de cada um dos indivíduos. Nesse estudo, 419 gêmeos foram avaliados diversas vezes, desde quando suas mães estavam grávidas até o começo da idade adulta, para alterações em três características distintas — domínio físico, domínio psicológico (tomada de decisões) e domínio verbal (agir como o porta-voz do par). Previsivelmente, um número maior de gêmeos do sexo masculino dominava suas irmãs gêmeas fisicamente durante e imediatamente após os anos de escola. As meninas, por outro lado, superavam seus irmãos gêmeos nos domínios psicológico

---

DE PAIS
para **OUTROS PAIS**

"Francesca sempre cuidou do seu irmão e, às vezes, ela tentava ser a mãe dele. Durante os seus primeiros anos de escola, era ela quem o esperava depois do final da aula, dizia pra ele quando devia escovar os dentes ou calçar os sapatos. Ele ora a ignorava, ora dizia para ela deixá-lo em paz! À medida que eles foram ficando mais velhos, tentamos incentivá-lo a ser mais independente, a fazer as coisas por si próprio."

Desenvolvendo a identidade e promovendo a individualidade

53

e verbal antes e durante os anos de escola. Além disso, em uma análise mais atenta, os pesquisadores descobriram que havia uma ligação entre domínio-submissão e a saúde mental dos gêmeos. Por exemplo, durante a juventude, os homens psicologicamente submissos em pares de sexos opostos e mulheres de pares do mesmo sexo sofriam níveis superiores de depressão, tristeza e baixa auto-estima.

Homens verbalmente submissos em pares do mesmo sexo e mulheres psicologicamente submissas em pares do mesmo sexo relatavam a maior parte dos sintomas depressivos. Por outro lado, os gêmeos que assumiam o papel psicológico dominante relatavam níveis superiores de nervosismo. Um relacionamento desequilibrado deve ser levado seriamente em consideração e os pais devem fazer todos os esforços para ajudar a equilibrar a situação.

O estudo também revelou que, quando um gêmeo dominava em uma área, isso geralmente era equilibrado pela submissão em outra área. A boa notícia que esse estudo nos traz diz respeito à fluidez do relacionamento entre os gêmeos — um nivelamento entre os dois com o tempo. No fim dos anos de escola, o domínio-submissão diminuía, com 81% relatando que seu relacionamento era igual tanto em ações quanto em comportamento.

DE PAIS
para OUTROS PAIS

"Um dos meus gêmeos (DZSSm) é um líder mais natural. Ele inicia jogos, cria as regras, dá ordens etc. O outro sente-se satisfeito em obedecer, até perceber que o gêmeo dominante está sendo injusto. Então, ele desiste de brincar. Quando tentamos fazer com que joguem de forma justa ou interferimos, isso não ajuda nada. O que ajuda é separá-los após uma confrontação e explicar como o comportamento afetou o outro e levou a uma situação em que os dois saíram perdendo. Para o gêmeo dominante, eu digo que não permitir que outros participem na criação de regras ou tenham chance de vencer vai levá-los à desistência. Para o gêmeo menos dominante, eu explico que ele tem a opção de não jogar se não considerar justo. Ele pode pedir gentilmente para participar de forma igualitária e, se o outro não permitir, tem a opção (e a obrigação consigo mesmo) de não jogar. O gêmeo dominante quer jogar, de modo que agirá de forma justa se achar que a alternativa é perder seu companheiro de brincadeiras. Isso ajuda um pouco, mas exige lembretes constantes."

O que os pais podem fazer

Os pais precisam intervir antes que o gêmeo dominante veja seu irmão mais passivo como uma carga, ou antes que o gêmeo passivo torne-se tão dependente do outro que tenha pouca confiança em si mesmo, perturbando seu crescimento emocional como adolescente e sua busca por autonomia. Tente as técnicas a seguir pra ajudar a estabilizar o relacionamento:

- Se você tem um gêmeo passivo ou dependente, incentive-o a encontrar um relacionamento positivo fora da parceria com o irmão — um vizinho mais novo, por exemplo, ou um aluno novo na escola que poderia beneficiar-se da orientação gentil de um amigo. O gêmeo passivo ganhará confiança e auto-estima quando outra pessoa tiver a chance de se mirar nele como o gêmeo passivo mira-se em seu irmão mais dominante.
- Permita que o gêmeo submisso brinque com crianças mais jovens. Isso serve como uma pausa bem-vinda nas tentativas de equiparar-se com o gêmeo mais dominante.
- Ensine todas as crianças a terem responsabilidade por si mesmas. Desencoraje o gêmeo dominante a "salvar" continuamente o gêmeo passivo. Se estão na mesma classe, nunca encarregue um dos irmãos de cuidar do dinheiro do lanche, pedidos de livros, carta para o professor etc. — cada criança deve responsabilizar-se por seus próprios assuntos. No mínimo, deixe que se revezem nessas tarefas.
- Trabalhe para aumentar a confiança de seus gêmeos. Inscreva a criança passiva em uma atividade ou esporte que aumente a auto-estima, como artes marciais.
- Tenha cuidado para não tratar como um eterno bebê um gêmeo que tem deficiência física ou cognitiva, fixando papéis desiguais ou injustos entre irmãos gêmeos. Em vez disso, atribua responsabilidades livremente a cada criança e veja se aquela com deficiência consegue vencer o desafio.

OFEREÇA PRIVACIDADE

Gêmeos talvez não careçam de atenção, mas certamente não têm a privacidade necessária em termos psicológicos e físicos. Em minha casa, por exemplo, a batalha é constante para que um dos gêmeos não se intrometa nos assuntos do outro. "Mãe? O que você acabou de dizer a ele?" ou "Quero ver o boletim dele!" Parece que gêmeos não conseguem evitar esse tipo de intrusão. De algum modo, parecem pensar que sua gemelaridade lhes dá o direito inalienável de invadir o espaço do outro a cada oportunidade. A delação encaixa-se nessa categoria — parece que gêmeos pequenos adoram expor os erros de seus irmãos. Ironicamente, aquele que é exposto não gosta disso, mas, quando tem uma chance, faz o mesmo, sem entender que essa é uma via de mão dupla. Portanto, é minha responsabilidade reforçar constantemente a questão da privacidade, em nossa casa. Por exemplo, nós salientamos que qualquer ato de mau comportamento ocorrido na escola deve permanecer na escola. Eu imagino que, se algo ruim acontecer, o professor, não um dos gêmeos, me comunicará. Eu não preciso de um "agente secreto" para me trazer notícias. Além disso, se um deles quebrar essa regra, o delator é que estará em apuro, não o suposto infrator.

Muitos gêmeos também sentem falta de privacidade física. Desde o momento da concepção, os múltiplos estão sempre em estreita proximidade. A maioria dos gêmeos pequenos divide o quarto, e apenas no começo da adolescência muitos deles podem começar a reivindicar seu próprio espaço. Os pais de gêmeos de sexos opostos esforçam-se naturalmente para tornar isso uma realidade, mas entre aqueles com gêmeos do mesmo sexo é comum ignorar essa questão. Além disso, embora gêmeos do mesmo sexo possam realmente dar-se muito bem um com o outro, a oferta de algum tipo de espaço separado, um local para poderem chamar de seu, ainda é importante. Uma mãe contou-me que, embora suas gêmeas compartilhem o quarto, uma tomou conta do cantinho de trabalho dentro de casa, usando-o como seu local para fazer as lições de casa ou para ficar em tranqüila contemplação, afastada da família. Outra mãe me disse que, embora

DE PAIS para OUTROS PAIS

"Quando eram menores, Carmen (DZSSf) parecia dominar o relacionamento e tomava todas as decisões por sua irmã. Agora, Christina (DZSSf) toma mais iniciativas e as duas tendem a tomar decisões juntas, de modo que ainda não há luta pelo poder. Com as outras gêmeas (DZSSf), Monica (DZSSf) tende a ter vontade forte e quase sempre domina Anna (DZSSf), mesmo quando esta não permite. Há, definitivamente, mais luta pelo controle em seu relacionamento que entre Carmen e Christina. Eu incentivo os dois conjuntos de meninas a se darem bem e saliento a importância de seu relacionamento. Sob essa perspectiva, deixei que decidissem sozinhas quem está no comando, desde que isso não causasse ainda mais discussões."

ache que suas filhas não tinham tanta privacidade quanto crianças não-gêmeas, essa era uma das alegrias de ter um gêmeo — sempre ter alguém com quem conversar.

Por que a privacidade é importante?

Especialistas dizem que ter tempo para si mesmo é importante para o desenvolvimento porque ajuda as crianças a descobrirem seus talentos e a tomarem consciência de si mesmas, contribuindo para aumentar a autoconfiança. É durante esses períodos que as crianças também aprendem a arte da concentração. Estudos demonstram que os gêmeos são mais distraídos e têm mais dificuldade de concentração em tarefas — uma desvantagem clara, na sala de aula. Eles atribuem esse fenômeno ao fato de que, assim que um dos gêmeos começa a fazer algo, seu irmão o interrompe, querendo participar também ou, no mínimo, fazer perguntas. Além disso, um tempo para si pode dar a cada gêmeo a oportunidade de refletir positivamente sobre o relacionamento entre os irmãos, para maior apreciação do vínculo entre eles.

A armadilha para os pais

Para os gêmeos, é tentador contar aos pais sobre as ações do irmão fora de casa, especialmente se a mãe ou o pai parece incentivar tal comportamento. Embora isso possa ser feito com a melhor das intenções, às vezes, os pais usam um dos gêmeos para saber dos sentimentos e/ou das ações do outro. Muitos o fazem — é conveniente demais ter outro par de olhos, um informante que não representa ameaça. Tudo começa de modo bastante inocente: "Você acha que John tem problemas com o professor?" ou "Susan parece meio estranha ultimamente. Você tem idéia do que está acontecendo?" Na verdade, muitos pais confessaram que um dos gêmeos lhes revelava confidências do outro. Isso não é feito por maldade, sendo apenas uma forma conveniente para os pais descobrirem se algo está acontecendo. Uma mãe contou-me que combinou com as filhas adolescentes que, se houvesse algo importante que a mãe precisasse saber, as meninas deveriam lhe contar.

Ainda assim, os especialistas dizem que devemos combater a ânsia por usar essa prática velada. Em primeiro lugar, ela sobrecarrega aquele que delata, que agora contou um segredo do seu irmão, que não sabe que foi delatado. Além disso, é apenas uma questão de tempo antes que o gêmeo em questão imagine que algo está acontecendo "por baixo dos panos", talvez causando uma quebra da confiança entre o par. Uma alternativa melhor é trabalhar em prol de um relacionamento de confiança e carinho com todos os seus filhos, para que, se algo o preocupar, você possa perguntar em particular o que está acontecendo com seu filho.

Inversamente, alguns múltiplos sentem a necessidade de descarregar suas impressões pessoais sobre o irmão: "Ele é tão imaturo! Você deveria ver como age na sala de aula!" ou "Ela é tão boba! Tenho vergonha de ser visto com ela!" Esse também pode ser um terreno perigoso, mas, desde que você permaneça imparcial, agindo como ouvinte paciente, em vez de intervir para consertar a situação, ninguém sairá prejudicado.

O que os pais podem fazer

Com outro irmão da mesma idade sempre presente, às vezes, é difícil dar aos seus gêmeos algum senso de privacidade, mas não é impossível. A seguir, estão algumas idéias para começar:

- Lide com a delação rapidamente e em particular. Quanto antes você estabelecer e mantiver uma regra de "nada de fofocas", mais cedo seus gêmeos desistirão de fazer isso. Estabeleça regras em casa envolvendo assuntos particulares. Por exemplo, quem pode ver as provas e boletins de seus filhos? Qual é a política sobre portas fechadas ou uso do banheiro em sua casa?
- Se você não pode oferecer um quarto para cada gêmeo, tente mudar os companheiros de quarto a cada seis meses ou uma vez por ano, juntando um gêmeo com outro membro da família não-gêmeo. No mínimo, promova um ambiente no quarto em que cada gêmeo tenha a sua área ou pertences especiais.
- Torne conversas privadas e semanais parte da rotina familiar e mantenha a conversa entre você e o gêmeo que está na sua companhia. Uma mãe de gêmeos adolescentes do sexo oposto estabeleceu um "tempo privado" semanal. Após a escola, uma das crianças ia ao seu quarto enquanto a outra permanecia na cozinha, para conversar. Essa mãe garantia a privacidade fechando a porta do corredor e colocando um rádio portátil ligado perto da porta (ela contou que sua filha adorava bisbilhotar para saber o que se passava nesses encontros).
- Cultive a sede de seus gêmeos adolescentes por um pouco mais de privacidade incentivando-os a encontrar um emprego em turno parcial nos fins

de semana ou a participarem de acampamentos de verão em locais diferentes. Um pedido por privacidade pode ser apenas um modo de pedir mais independência.

DE COMPANHEIROS NO ÚTERO A COLEGAS DE QUARTO: SEGREDOS PARA O BOM COMPARTILHAMENTO DO QUARTO

Mesmo se for impossível oferecer um quarto para cada gêmeo, existem maneiras de criar a ilusão de privacidade quando duas pessoas dividem o mesmo espaço. Isso exige apenas um pouco de imaginação e de transpiração. Portanto, mãos à obra!

- Planeje direito. Use algumas revistas ou livros de decoração para ter idéias.
- Peça a opinião dos seus gêmeos (dentro do razoável, é claro) sobre o que gostariam de ter. Descubra o que é importante para eles, como um espaço separado em uma estante ou um cantinho tranqüilo de leitura, e tente acomodar as necessidades de cada criança.
- Mesmo em um quarto pequeno, tente dividir visualmente o espaço, usando uma estante, cortina ou mesmo um biombo, oferecendo a cada criança um espaço privado e a impressão de ter o seu próprio quarto, não importando se é muito pequeno.
- Não se esqueça de providenciar locais separados para guardar objetos. Quanto mais, melhor. Por exemplo, em vez de uma penteadeira, tente comprar camas com gavetas sob o estrado. Um armário com gavetas também é boa idéia. Isso dá a cada criança um local para armazenar documentos "secretos" e também ajuda na organização de seus muitos afazeres.
- Incentive seus gêmeos a discutir e criar uma lista de regras para a convivência no quarto e sua colocação em um local visível para ambos. Durante a discussão, os temas podem incluir horários de silêncio para o estudo, quem será responsável por tirar o pó e aspirar o quarto e regras para receber visitantes (se um deles convida um amigo para dormir em casa, por exemplo, será que o irmão gêmeo estará automaticamente incluído?). Quando tudo é claramente enunciado, as chances de ocorrerem brigas e ressentimentos mais à frente diminuem.

- Se você tem triplos e apenas dois quartos, talvez valha a pena usar um dormitório para os três e transformar o outro em uma área para estudos e socialização, onde cada criança terá sua própria escrivaninha e cadeira. Você também pode experimentar o revezamento: a cada seis meses, um dos triplos vai para seu próprio quarto e os outros dois dividem o segundo. Uma mãe de gêmeas triplas e de outra filha não-gêmea mais jovem, que tem apenas dois quartos para as quatro filhas, faz com que todas troquem de quarto todos os anos, de modo que todas as meninas acabam convivendo entre si em algum momento.

ÀS VEZES *EU*, ÀS VEZES *NÓS*

A estrada para a individualidade e a autonomia pode ser difícil e, também, parecer contraditórias muitas vezes. Pode ser bastante árduo promover a independência e, ao mesmo tempo, incentivar o amor entre irmãos. Você pode ajudar a preparar o caminho para seus gêmeos, desafiando-os a descobrir o que há de especial dentro de cada um. Ao celebrarem suas diferenças e similaridades, seus filhos não apenas construirão uma visão saudável sobre eles mesmos, mas, também, apreciarão ainda mais o vínculo que os une.

capítulo 3

Disciplina em dobro

Se você tem filhos gêmeos como eu, provavelmente já ouviu muitas vezes o comentário: "Gêmeos? Problemas em dobro!". Ou, talvez, você se sinta aborrecido quando liga a TV e vê uma comédia estúpida em que os pais de múltiplos estão à beira de um colapso nervoso, enquanto os filhos descontrolados destroem a casa. Assim, por que será que, no que se refere ao comportamento, os múltiplos sempre têm má fama? Por que são sempre estereotipados como brutamontes malvados e sem conserto? Será que há alguma verdade nisso? Será que ter gêmeos é ter problemas em dobro?

Pessoalmente, acho que gêmeos não nascem ruins. Assim como as crianças não-gêmeas, os gêmeos precisam de regras e orientação para aprenderem autocontrole e assimilarem o comportamento apropriado para cada momento. A diferença entre os dois grupos, entretanto, é simplesmente em termos de números — é mais fácil violar as regras quando se tem outra pessoa disposta a ajudá-lo nisso.

LIDANDO COM FILHOS MÚLTIPLOS

Deixando de lado os programas de televisão enganadores e os trocadilhos ruins, disciplinar duas ou mais crianças é mais difícil que colocar na linha dois ou mais filhos com idades diferentes. Existem várias razões lógicas para isso. Em primeiro lugar, com gêmeos nós temos duas crianças que estão exatamente no mesmo estágio do desenvolvimento. Gêmeos pequenos, por exemplo, ainda estão aprendendo a arte da negociação, do revezamento e do compartilhamento. Portanto, quando vêem um brinquedo, nenhum se dispõe a desistir em favor do irmão. Pelo contrário — os dois brigam como cão e gato pelo brinquedo! Resultado? Gritos, choro, chutes, mordidas — você já viu isso antes, e não preciso dizer mais nada a esse respeito. Contudo, gêmeos pré-escolares não são o único desafio à disciplina. Espere só até a adolescência deles! Com gêmeos adolescentes, o dobro de hormônios significa um drama duplo. Tradução: muitas caras emburradas, portas batendo e competição de gritos.

Quando se tem um grupo de gêmeos pequenos brincando juntos, eles também podem unir suas mentes espertinhas e inventar todos os tipos de jogos novos e emocionantes, muitos deles perigosos. Lembro-me de uma vez em que meus meninos estavam brincando no quintal e decidiram fazer uma "caça ao tesouro". Grande idéia. Infelizmente, eles remexeram a lata de lixo reciclável e encontraram pedaços de vidro quebrado, que esconderam no jardim (depois que me recuperei do choque de descobri-los cavoucando a terra em busca de cacos de vidro, eles me explicaram que precisavam de algo pequeno para caçar, e que o vidro lhes pareceu uma boa idéia). Outras histórias que ouvi envolvem gêmeos oferecendo ajuda para que o outro abrisse a porta da frente, ou entrando em armários que escondiam porcelana frágil e, até mesmo, trepando em "chiqueirinhos" ou berços.

Naturalmente, também temos o "fator Zen" com gêmeos — é o termo que eu uso quando meus meninos estão "afinados" em tal nível um com o outro que simplesmente não me escutam quando eu tento interrompê-los. Suas vozes tornam-se mais altas, suas ações mais tolas e alguém — sempre com a intenção de divertir o outro — exagera e faz algo que não deveria. Há, também, os gêmeos que se comportam mal devido ao "fator celebridade". Constantemente sob o holofote da família e chamando a atenção onde quer que estejam, esses diabretes podem transformar-se subitamente em miniastros mimados se não tiverem o que desejam. O problema tende a ser maior quando os gêmeos são as únicas crianças na família. E não nos esqueçamos do "fator fertilidade". Alguns pais que sofreram com a infertilidade durante anos, agora são subitamente abençoados com não um, mas dois bebês. Ainda se agarrando à fantasia pré-natal da família perfeita, eles simplesmente fecham os olhos para o mau comportamento. Esses pais esperaram tanto tempo para terem filhos que, agora, enfrentam uma dificuldade maior para pôr as regras em prática por medo de perturbar o estado atual das coisas. E, finalmente, temos a mãe e o pai exaustos. Sejamos francos: é cansativo demais ter de disciplinar constantemente as crianças, de modo que às vezes nos fazemos de surdos. Infelizmente, quando não somos consistentes com a disciplina, as crianças percebem e usam isso a seu próprio favor.

Ainda assim, também temos boas notícias. O maior prêmio para pais de múltiplos é que os gêmeos fazem companhia um ao outro. Quando estão ocupados, eles também estão menos propensos a choramingar e a exigir atenção de forma negativa. Na verdade, muitos gêmeos mantêm seus irmãos na linha, lembrando constantemente as regras. Eles policiam-se mutuamente. Em minha casa, escuto com freqüência um dos gêmeos dizendo ao outro: "Ei, é melhor não fazer isso. A mamãe não vai gostar". Quase sempre, o repreendido cessa o mau comportamento e a brincadeira recomeça de formas mais produtivas (ok, admito, nem sempre).

Ataques de raiva por causa de brinquedos

Desde que começam a engatinhar e passando por todos os anos de escolarização, os gêmeos inevitavelmente discutem por causa de brinquedos. Gêmeos podem começar enormes discussões por causa de qualquer objeto tolo — antes que você perceba, a discussão por causa do triciclo azul transforma-se em uma violenta briga por causa do cartucho de videogame.

Para reduzirem as guerras por brinquedos, pais com múltiplos pré-escolares devem escolher itens que têm muitas partes diferentes, como blocos de montar, conjuntos de pintura etc. Ter mais partes significa que todos terão uma chance de participar plenamente, sem competir por determinado brinquedo (em famílias nas quais os múltiplos têm menos de três anos de idade, os pais precisam tomar cuidado ao escolher brinquedos com muitas peças, pois pode haver o risco de sufocamento, caso a criança as engula).

> **DE PAIS para OUTROS PAIS**
>
> "Quando Sheila e Virginia (DZSSf) discutiam por causa de brinquedos, nós o retirávamos delas por algum tempo. Sempre que comprávamos um brinquedo ou um presente, precisávamos examiná-lo e pensar, não apenas em termos de sua segurança, mas como as duas brigariam por ele. Desistíamos de muitas opções porque não valiam os problemas que teríamos em casa."

Embora seja tentador, resista à ânsia de comprar tudo em dobro. Isso não apenas é caro e requer muito espaço de armazenagem, como também raramente resolve o problema, já que os gêmeos sempre desejam o que o irmão tem em mãos naquele momento. E o que acontece quando um dos dois brinquedos idênticos quebra? Você provavelmente terá uma guerra de gritos diante de si. Em vez disso, muitos pais optam por dois brinquedos complementares, como uma bola de futebol e uma de basquete, um caminhão basculante e outro de bombeiro ou duas bonecas diferentes.

Incentivando a cooperação para gêmeos pequenos

Ao contrário do que muitos podem pensar, cooperação não significa que uma criança faz exatamente o que um adulto manda. Na verdade, este é um processo no qual a criança aprende a equilibrar suas necessidades e desejos com os das outras pessoas. A cooperação, a arte de dar e receber, é uma habilidade que todas as crianças pequenas precisam dominar, porém requer prática. Para múltiplos que brincam juntos todos os dias e passam a maior parte de suas jovens vidas juntos, ensinar a cooperação entre irmãos pode ajudar a reduzir conflitos e evitar discussões mais complexas, no futuro (assim como algumas dores-de-cabeça para a mãe e o pai). Mas como se pode ensiná-la?

- Demonstre como se revezar durante as brincadeiras quando seus filhos forem pequenos. Sente-os todos em um círculo e role uma bola ou caminhãozinho até uma das crianças. Depois que ela tiver o brinquedo na mão, grite: "Agora é a vez da Suzi. Dê para Suzi!" Dê parabéns ao seu filho enquanto ele entrega o brinquedo. Incentive Suzy a rolar o brinquedo para você, já que agora é a sua vez, e assim por diante.

- Explique a resolução de conflitos (isso é mais eficaz quando as crianças estão calmas). Se houver um problema ou discórdia por um brinquedo ou pelo programa de TV que seus filhos querem ver, não interfira para resolver o problema, mas peça a cada um dos seus múltiplos para lhe dizer qual é o problema. Deixe que cada uma das crianças encontre uma solução que considera justa para todos. Assim, cada criança será parte da solução e terá participação no resultado final. Dê parabéns quando chegarem a um acordo satisfatório para ambos (se eles não conseguem chegar a um acordo, peça que se separem e pensem sobre o problema em um local separado. Depois, peça-lhes que tentem novamente).

- Ofereça opções que dão a cada criança um senso de controle e poder, em vez de ordens rígidas contra as quais eles certamente se rebelarão. Em vez de dizer "É manteiga de amendoim ou nada para o seu lanche" tente "Como você prefere seu sanduíche de manteiga de amendoim, com pão torrado ou pão branco sem torrar?"
- Ajude-os a resolver problemas. Em vez de dizer: "Você não pode usar um vestido de verão hoje, porque está frio demais", tente: "Acho que você sentirá muito frio com esse vestido. Como pode resolver isso?" A criança pode acabar saindo de casa com um suéter de gola alta sob o vestido, mas pelo menos resolveu o problema!
- Não há nada de errado em brincar sozinho. Só porque seus gêmeos ficam o tempo todo juntos não significa que sempre querem brincar um com o outro; de vez em quando, eles podem preferir brincar sozinhos. Se uma criança sentir vontade de estar sozinha por algum tempo, incentive-a a fazer isso e ajude o irmão a compreender a necessidade de algum isolamento.
- Múltiplos mais velhos podem beneficiar-se de um "curso de atualização" em cooperação. Seja direto em seus desejos. Em vez de dizer: "Certamente eu gostaria que meus filhos limpassem tudo o que sujam", tente: "Quando chegarmos, por favor, pendurem suas mochilas no quarto." Como as crianças menores, as mais velhas também respondem bem a alternativas, mas você pode acrescentar alguns pontos a mais para elas, como a escolha do melhor momento ("Quando você gostaria de começar seu dever de casa, logo depois de chegar da escola ou meia hora depois?") ou uma escolha de seqüência ("Não se esqueça de que precisa praticar piano, estudar para a prova de matemática e pôr a mesa. A ordem não importa, desde que você faça tudo.").

Provocações entre os gêmeos — você deve intervir?

Cada criança tem sua própria técnica para chamar a atenção da mãe ou do pai e colocar seu irmão em maus lençóis. Os gêmeos são ótimos para descobrir o ponto fraco de seus irmãos e tirar vantagem disso. Em minha casa, um gêmeo é mestre em instigar problemas sem fazer alarde. Ele sabe que, com mínimo esforço e puxando as cordas certas nos lugares certos, ele pode fazer com que seu irmão grite de frustração irritado, fazendo com que ele pareça um transgressor descontrolado. No passado, nós repreendíamos nosso "gritão", julgando que ele

DE PAIS para OUTROS PAIS

"Se Kate e Victoria (MZf) brigam e magoam uma à outra, eu geralmente as separo e as mando para seus quartos, para esfriarem seus ânimos. Eu lhes digo que podem sair quando tiverem escrito um bilhete curto de desculpa uma à outra, a abordagem do "apertar as mãos e fazer as pazes". Isso parece funcionar, e é impressionante o que elas escrevem uma para a outra. Às vezes, a reconciliação leva mais tempo, mas em outras ocasiões é imediata. Entretanto, eu sempre coloco o poder nas mãos delas."

era o culpado, até descobrirmos que isso era exatamente o que o sorrateiro instigador tinha em mente. Tornamo-nos mais espertos e, desde então, mudamos nossa estratégia e saímos da cena assim que os gritos começavam.

Quando os pais intervêm constantemente e servem de árbitros em grandes e pequenas discussões, as crianças nunca aprendem a acertar sozinhas suas diferenças ("Por que combinar de quem é a vez de ter o controle remoto, se mamãe me defenderá?"). Durante o primeiro indício de uma briga, eles recorrerão aos pais como mediadores, em vez de imaginarem um modo de resolver a diferença. Além do mais, quando a mãe e o pai envolvem-se no conflito entre irmãos, geralmente significa que agora vocês precisam decidir como conciliar a disputa e, na maioria das vezes, isso envolve aliar-se a um dos filhos contra o outro — algo muito inapropriado, já que pode parecer favoritismo e apenas incitará mais rivalidade entre o par ("Viu só? Mamãe concorda comigo, não com você!"). Em vez disso, os pais devem manter-se neutros e atentar apenas para palavrões (não permitidos) ou violência física (jamais permitida). Apenas então devem manifestar-se, apresentando conseqüências para o mau comportamento ou levando cada criança para um quarto separado, para acalmar-se. Não há problema em escutar as queixas dos seus filhos, mas não reaja. É importante não tomar partido, mas ajudar cada criança a entender e ouvir as queixas da outra.

O que os pais podem fazer

É compreensível que os pais se cansem de repetir as regras; porém, infelizmente, é exatamente isso que precisam fazer. Nós nos esquecemos, freqüentemente, do modo certo de agir e nos descobrimos berrando com as crianças como se tivéssemos cinco anos de idade e precisássemos tirar um cochilo urgentemente.

Disciplinar não é somente punir — na verdade, tem mais a ver com incentivar o bom comportamento, ensinar e modelar o que é aceitável e desencorajar o que não é.

Flexibilidade é o segredo na disciplina — nem tudo funciona para cada criança. E isso é especialmente importante para pais de múltiplos — disciplinar cada criança com base em sua personalidade e no que funciona melhor para ela. Ainda assim, certos princípios básicos de educação infantil aplicam-se para todos nós. A seguir, encontramos uma breve revisão deles.

- Mantenha a calma e uma atitude tranqüila. Você já ouviu a expressão "escolha suas batalhas"? Deixe passar as coisinhas irritantes do dia-a-dia e guarde sua energia para algo mais ofensivo. Disciplina não significa vencer em cada diferença de opinião com seus filhos. Não significa ter poder sobre eles. Admita quando exagerar em determinada situação e siga em frente.

- Planeje rotinas diárias em relação a lição de casa, tarefas domésticas, horário de dormir etc. Quando todos sabem o que esperar, e o estresse e as provocações diminuem.

- Consistência e atenção para o cumprimento do que foi estabelecido são cruciais. Se não é permitido jogar bola dentro de casa, nunca se pode jogar bola dentro de casa. Se você diz "Se você jogar essa bola dentro de casa novamente, não poderá jogar videogame por uma semana", é melhor cumprir sua ameaça quando seu filho jogar a bola novamente. Quando somos consistentes com regras e colocamos as conseqüências em prática quando as regras são violadas, as crianças aprendem rapidamente que nossa palavra é lei.

DE PAIS
para OUTROS PAIS

"Aprendi, desde cedo, embora tenha precisado de várias lições, a simplesmente afastar-me e deixar que Evelyn e Alice (zigosidade desconhecida) resolvam as coisas. Quando eu ficava por perto e prestava atenção, a discussão apenas aumentava ou eu ficava no meio, falando sozinha, quando elas já estavam rindo novamente. Se brigavam por causa de um brinquedo, ou se algo quebrava e eu tentava mediar suas discussões, para ajudá-las, elas logo começavam a fazer caretas uma para a outra e, dentro de instantes, já se abraçavam e chamavam uma à outra por apelidos carinhosos, enquanto eu ficava ali, me sentindo boba por ter me envolvido."

Criando gêmeos e múltiplos em idade escolar

- Estabeleça conseqüências muito claras, não-negociáveis e apropriadas para a idade para quaisquer comportamentos inapropriados dos seus filhos e as execute! E não, eles não poderão readquirir o privilégio; lembre-se de que você precisa executar as conseqüências estabelecidas de um modo consistente.

- Nunca puna as duas crianças apenas porque não viu quem cometeu o "crime". Tente uma "quebra de braço" mental, em vez disso. "Sei que o culpado se pronunciará e assumirá a responsabilidade por suas ações" é o mantra em minha casa. É claro que às vezes preciso repeti-lo pelo menos dez vezes em uma hora, mas funciona.

- Nunca compare o comportamento de um gêmeo com o outro, para envergonhá-lo ("Olhe como ela guarda direitinho seus brinquedos. Por que você não pode fazer o mesmo?") ou como forma de incentivo ("Quem guardar suas roupas primeiro ganha o último pirulito"). Em vez disso, aborde a tarefa como um esforço de equipe ("Vamos ver se vocês conseguem guardar mais compras do que eu no armário, quando chegarmos do supermercado?").

- Atente para o bom comportamento e o elogie. Sei que às vezes é difícil ver o bom comportamento, mas tente perceber pelo menos um fiapo dele e o elogie com entusiasmo para que todos escutem. Quando seus gêmeos cooperarem um com o outro, mencione isso. Dessa forma, as chances de repetirem o comportamento aumentam.

- Se um dos seus gêmeos começa subitamente a usar um comportamento negativo, para chamar a atenção, talvez essa seja a maneira de ele dizer: "Quero a mamãe". Muitos pais descobriram que simplesmente passar mais tempo sozinhos com o malandrinho, dando-lhe atenção carinhosa e positiva, ajuda a melhorar seus modos.

Traçando um curso

Às vezes, as crianças ficam presas no mau comportamento, pois, como já conseguiram uma reação da mãe ou do pai por muito tempo, embora negativa, é difícil mudar. Entretanto, todos já ouviram falar do poder do reforço positivo. Se você recompensa o bom comportamento e ignora o mau, não leva muito tempo para a criança perceber que se comportar bem também conquista a atenção dos pais, mas desta vez com muito amor embutido — e é isso o que seu filho desejava, desde o início. Além disso, quando crianças pequenas estão envolvidas, nada as anima ou encoraja mais que adesivos coloridos.

DE PAIS
para OUTROS PAIS

"O problema vem quando a criança passiva acha que um olhar atravessado é punição suficiente e a criança mais dominante tem a atitude de 'pode vir com tudo'. Tivemos de garantir a disciplina com base na criança e na infração, não apenas no tipo de infração. Isso trouxe o problema de administrar diferentes conseqüências para a mesma violação na frente das duas crianças. Por exemplo, uma vez encontrei uma pilha de roupas para passar que havia acabado de dobrar jogada no meio do quarto, porque Carissa (DZOSf) queria determinada blusa e Kyle (DZOSm) ofereceu-se para pegá-la. Quando ela entrou no quarto com a blusa, eu soube imediatamente de onde a tirara. Fiz com que Carissa dobrasse novamente a roupa de passar e a colocasse novamente no cesto, e Kyle ficou sentado de castigo, na presença do seu pai. Carissa recusou-se a dobrar novamente as roupas porque Kyle era o responsável por jogá-las no chão e começou a berrar e espernear porque ele não precisou arrumar novamente as roupas."

Se você tem dificuldade para fazer com que seus gêmeos pequenos obedeçam às regras, vá até a loja mais próxima de artigos de escritório e compre uma variedade de adesivos bonitos (escolha os preferidos dos seus filhos, por exemplo, super-heróis) e uma grande folha de cartolina.

A primeira coisa a fazer é selecionar o comportamento negativo que precisa ter fim, como agressões físicas (para melhores resultados, esforce-se para eliminar apenas uma ou duas ações indesejadas de cada vez, para não sobrecarregar as capacidades de internalização da criança).

Certifique-se de escolher uma questão comportamental diferente para cada gêmeo, de modo que não atraia demasiada atenção para qualquer deles.

DE PAIS
para OUTROS PAIS

"Desde muito cedo usei o procedimento de mandar meus filhos para o quarto para acalmarem-se, mas sempre tive dificuldade para dar prosseguimento ao método. Tínhamos um portãozinho de proteção para bebês no alto da escada, e eu colocava um deles (MZm) atrás do portão, como se estivesse na prisão, mas então o outro aproximava-se e começavam a bater papo, com a maior animação! Era realmente difícil fazer a coisa com seriedade."

A seguir, divida sua folha de cartolina pela metade com o nome de cada criança escrito no alto. Faça uma coluna dos próximos quatorze ou vinte e um dias à esquerda (cada dia pode ser dividido em manhã e tarde, no começo, já que é mais fácil comportar-se bem por curtos períodos). Pendure a cartolina em um local de fácil visibilidade, onde toda a família possa vê-la, como na cozinha.

Depois, comece a anotar o bom comportamento e a elogiá-lo com entusiasmo, em voz alta, para todos ouvirem. No fim da manhã ou do dia (o que você preferir), se o seu filho fez um esforço bem sucedido para comportar-se bem, dê-lhe um adesivo, com grande entusiasmo. Após quatro ou cinco adesivos, conceda um pequeno prêmio, como um doce, uma moeda, lápis-de-cor novos etc. Nunca retire um adesivo por mau comportamento (se você simplesmente não consegue ignorá-lo, mande seu filho calmamente para o quarto por algum tempo). Se nenhum adesivo foi conquistado, mantenha o espaço em branco.

Após três semanas, você pode descontinuar o sistema gradualmente, substituir o comportamento negativo por outro ou celebrar o sucesso dos seus gêmeos com um passeio especial.

MÚLTIPLOS NA ADOLESCÊNCIA: MAIS DIFÍCEIS DE DISCIPLINAR?

Exatamente quando seus gêmeos finalmente aprenderam a compartilhar brinquedos, tratar um ao outro com respeito e sentar-se à mesa com seus guardanapos realmente no colo, a puberdade chega. Talvez ainda se sentem direito na hora das refeições, mas agora estão sempre azedos.

ENSINANDO BOAS MANEIRAS

Boas maneiras não servem apenas para a mesa de jantar — ajudar seus filhos a serem educados, gentis, elegantes e solidários com outras pessoas lhes trará benefícios na sala de aula e no pátio da escola. Eles serão mais capazes de resolver conflitos de forma apropriada, por si mesmos, e crianças com boas habilidades de socialização têm mais facilidade para fazer e manter amigos, também. Portanto, comece desde cedo e lembre-se: nada de cotovelos na mesa!

- Modele o bom comportamento e seus filhos estarão em vantagem em termos de saber como se faz. Pais generosos e solidários geralmente criam filhos solidários e generosos. Se você prefere ultrapassar qualquer carro na sua frente na auto-estrada só porque ficou preso numa longa fila em velocidade lenta por algum tempo, provavelmente terá de comparecer ao gabinete do diretor da escola todas as semanas para explicar o mau comportamento de seu filho na sala de aula.

- Torne "por favor", "obrigado" e "desculpe" uma parte do vocabulário constante de sua família e não tenha medo de usar lembretes gentis ("O que se diz quando alguém lhe oferece algo para beber?"). Se os seus filhos estão prestes a comparecer a um evento social que é novidade para eles, como um casamento, ensaie o comportamento apropriado (acredite, eles acharão divertido!), apresentando várias situações que poderão encontrar naquele dia.

- Ensine como perder e vencer com dignidade. Fracassar é muito difícil, já que nenhuma criança gosta de perder em nada, especialmente para um irmão gêmeo. Lembre com gentileza ao perdedor que ele deve cumprimentar o vencedor e lhe dar parabéns, embora preferisse afastar-se logo dali. Elogie seus esforços, mesmo se a tentativa não for perfeita. E, inversamente, diga aos seus filhos que não há nada de errado em sentir alegria por vencer, mas que eles não devem contar vantagem ou vangloriar-se do feito.

- Lembre-se, a boa educação é uma via de mão dupla. Trate seus filhos com o mesmo respeito que eles devem ter com outras pessoas. Não se pode esperar que os filhos falem com gentileza com outros seres humanos se somos rudes com eles em casa.

Os anos da adolescência são um período tumultuoso para muitas crianças enquanto testam as águas da idade adulta que parece próxima, mas para os múltiplos esse também é o momento de se separar não apenas dos pais, mas também do irmão gêmeo. Isso pode causar conflito não somente entre os pais e a criança, mas também dentro da dupla de gêmeos. Esse pode ser um período difícil também para os pais, já que é desafiador tentar relacionar-se com alguém que se rebela — é muito mais fácil sentir-se próximo de uma criança obediente. Os pais talvez precisem recorrer às suas reservas de paciência extra. Exatamen-

DE PAIS
para **OUTROS PAIS**

"Um sempre tenta defender o outro, se este está com problemas. Se preciso deixar um deles de castigo, é muito difícil para o outro, que tem liberdade, ver seu irmão impedido de fazer coisas. Quando Andrew (DZSSm) foi proibido de sair, Jeffrey (DZSSm) perguntava o tempo todo se não poderíamos abrir uma exceção para seu irmão. Acho que se sentia culpado porque sabia que iria se divertir com todos os amigos e Andrew teria de ficar em casa."

te como ocorria na fase em que começavam a andar, os gêmeos adolescentes precisam de um conjunto claro de regras e limites. Jovens adolescentes têm um talento estranho para reconhecer quando os pais estão incertos ou relutantes em executar certa regra doméstica. E se vocês, como pais, não apresentarem uma frente unida para seus filhos, eles farão pressão e nunca desistirão até vê-los ceder. Embora isso possa não fazer muito sentido, quando seu filho rebelde grita "Eu odeio você" e age de outras maneiras assustadoras, esse é o momento em que ele mais precisa de você. No fim, ele mudará e demonstrará amor novamente. Na verdade, em retrospectiva, demonstram apreciar a disciplina justa exercida pelos pais, embora na época não se sentissem nada satisfeitos.

DE PAIS
para **OUTROS PAIS**

"Samantha e Alex (DZSSf) demonstram uma conexão tão grande que, quando eu disciplino uma delas, as duas sofrem. Isso é muito estranho, porque ocorre desde que eram bebês. Por exemplo, Sam veio me contar que Alex 'ficou maluca' e rasgou dois pôsteres seus. Eu me irritei e disse a Alex que ela precisava dar dois pôsteres a Sam para cobrir aqueles que havia rasgado. Sam imediatamente começou a defender Alex e tentou retirar suas palavras. Quando começou a dizer que nem gostava dos pôsteres e que podia viver sem eles, perguntei-lhe: 'Por que você veio me contar se não queria que ela sofresse as conseqüências?' Ela começou a chorar e disse que não queria que a irmã fosse castigada. Sempre foi assim — quando eram menores, se eu gritava com uma, as duas iam juntas para o quarto chorando."

Desafios de disciplina por tipos de gêmeos

Pares de gêmeos de sexos opostos e gêmeos triplos de menino-menino-menina podem vivenciar desafios não enfrentados por pais de outros tipos de gêmeos. Se a gêmea amadurece antes — e isso provavelmente acontecerá, já que meninas geralmente se desenvolvem antes dos meninos, tanto física quanto socialmente —, ela pode tornar-se uma adolescente impetuosa e louca por meninos, enquanto seus irmãos ficam em casa assistindo TV na sexta à noite com uma tigela de pipocas. Em outras palavras, um menino dessa idade pode andar na linha, enquanto a menina explode em rebeldia.

Para muitos gêmeos não-idênticos do mesmo sexo, a adolescência traz um forte anseio por individualidade, e, à medida que a necessidade para diferenciar-se do irmão gêmeo aumenta, muitos gêmeos se descobrem movendo-se em direções opostas. Isso pode levar a disputas, enquanto cada um deles tenta sentir-se melhor com o caminho que escolheu. Muitos gêmeos adolescentes do mesmo sexo tornam-se extremos opostos um do outro na adolescência. Em uma tentativa para serem vistos como diferentes, muitos escolhem diferentes matérias escolares ou esportes para demonstrarem seus talentos. Contudo, se um irmão gêmeo mais brilhante ofusca o outro, este pode buscar a atenção negativa, demonstrando mau comportamento na aula e em casa. Se ele acha que nunca consegue igualar-se ou competir no mesmo nível, não tentará e poderá optar por fazer o oposto. Às vezes, ele pode fixar-se no papel de *bad boy* sem saber como mudar, especialmente se a mãe ou o pai continua reforçando esse papel, dando ampla atenção a tal comportamento (leia mais sobre o efeito do casal no Capítulo 7 — *Puberdade: múltiplos na adolescência*).

O que os pais podem fazer

Os anos da adolescência são um período de enormes mudanças e crescimento. Embora os conflitos entre irmãos e dentro da família sejam uma parte normal da adolescência, o que importa é a forma como as crianças resolvem suas diferenças. Acertar diferenças construtivamente ajuda a aumentar as habilidades sociais na arte da negociação e conciliação. Pode ser um pouco difícil descobrir a melhor fórmula para ajudar seus múltiplos a ganharem o autocontrole de que precisam para funcionar como adultos. A maior parte das mesmas regras de quando eram pequenos ainda se aplica, mas há mais em que pensar:

- Conceda privilégios com base na maturidade, não na idade. O fato de seus filhos terem nascido no mesmo dia não significa que estarão preparados para aceitar responsabilidades da vida adulta ao mesmo tempo. Porém, tenha cuidado — nunca use os privilégios de um gêmeo como um incentivo para o outro corrigir-se. Isso não apenas será contraproducente, já que a criança menos madura indubitavelmente tentará atender às suas baixas expectativas, mas também acenderá a fagulha da rivalidade entre o par. Em vez disso, explique calmamente, e em particular, a discrepância para o gêmeo menos maduro, para que ele tenha a chance de ventilar sua frustração e você possa oferecer apoio e sugerir formas de controlar seu comportamento.

- Não se apresse em salvar seu adolescente à beira de um desastre — permita que as conseqüências se apresentem naturalmente. Se o seu filho sempre se esquece de anotar as lições de casa, em vez de escrever um bilhete para o professor, ou, pior, deixar que o irmão gêmeo o tire da enrascada, deixe que seu filho vá para a escola despreparado e aceite a penalidade. Ele aprenderá rapidamente a assumir a responsabilidade por suas ações.

- Ajude os adolescentes a desenvolver e buscar interesses mais adultos. Incentive a apreciação por música, arte ou esportes. Adolescentes envolvidos produtivamente em artes ou esportes têm menos necessidade de agir de formas não saudáveis ou passar o tempo provocando irmãos.

- Corte as críticas e elogie as conquistas. Adolescentes freqüentemente criticados e constantemente lembrados sobre como agir melhor acabam correspondendo às más expectativas. Em vez de tentarem melhorar, em geral, eles desistem, já que acham que jamais atenderão às expectativas dos pais. Uma estratégia melhor de ação é elogiar as áreas nas quais o adolescente se sai bem.

- Embora possam parecer relutantes, os adolescentes precisam de mais atenção agora, e não de menos. Estabeleça uma "noite de encontro" mensal entre pais-filho e leve cada criança individualmente para um programa de "adulto", como uma ida a um restaurante e, depois, ao cinema. Uma mãe contou-me que seu filho adolescente teve dificuldade para aceitar o conceito de encontro, de modo que ela passou a chamar essas ocasiões de "compromisso". Não importando o nome, faça-o regularmente.

TUDO SOB CONTROLE

Ensinar seus filhos a se comportarem de modo responsável é uma das tarefas mais desafiadoras (e, com freqüência, frustrantes) de ser pai ou mãe, e quando

DE PAIS
para OUTROS PAIS

"Ambos os gêmeos ganhavam privilégios quando cada um estava pronto, independentemente de onde o outro gêmeo se encontrava em sua fase de desenvolvimento. Eu não gostava de empurrá-los, ou de fato qualquer outra pessoa, para que um alcançasse o outro. Eles são indivíduos e devem crescer e amadurecer cada um em seu próprio tempo".

temos múltiplos é preciso ainda mais ânimo para assumir tal missão. Embora "problemas em dobro" seja uma expressão criada por Hollywood, os pais de gêmeos pequenos e adolescentes precisam realmente enfrentar alguns problemas adicionais. É preciso estabelecer regras e conseqüências apropriadas para a idade e repeti-las muitas vezes para que o bom comportamento seja assimilado. Contudo, o mais importante a lembrar é que todos os gêmeos são diferentes. Embora tenham nascido no mesmo dia, o que funciona bem para um pode não dar certo para o outro.

capítulo 4

Os múltiplos
e a educação

Uma das questões mais complexas que os múltiplos em idade escolar e seus pais enfrentam relaciona-se, de longe, à educação. Mesmo antes de muitos gêmeos começarem a andar, seus pais já ponderam sobre diversos temas — desde se devem separar seus filhos e colocá-los em salas de aula diferentes até o que fazer se uma das crianças estiver pronta para o jardim-de-infância, mas a outra não.

As escolas começam a ser afetadas pelo rápido aumento no nascimento de gêmeos e múltiplos em número superior a duas crianças. A maior parte não possui uma política escrita no que se refere à colocação de múltiplos e, portanto, os separa de modo arbitrário. Ainda assim, estudos com duração muito longa sobre os efeitos psicológicos da separação de múltiplos em sala de aula são muito raros, o que mostra a necessidade de mais pesquisas sobre o tema.

Além da questão da separação, alvo constante de debates, outras preocupações educacionais são exclusivas dos múltiplos. Essas crianças, por exemplo, têm mais problemas de leitura e linguagem que crianças sem irmãos gêmeos. Muitos gêmeos pequenos também são mais imaturos socialmente e, freqüentemente, apresentam dificuldades com habilidades motoras, em parte devido ao nascimento prematuro. Isso não significa que cada par terá dificuldade ou que múltiplos são menos inteligentes que crianças nascidas sem irmãos gêmeos. Significa, apenas, que como um grupo eles são mais suscetíveis a essas questões e vivenciam um número maior delas. A boa notícia é que, uma vez informado sobre os possíveis problemas, você estará mais apto a intervir, antes que eles possam impedir o desenvolvimento dos seus gêmeos.

Neste capítulo, você terá todas as informações possíveis, com as mais recentes atualizações, sobre problemas enfrentados por múltiplos na escola. Ainda assim, não existem regras fixas. Até mesmo pais de múltiplos com freqüência discordam sobre o que é melhor para seus gêmeos (e triplos). Assim, como você pode saber que tomou a decisão certa para os seus filhos? O segredo é conhecê-los e observá-los atentamente. Afinal, você é a pessoa mais capaz de decidir por seus filhos e de julgar como eles responderão em determinadas situações. Portanto, faça seu "dever de casa" e não tenha medo de fazer perguntas.

PRONTIDÃO PARA O JARDIM-DE-INFÂNCIA

Por que a prontidão para o jardim-de-infância tem recebido tanta atenção atualmente? Para melhor ou pior, ele é uma instituição bastante diferente daquela da infância da maioria dos pais. A época de recortar e colar terminou, dando lugar à fonética e à escrita. O jardim-de-infância não é mais um lugar onde as crianças apenas aprendem a se dar bem com outras pessoas e a se separar da mãe; atualmente, há um foco maior sobre a aprendizagem cognitiva, embora a socialização ainda seja parte do pacote.

Embora seja boa idéia matricular seus gêmeos na pré-escola tão logo estejam aptos, não se apresse demais em colocá-los no jardim-de-infância. Talvez seus filhos já tenham atingido a idade mínima para a matrícula, mas pode ser bom adiá-la mais um ano se eles ainda têm dificuldades verbais ou sociais, especialmente se recém completaram a idade mínima permitida para o ingresso na escola. Lembre-se, também, de que, se nasceram prematuros, eles realmente estão atrás dos colegas sem irmãos gêmeos em termos cronológicos, em um, dois ou até três meses, o que dá mais uma razão para evitar uma matrícula precoce.

Como saber se eles estão prontos?

Um dos indicadores mais importantes da prontidão dos seus múltiplos para os rigores do jardim-de-infância é seu desenvolvimento da linguagem. Garanta

O PAPEL DA PRÉ-ESCOLA

Quando seus múltiplos eram muito pequenos, quantas vezes você já não optou por ficar em casa e permitir que brincassem um com o outro em vez de tentar vesti-los, alimentá-los e sair para brincar na rua com outras crianças? Com crianças que mal caminham, às vezes, é cansativo e complicado demais sair regularmente. Não raro, os pais de múltiplos adotam um papel complacente no que se refere à socialização inicial de seus filhos. Embora seja ótimo ter um amiguinho no próprio irmão, dentro de casa, alguns múltiplos ficam para trás de crianças não-gêmeas, em termos desenvolvimentais, exatamente por causa disso. É aí que entra a pré-escola, que não apenas permite que cada gêmeo se desenvolva socialmente, mas, também, devido a seu contexto, incentiva o desenvolvimento da linguagem receptiva e expressiva. A seguir, apresento algumas formas de torná-la uma experiência positiva para cada criança:

- Encontre-se com o professor da pré-escola antes do primeiro dia para falar sobre as necessidades educacionais especiais e áreas de preocupação com seus gêmeos, como aquisição da linguagem e habilidades motoras finas.
- Facilite o reconhecimento de cada um dos seus filhos por coleguinhas, vestindo-os com roupas diferentes. Se são idênticos (MZ), tente criar um código de cores para cada um (vermelho e azul para um, verde e creme para o outro, por exemplo).
- Considere a possibilidade de comparecerem em dias diferentes ou de permitir que cada um vá um dia por semana sozinho, enquanto o outro fica em casa. Isso dá à criança que foi à escola uma oportunidade para desenvolver suas próprias habilidades sociais e aumentar sua proficiência na linguagem, enquanto o gêmeo que permanece em casa tem a mãe ou o pai todo para si (algo de que a maior parte dos gêmeos sente falta e, infelizmente, carece).
- Lembre-se de que a pré-escola ocorre por um curto período do dia, todas as semanas, e a maior parte do desenvolvimento ocorre em casa. Torne sua casa um ambiente divertido e rico, cheio de livros, música e arte.

que a fala dos seus filhos está dentro da faixa esperada para a idade. Será que eles tagarelam o tempo todo? Adoram contar histórias? Cantam e recitam versinhos? Se não, talvez seja melhor reconsiderar uma matrícula precoce no jardim-de-infância. Estudos demonstram que, quando estão atrasados em termos lingüísticos, os gêmeos também são menos sociáveis com outras crianças. Se você não tem certeza sobre o desenvolvimento da fala de seus múltiplos, procure um fonoaudiólogo para uma avaliação (informe-se, talvez seu distrito escolar ofereça esse serviço).

Mesmo se os seus gêmeos são pequenos grandes oradores, procure outros sinais de prontidão, como habilidades motoras finas e grossas adequadas (jogar uma bola, segurar corretamente um lápis e pelo menos tentar escrever letras), senso acadêmico (contar até dez, identificar cores e formas simples, repetir uma história usando detalhes) e habilidades pessoais e sociais (conviver com outros, lavar as mãos, ouvir e seguir regras). Finalmente, atente para seu instinto. É claro que eles podem ser inteligentes, mas observe o quadro como um todo e se pergunte: "Será que meus filhos estão prontos, quanto ao seu desenvolvimento, para o jardim-de-infância?"

Ninguém pode realmente ajudar uma criança a preparar-se para o jardim-de-infância, mas como pai ou mãe existem algumas coisas simples que você pode fazer para conduzi-los gentilmente na direção certa. Por exemplo, incentive seus gêmeos a trabalharem independentemente em tarefas, e a não correrem para ser os primeiros. Isso não apenas os ajudará a aprender a arte da concentração, mas também será útil quando estiverem aprendendo a ler. Inspire-os a serem alunos curiosos, indagando-lhes questões sobre o mundo à sua volta ("Por que você acha que as janelas estavam embaçadas hoje de manhã?"). Conte-lhes o que você está fazendo, todos os dias, desde a elaboração da lista de compras ("Quantas maçãs devemos comprar hoje?") até a anotação de eventos em um calendário ("Quantos dias faltam até o aniversário de vocês?"). Além disso, é muito importante tornar a leitura em voz alta uma prioridade todos os dias.

Quando um dos gêmeos está pronto, mas o outro não

Muitas vezes, um dos gêmeos está pronto para o jardim-de-infância, mas o outro não. Ainda assim, antes de tirar conclusões precipitadas, garanta que você não está comparando a prontidão de um dos seus filhos com a do outro. Embora um deles possa parecer menos apto que seu irmão, o gêmeo mais lento pode estar dentro da faixa normal. A pergunta mais importante a fazer é:

Os múltiplos e a educação 81

"Como ele se sairia, em comparação aos colegas? Será que ficaria atrás de outras crianças na pré-escola ou se ajustaria bem no grupo?"

Perceba, também, que, se decidir manter apenas um deles em casa mais um ano e mandar o outro para o jardim-de-infância, isso colocará em ação uma diferença entre os dois para o resto da vida, o que pode não importar muito nas séries iniciais, mas terá um imenso impacto quando chegarem à adolescência. Além disso, não é raro o gêmeo mais lento em termos de desenvolvimento alcançar e até mesmo superar o gêmeo que anteriormente foi considerado avançado.

Uma solução é manter os dois em casa por mais um ano, especialmente se acabam de completar a idade mínima permitida para o ingresso no jardim-de-infância. Além disso, providencie para que o gêmeo com dificuldade seja avaliado por um profissional para saber qual é o problema exatamente. Seu filho pode ser apenas um daqueles que desabrocham mais tarde e precisa apenas de um pouco mais de atenção e ajuda para ter condições de ingressar na escola.

Fala: como a aquisição da linguagem afeta a aprendizagem

A maior parte das crianças começa a falar entre os dezoito meses e três anos de idade. Ainda assim, você sabia que os gêmeos começam a trocar sinais — a base para a linguagem — um com o outro bem antes disso? Os gêmeos têm uma capacidade enorme para a comunicação pré-verbal e não-verbal, mas se os pais não participam verbalmente de forma ativa com seus múltiplos — deixando que copiem os erros lingüísticos um do outro — o resultado pode ser uma linguagem autônoma ou idioglossia. Embora quase 40% dos gêmeos — e uma porcentagem maior de triplos — desenvolvam alguma forma de linguagem autônoma, na maioria dos casos ela desaparece rapidamente.

No geral, gêmeos pré-escolares têm atraso de linguagem com maior que crianças não-gêmeas da mesma idade, e os meninos, que quase sempre estão atrás das meninas no desenvolvimento da linguagem, correm risco maior ainda. Aos trinta meses de idade, por exemplo, alguns meninos gêmeos estão aproximadamente oito meses atrás de crianças não-gêmeas em termos de linguagem expressiva. Eles têm problemas para articular palavras, com freqüência deixando de fora a primeira ou última consoante, tendem a formar sentenças menos complexas e com menos palavras e, geralmente, falam mais alto (talvez por estarem muito acostumados a competir para ganhar a atenção de um adulto).

Felizmente, problemas de linguagem manifestam-se bem cedo na infância e geralmente diminuem quando as crianças amadurecem. A má notícia, porém, são os efeitos residuais que o atraso da fala tem sobre tarefas posteriores relacionadas à fala, como leitura, escrita e até mesmo ortografia. As pesquisas sugerem fortemente que existe uma ligação entre a aquisição da fala e a aprendizagem. Assim, por que os múltiplos são mais suscetíveis a problemas de fala? Não é que eles sejam menos capazes de falar. De fato, em estudos nos quais os gêmeos eram adotados por diferentes famílias, constatou-se que seus QIs verbais estavam na faixa normal em relação a crianças não-gêmeas. Existem muitas razões para gêmeos terem mais problemas com a fala que não-gêmeos, mas os estudiosos concordam sobre diversos fatores que contribuem para isso. Por exemplo, uma vez que entendem intrinsecamente os gestos e os hábitos um do outro, os gêmeos podem ter menos incentivo para aprender a falar. Os pais de crianças pequenas também são muito ocupados e tendem a responder às perguntas dos gêmeos brevemente, usando diretivas, em vez de se engajarem em conversas. Em outras palavras, eles podem não lhes dar tempo suficiente para um contato verbal mais longo. As próprias crianças sentem que têm um tempo apenas limitado para chegar ao ponto, e podem competir entre si para serem ouvidos pela mãe ou pelo pai falando rapidamente e, no processo, omitindo algumas consoantes. Além disso, uma vez que gêmeos pequenos também são os companheiros perfeitos de brincadeiras, essas crianças não têm a mesma exposição a uma ampla faixa de adultos e outras crianças que os não-gêmeos, limitando assim sua necessidade por comunicação verbal. E, finalmente, gêmeos servem como fracos modelos de fala um para o outro, geralmente imitando mutuamente os erros cometidos. É a combinação de todos esses fatores que, às vezes, causa um atraso na fala dos múltiplos.

Entretanto, é bom mantermos tudo isso em perspectiva. É importante notar que nem todos sofrerão atrasos na fala. Na verdade, alguns, que têm amplas oportunidades para se comunicar e uma base maior de colegas, são superiores no desenvolvimento da linguagem, comparados com crianças não-gêmeas da mesma faixa etária. E, mesmo se os seus gêmeos realmente experienciam alguma forma de atraso, isso não significa necessariamente que terão dificuldade para ler. Com isso dito, aqui estão algumas dicas para garantir que seus filhos não tenham problemas.

- Converse muito. Fale até cansar, mas evite falar com seus filhos como um par e, em vez disso, converse com os dois individualmente, resistindo ao anseio de falar principalmente com o gêmeo cuja linguagem está mais avançada.
- Dê a cada criança que está falando total atenção e contato visual. Se um deles pedir algo, como um copo de leite, por exemplo, não pegue automaticamente para os dois. Deixe que o outro tenha uma chance de pedir também.

Os múltiplos e a educação 83

- Nunca deixe que o gêmeo "tagarela" interrompa ou fale por aquele mais quieto.
- Corrija gentilmente erros de sintaxe, repetindo a sentença do seu filho com a fala adequada. Por exemplo, se um deles disser: "Vou *brincar sair* no quintal", responda com "Ah, você disse que vai *sair e brincar* no quintal?"
- Expanda o círculo de amigos dos seus filhos, apresentando-os a uma variedade de crianças. É aí que a pré-escola vem bem a calhar (como mencionado anteriormente, você pode considerar levá-los em dias alternados para que possam comunicar-se verbalmente com colegas).
- Embora a linguagem autônoma possa ser fascinante, ela não deve ser incentivada (afinal, se uma criança não-gêmea usasse linguagem autônoma, a maior parte dos pais procuraria uma intervenção imediatamente).
- Combine palavras com indicações visuais. Por exemplo, não diga apenas "passarinho", mas aponte para um, ao mesmo tempo.
- Cante e leia histórias e rimas infantis (mães ocupadas podem colocar livros gravados em áudio no carro, incentivando os filhos a acompanharem lendo a página impressa).
- Preste atenção a possíveis problemas e obtenha um diagnóstico profissional tão logo quanto possível, caso perceba dificuldades.

SEPARADOS OU JUNTOS?

A questão mais importante na mente de cada pai ou mãe com múltiplos pequenos é se devem separá-los ou mantê-los juntos na hora de matriculá-los no jardim-de-infância. Na verdade, essa é a causa número um de conflito entre pais de múltiplos e administradores escolares.

Antes de irmos mais a fundo nessa questão, entretanto, vale a pena considerarmos novamente a vida de um conjunto típico de gêmeos pequenos. Muitos dividem o mesmo quarto e a mesma cama. Fazem refeições, banham-se e brincam juntos. Assim, quando chega a hora de ir para a escola — um imenso ajuste, para qualquer criança —, os gêmeos não apenas devem aprender a separar-se dos pais pela primeira vez, mas também precisam separar-se um do outro. A transição é mais difícil para alguns. Para múltiplos que foram incentivados desde cedo a fazer seus próprios amigos, passaram muito tempo separados ou simplesmente gostam de realizar atividades sem o outro, a separação pode não ser um grande problema. Para outros, especialmente para os idênticos (MZ), que podem ter pouca experiência com a separação ou cujo vínculo é inerentemente mais forte que o da maioria, estar em salas de aula diferentes pode ser traumático.

Perguntar aos seus pequenos gêmeos se gostariam de ser separados ou ficar juntos pode não ser muito justo, porque eles não têm muita experiência com a escola para concluírem o que é melhor. Alguns podem relutar em expressar seus verdadeiros sentimentos, pedindo para ficar juntos apenas porque é o que conhecem ou porque temem magoar o irmão ou a irmã. Os pais podem obter mais informações pedindo que opinem separadamente, mas também devem observar seus filhos em diferentes situações sociais para avaliar as necessidades de cada indivíduo antes de tomarem a decisão final. É interessante notar, também, que, sempre que há um problema com múltiplos — leitura e fala, rivalidade e imaturidade social —, as escolas recomendam a separação do par. No entanto, ainda assim, será que a separação cura todos os problemas? Absolutamente não. Antes de se apressar para separar seus gêmeos na esperança de que todas as dificuldades se resolvam, combata a deficiência ou o problema primeiro. Isso não quer dizer que a separação não será útil —, na realidade, geralmente será. Apenas a torne parte da solução, não a única forma de lidar com o problema.

Um "tamanho único" pode funcionar quando se trata de capas para chuva, mas não no que se refere a gêmeos e aprendizagem. Assim como cada criança não-gêmea apresenta necessidades educacionais únicas, gêmeos, triplos ou quádruplos também são diferentes entre si. Infelizmente, a maioria das escolas mantém uma política igual para todos, com relação a múltiplos e colocação na sala de aula, e isso geralmente envolve a separação dos irmãos. Embora a separação possa ter funcionado excepcionalmente bem para um conjunto de gêmeos, ela pode ser desastrosa para outros. O maior sucesso ocorre quando as escolas adotam uma política flexível, na qual cada caso é avaliado de uma forma individualizada e os irmãos são colocados juntos ou separados com base em suas necessidades. Felizmente, hoje em dia um número bem maior de escolas está adotando essa tendência e educando-se quanto às necessidades particulares dos múltiplos, não apenas em termos de como diferem no desenvolvimento emocional e social das crianças não-gêmeas, mas também de como a colocação na sala de aula afeta seu progresso educacional.

O vínculo entre os gêmeos e a socialização

Muitos acreditam que a natureza íntima do relacionamento entre gêmeos (e entre triplos e quádruplos) pode impedir seu desenvolvimento social, particularmente durante os anos de escolarização, quando a maioria das crianças começa a fazer amigos fora da unidade familiar. Aqueles que aderem a esse ponto de vista acham que, se puderem ficar juntos na mesma sala de aula, os gêmeos se isolarão, preferindo brincar apenas um com o outro, em vez de brincar com seus colegas. Embora alguns múltiplos possam agarrar-se unicamente uns aos outros, muitos interagem bem com seus colegas e professores. As pesquisas mostram que os múltiplos de todos os seis subgrupos associam-se a uma variedade de amigos, além de seus irmãos gêmeos.

> **DE PAIS**
> **para** **OUTROS PAIS**
>
> "Optamos por colocar Troy e Alissa (DZOS) na mesma classe. Eles estão juntos na mesma sala de aula desde a pré-escola e agora cursam a terceira série. Continuarão juntos até pedirem para se separar ou até chegarem ao ensino médio ou à faculdade e irem para classes diferentes."

Entretanto, muitos se sentem mais à vontade para interagir com outros quando o irmão gêmeo está por perto (na mesma sala de aula). De fato, meninas de pares do mesmo sexo realmente parecem mais à vontade com seus colegas quando estudam na mesma sala de aula — o *status* de ter uma gêmea atrai a atenção, tornando-as mais receptivas, aos olhos dos outros colegas, que podem procurar o par deliberadamente, talvez vendo as irmãs como especiais e mais interessantes que as crianças não-gêmeas.

Com isso dito, entretanto, muitos gêmeos realmente adoram trabalhar juntos, em vez de independentemente. Portanto, pais e professores devem incentivar aqueles que estão na mesma sala de aula a sentarem-se em mesas separadas e trabalhar com um número variado de crianças. Jamais devemos presumir que, por estarem juntos, eles devem associar-se um ao outro em cada projeto ou tarefa.

Será que a separação em sala de aula incentiva a individualidade?

Em um estudo realizado na Austrália, os investigadores perguntaram a mais de mil professores qual seria, em sua opinião, a razão mais importante para a colocação em salas de aula separadas; mais de 90% indicaram que isso é melhor para o desenvolvimento individual. Ainda assim, os investigadores salientaram que não existem evidências empíricas — exceto pelos casos patológicos

Criando gêmeos e múltiplos em idade escolar

mais graves — que apóiem tal crença. Por outro lado, alguns estudiosos acreditam que a colocação em salas de aula separadas realmente é vantajosa, uma vez que os gêmeos que estudam em salas diferentes são forçados a cooperar com seus colegas e a trabalhar independentemente, diminuindo, assim, a intradependência do par e reforçando o senso de identidade de cada criança. Contudo, esses mesmos estudiosos admitem que há pouca ou nenhuma diferença na individuação entre gêmeos que estão na mesma turma ou em classes diferentes e especulam que talvez o par não tire vantagem plena de sua separação, vendo-a, em vez disso, como uma punição. Em outras palavras, a promoção da individualidade pela separação dos gêmeos na escola ainda é tema de debates.

Seja qual for a sua crença, é importante recordar que a escola é apenas uma pequena porção da vida de uma criança, e que aquilo que ocorre nas outras dezoito horas do dia, quando seus filhos não estão na escola, importa muito mais — coisas como atitudes e comportamento dos pais, relacionamento entre os irmãos, participação em outras atividades de grupo etc.

DE PAIS
para OUTROS PAIS

"Lembro-me de um ano em que pedimos que os meninos fossem colocados com diferentes professores, porque achávamos que Dan (DZSSm) se relacionaria muito bem com o professor que gostava de brincar com a bola de futebol no recreio com seus alunos, enquanto Todd (DZSSm) se daria melhor com a professora conhecida por oferecer tarefas individualizadas e estimulantes para alunos mais avançados. Dois anos depois, solicitamos que os meninos fossem colocados juntos em uma sala de aula por causa da experiência positiva que tivemos com determinado professor do nosso filho mais velho. Também achamos que Todd e Dan se beneficiariam, formando sua própria equipe de estudos. Era interessante passar pelo quarto deles depois de irem para a cama e apagarem as luzes e ouvi-los discutindo um livro que estavam lendo na escola. Estar juntos na mesma classe, entretanto, foi como um tiro pela culatra. Todd passou muito tempo envolvido com um trabalho de aula. Dan esqueceu-se da tarefa e só lembrou no último minuto, de modo que copiou a maior parte do trabalho de Todd! Na manhã seguinte, Todd descobriu o que Dan havia feito e refez seu trabalho às pressas. Dan ganhou nota máxima e Todd obteve um conceito um pouco inferior à nota máxima. Tivemos uma longa conversa com Dan sobre fazer seu próprio trabalho, e isso não se repetiu mais."

É melhor separar antes ou mais tarde?

Uma vez que crianças pequenas são bastante adaptáveis, o melhor momento para separar os gêmeos é quando eles entram na escola, certo? Não necessariamente. Muitos pesquisadores questionam a lógica por trás da separação precoce, especialmente no que se refere aos gêmeos MZ, que são similares devido à biologia e mais apegados um ao outro que qualquer outro subgrupo de gêmeos. Não apenas o ajuste ao jardim-de-infância é difícil, argumentam, mas ter de se adaptar à vida em sala de aula sem a pessoa à qual a criança é tão apegada desde que nasceu parece quase cruel. Por outro lado, alguns estudiosos argumentam que a separação precoce é uma parte importante da preparação para a inevitável separação na idade adulta. Quanto mais cedo ocorrer a separação, maiores serão as chances de adaptação à mudança pela criança segundo eles.

Embora no passado os estudos sobre o comportamento de gêmeos separados cedo, em comparação aos mantidos juntos, fossem escassos, um número maior deles começa a surgir, atualmente. Por exemplo, um estudo longitudinal realizado no Reino Unido em 2004 investigou se a separação na escola tinha qualquer efeito sobre o comportamento, progresso escolar e habilidades de leitura, segundo relatos dos professores, de gêmeos idênticos e não-idênticos do mesmo sexo, e se tal efeito, se houvesse, variava conforme a zigosidade. Diversos resultados importantes foram revelados: aqueles separados no primeiro ano de escola tinham mais problemas de internalização (relacionados à auto-estima, ansiedade e depressão) que aqueles que não eram separados. Os problemas dos gêmeos MZ realmente aumentavam no primeiro ano após a separação. Além disso, aqueles que eram separados tinham mais problemas de leitura que aqueles que eram mantidos juntos, com os gêmeos MZ novamente no alto da lista.

Ainda assim, nem todas as notícias eram ruins, para os gêmeos separados. Na verdade, o estudo inglês descobriu que gêmeos DZ separados após o primeiro ano esforçavam-se muito mais nos estudos do que aqueles que permaneciam juntos. Outro estudo, com maior profundidade, realizado na Holanda, replicou depois o estudo do Reino Unido, mas dessa vez levou em consideração as observações dos pais (além das opiniões dos professores) e problemas existentes antes da separação e acompanhou os efeitos da separação tanto no curto quanto no longo prazo. Suas conclusões foram similares às do primeiro estudo: no curto prazo, gêmeos MZ e DZ, separados aos sete anos de idade, mostraram mais problemas de internalização que gêmeos não separados. No longo prazo, com correção para condições pré-existentes, gêmeos de doze anos não apresentavam um efeito adicional no longo prazo. Também não havia diferença na conquista acadêmica entre gêmeos mais velhos, separados e não-separados.

Embora esses estudos indiquem que a separação precoce pode causar trauma emocional para algumas crianças pequenas, lembre-se de que nem todos passam por isso. Nenhum estudo levou em conta a perspectiva da criança — se deseja ou não dividir a atenção na sala de aula com seu irmão gêmeo — ou a questão da autonomia e se a separação realmente ajuda no desenvolvimento da identidade individual. Lembre-se, também, de que esses estudos são europeus e podem ter uma tendência cultural. Em outras palavras, o que não funciona no Reino Unido e Holanda pode muito bem dar certo nas Américas e vice-versa. Flexibilidade e comunicação franca entre os pais e administradores escolares na avaliação de cada conjunto de gêmeos individualmente é, novamente, o segredo para o sucesso escolar.

Alguns pais contaram-me que, quando foram forçados a separar-se, seus filhos sofreram em termos de comportamento ou aquisição acadêmica, mas, ao serem reunidos na mesma sala de aula no ano seguinte, os problemas desapareceram. Por exemplo, uma mãe cujos filhos DZ (não-idênticos) foram separados na primeira série teve um ano difícil — um dos filhos não demonstrava afinidade com seus colegas e, portanto, teve problemas para concentrar-se em suas tarefas. Infelizmente, o diretor da escola recusou-se a juntar os meninos no ano seguinte, mesmo por insistência da mãe. Muitas reuniões depois, incluindo uma com o superintendente regional, os meninos puderam estudar na mesma sala de aula. Ambos tiveram um ano excepcionalmente bom. É difícil dizer se o sucesso é atribuído a estar na mesma classe ou ser um ano mais velho.

Tomando a decisão

Em termos da separação na escola, os pais que entrevistei para este livro estavam bastante divididos — metade preferia que seus múltiplos freqüentassem a mesma classe no jardim de infância, enquanto a outra metade já decidira separá-los. A maior parte dos pais que mantinha os filhos juntos pensava que não havia razão para separá-los — seus múltiplos davam-se bem um com o outro e com os colegas, cooperavam entre si, em vez de competirem, e simplesmente adoravam estar juntos (entretanto, alguns haviam juntado os filhos com relutância na mesma classe, uma vez que suas escolas tinham apenas uma turma de jardim-de-infância). Ainda assim, quase metade desse primeiro grupo separara os gêmeos na primeira série, afirmando que "já era hora".

Por outro lado, as razões para as decisões dos pais de separar os múltiplos variavam um pouco. Muitos disseram que "simplesmente sabiam" que isso funcionaria melhor, enquanto outros achavam que diferenças no estilo de aprendizagem indicavam um pouco mais de espaço entre o par. Uma família solicitou que as filhas estudassem na mesma classe, mas "perderam a batalha". Interessantemente, nove conjuntos de gêmeos MZ iniciaram suas carreiras de estudantes em classes separadas, uma vez que seus pais sentiam que ser confundido com o irmão na pré-escola havia deixado de ser novidade para o par. Diversos gêmeos idênticos haviam pedido para se separarem.

A seguir, apresento um conjunto de orientações e questões para ajudá-lo a tomar uma decisão. Para que você possa fazer a melhor escolha para seus múltiplos, as questões são encaminhadas de forma aberta, em vez de direcionarem para uma resposta em termos de "a favor" ou "contra". Isso permitirá que você pense sobre a separação na escola sob muitos ângulos, que considere a criança como um todo, em vez de sob uma perspectiva apenas, e depois opte pela melhor solução. Além disso, tenha em mente que uma criança pode dominar em casa, mas assumir um papel muito mais passivo na escola; assim, antes de decidir, observe seus múltiplos em várias situações, como durante brincadeiras e atividades tranquilas. É importante, também, que os pais assumam uma posição distanciada e tentem avaliar a situação de forma construtiva, em vez de emocional. Finalmente, os pais devem obter opiniões e retorno dos professores de seus pré-escolares e de outros profissionais que entrem em contato com seus filhos — suas opiniões não apenas são preciosas, mas podem ser diferentes do que os pais observam em seus filhos.

Capacidades. Será que um dos gêmeos demonstra uma capacidade muito maior de aprendizagem que o outro? Será que o irmão aparentemente menos capaz retrai-se continuamente em atividades nas quais tem dificuldade e o seu gêmeo se sobressai? Será que um deles vê a si mesmo como um fracasso ou como menos apto que o irmão, ou será que aquele com maior capacidade tenta deliberadamente conter-se para poder ser acompanhado pelo irmão? Será que o gêmeo mais capaz faz o trabalho para o irmão menos talentoso (embora na superfície possa parecer útil ou mesmo carinhoso um ajudar o outro com o trabalho escolar, com o tempo você poderá perceber que isso cria papéis desconfortáveis para cada um dos seus filhos)? Ou, ainda, será que o par "especializa-se" (por exemplo, ao dominar a leitura, um dos irmãos convence o outro de que agora este não precisa fazer o mesmo)?

A diferença na capacidade de aprendizagem era o motivo número 1 para os pais optarem pela separação de seus filhos, e com boa razão: permitir que cada múltiplo tenha a oportunidade de aprender em seu próprio ritmo e à sua própria maneira, sem tentar acompanhar o ritmo do irmão gêmeo, é benéfico para ambos.

Comportamento. Seus gêmeos tentam, com freqüência, superar um ao outro (se eles são competitivos na escola, mas não em casa, pode haver outra razão: talvez os colegas incentivem o par a isso)? Será que perturbam em sala de aula, unindo-se para dominar? Será que brigam um com o outro constantemente, ou incomodam colegas, professores e mesmo um ao outro, de propósito? Eles competem pela atenção do professor? Há entre eles um comportamento de denunciar o mau comportamento do outro aos pais? Embora a separação geralmente dê um fim às brigas entre os irmãos na sala de aula, pode não alterar o comportamento inconveniente (eles podem facilmente se aliar a outras crianças dispostas a perturbar em suas salas de aula e continuar provocando outros), o que exige outras formas de intervenção.

Os vínculos entre os irmãos. As crianças parecem ter muito medo de uma separação (se sim, os pais e os professores precisam reconhecer o medo como real para poderem ajudar cada gêmeo a descobrir que pode suportar tudo por conta própria)? Seus filhos dependem um do outro, e nenhum consegue socializar-se confortavelmente com outras crianças? Em outras palavras, eles se sentem incompletos ou apenas como metades de um todo? Embora salas de aula separadas permitam que cada criança descubra que pode realmente funcionar muito bem sozinha, isso pode ser estressante demais para o par, durante os primeiros anos de escolarização.

Um dos seus gêmeos domina ou restringe continuamente o outro? Por exemplo, um pode falar pelo outro, nunca permitindo que o irmão mais quieto responda; um deles pode dar ordens ao outro, comandando-o durante brincadeiras, ou, no caso de gêmeos de sexos opostos, a menina pode superproteger o irmão, muitas vezes, completando tarefas quotidianas simples para ele, como atar os cadarços dos calçados. Quando colocada em uma classe separada, a criança "passiva" com freqüência "desabrocha" e tem sua auto-estima aumentada, no processo, enquanto a criança "dominante" tem mais dificuldade para adaptar-se à sala de aula sem a presença do irmão. Se os seus gêmeos são idênticos, será que ficariam frustrados se o professor ou os colegas os confundissem na sala de aula?

Socialização. Seus filhos gostam da companhia de outras crianças? Fazem amigos com facilidade? Já passaram algum tempo afastados um do outro, talvez visitando a casa da avó sozinhos, ou indo à escolinha em dias alternados? Eles gostam de ter um tempo só seu, sem o irmão ou a irmã gêmea? Crianças extrovertidas e socialmente maduras geralmente se ajustam bem em qualquer situação.

Fala e linguagem. Seus gêmeos têm dificuldades com a fala ou um deles fala pelo outro? Classes separadas freqüentemente dão a cada múltiplo uma oportunidade maior para praticar suas habilidades verbais na ausência do irmão.

Vida familiar. Seus gêmeos passaram recentemente por uma perda, como a morte de um dos pais ou irmão, ou houve um divórcio na família, tornando o apoio do irmão indispensável? A família mudou-se recentemente para outro estado ou novo bairro, onde ter um aliado na escola facilitaria a concentração durante o período de adaptação?

Como os outros vêem seus gêmeos. Seus múltiplos são constantemente comparados um com o outro? Outras crianças relacionam-se com eles como indivíduos ou como uma só unidade? Por exemplo, as crianças costumam agrupar seus nomes como se fossem um só? Os colegas dão rótulos a cada um, como "aquele mais quieto" ou "o esperto"? Alguns gêmeos não se importam com a forma como são vistos pelos colegas; outros importam-se muito e podem solicitar que estudem em classes separadas.

DE PAIS para OUTROS PAIS

"Como muitos pais, tivemos muitas dúvidas na hora de tomar a decisão sobre separar ou colocar nossas filhas na mesma classe na escola. No fim, decidimos mantê-las juntas no jardim-de-infância, e, entre as muitas razões de ambos os lados, pensamos: que mal faria nutrir esse vínculo entre as gêmeas mais um ano se as duas se entendem e funcionam razoavelmente bem juntas? Quando Rachel e Nicole (MZf) começaram a primeira série, simplesmente não tivemos dúvidas. Achamos que era hora de separá-las. Não por causa de qualquer coisa que a professora do jardim-de-infância tivesse dito, mas por acharmos que as duas precisavam de maior independência; sentíamos que estavam cansadas de serem confundidas pelas outras pessoas."

DE PAIS para OUTROS PAIS

"Colocamos Gabriel e Jordan (MZm) juntos nos primeiros anos da pré-escola — achávamos importante ficarem próximos um do outro. Finalmente os separamos, depois que os garotos da aula começaram a confundi-los. Eles se aproximavam e perguntavam: 'Quem é você, Gabriel ou Jordan?' Isso impedia que fizessem amigos individualmente. Além disso, meus filhos estavam em diferentes níveis de desenvolvimento. Finalmente, às vezes, Gabriel era dominador, e Jordan apenas o obedecia. A separação fez muito bem aos dois."

Vendo todos os lados

Meus gêmeos estão em uma situação um pouco singular — eles iniciaram a pré-escola juntos, estudaram em classes diferentes do jardim-de-infância até a terceira série e agora, na quarta série, estão na mesma sala de aula novamente. Não discutirei, aqui, questões ligadas à individualidade ou autonomia; prefiro, em vez disso, esclarecer o que considero serem observações mais básicas quanto às duas situações possíveis de colocação na escola.

Antes de entrarem na pré-escola, meus filhos jamais haviam passado muito tempo separados, e uma vez que a escola era uma experiência totalmente nova para eles, achei natural colocá-los na mesma sala de aula. Isso deu certo por algum tempo, mas, no meio do segundo ano, percebi pequenos sinais de que talvez fosse hora de mudar. Por exemplo, quando um dos meninos levou o lanche para toda a turma, como era o costume, as crianças agradeceram educadamente aos dois, em vez de àquele de quem era a vez. Isso o entristeceu. Ele me disse que desejava receber os agradecimentos sozinho, não com o irmão. Meu filho não conseguiu articular exatamente o que o chateava, mas estava claro para mim — ele não queria ser automaticamente associado com seu irmão. Ele queria que os colegas o vissem como uma pessoa separada.

Também observei outros sinais. Se algo interessante ou emocionante acontecia na sala de aula, os dois apostavam corrida para ver quem me contaria primeiro. Aquele que chegava com a novidade requentada sempre acabava chorando. E, finalmente, se um menino não havia cooperado naquele dia e recebia uma repriменda dos professores, o outro tentava "salvá-lo". Como era sempre o mesmo que negligenciava suas tarefas em sala de aula, eu temia que os professores começassem a pensar em meus filhos como "o gêmeo bom e o gêmeo ruim". Pequenos sinais como esses nos levaram à decisão de separá-los no ano seguinte.

Após quatro anos em salas separadas, posso comentar sobre os pontos positivos dessa experiência. Para começo de conversa, e o mais importante em minha opinião, isso permitiu que cada um dos meus filhos tivesse suas próprias experiências escolares e pudesse contar com orgulho a nós como havia sido seu dia, todas as noites, na hora do jantar. Acredito que eventos únicos e isolados — um momento que cada criança possa chamar de apenas seu — são coisas que, infelizmente, faltam a muitos gêmeos. Seu círculo de amigos também é mais amplo, e cada um compartilha os colegas de aula com o outro. Pelo simples fato de estarem em turmas diferentes, eles conhecem mais crianças. Meu círculo de conhecimento e comunidade também é maior. Estou envolvida com mais pais e professores do que se meus meninos estivessem na mesma classe todos esses anos.

Já ouvi a queixa de que, quando são separados, os múltiplos tendem a ter diferentes volumes de deveres de casa, projetos de sala de aula, passeios etc., o que causa muita confusão em casa e rancor entre os gêmeos, quando um precisa passar mais tempo fazendo seus deveres que o outro. Isso é absolutamente verdadeiro. Quando temos crianças na mesma série, mas em classes diferentes, ouvimos muitas reclamações azedas do tipo "Isso não é justo! Por que ele só gastou dez minutos nas lições, enquanto eu levei uma hora inteira nos meus deveres?" Entretanto, eu usei essas objeções como uma ferramenta de ensino — eu sempre digo aos meus garotos que alguém sempre terá mais deveres de casa, fará o passeio mais "maneiro", terá o professor mais camarada, ou pegará o projeto de sala de aula mais fácil. A vida é assim. A vida nem sempre é justa. Felizmente, eles estão absorvendo essas lições simples

DE PAIS para OUTROS PAIS

"Eles estudaram na mesma classe até a quarta série. Esse arranjo era mais fácil para mim. Eu queria que tivessem os mesmos deveres de casa ao mesmo tempo. Entretanto, Jeffrey (DZSSm) era tão distraído que geralmente perdia seus deveres. Quando isso ocorria, eu precisava fazer cópia dos deveres de Andrew, para que Jeffrey também fizesse os dele. Andrew ficava furioso com essa situação. Ele dizia: 'Por que Jeffrey tem de pegar seus deveres comigo? Por que não pode cuidar de suas próprias coisas?' Jeffrey simplesmente não prestava atenção nas coisas, provavelmente porque sabia que sempre podia recorrer a Andrew. Agora, no ensino médio, eles têm algumas aulas juntos e Jeffrey ainda pede os deveres de Andrew, que agora não parece se importar muito com isso."

sobre a vida, que os ajudarão a lidar com problemas muito mais difíceis que certamente encontrarão no futuro.

Para a quarta série, optamos por colocá-los na mesma classe, pela simples razão de que a professora havia sido altamente recomendada (alguns pais que entrevistei também colocaram seus múltiplos na mesma classe em dado momento, devido à reputação positiva de um professor ou professora). E, sim, a vida é mais fácil agora — eles podem estudar juntos para as provas, ajudar um ao outro caso encontrem problemas nas lições, e eu não preciso dividir meu tempo como voluntária para duas turmas. Além disso, eles estão gostando muito da experiência (afinal de contas, cada um deles vê o outro como seu melhor amigo). Parecem muito tranqüilos um com o outro na mesma sala de aula. De acordo com seu professor, meus filhos não demonstram rivalidade entre si. Contudo, agora enfrentamos outros problemas. Embora tenhamos uma regra para "delação", cinco dias após o início das aulas um dos meninos já a violara. Obviamente, se um deles rompe uma regra, precisamos trabalhar a questão. Novamente, assim como na pré-escola, praticamente todos os dias os dois brigam para ver quem consegue chegar mais rápido para me contar as novidades do dia.

Portanto, o que faremos ano que vem? Depois de muita deliberação, decidimos separá-los novamente pela única razão de que passavam 24 horas por dia, sete dias por semana, juntos. Assim, julgamos que algum espaço, mesmo se fosse apenas o de salas de aula diferentes, beneficiaria os dois. Além disso, estou percebendo que seus amigos estão começando a agrupá-los como uma unidade, em vez de procurarem os meninos individualmente. Classes separadas os ajudarão a cultivar algumas amizades separadas.

DE PAIS
para OUTROS PAIS

"Amber e Cortney (DZSSf) estavam na mesma classe até a terceira série, mas então Cortney decidiu que deveriam separar-se. Acho que isso realmente foi benéfico para ambas, porque antes estavam juntas o tempo inteiro. Elas estavam juntas desde a manhã, quando eu as deixava na escola, até o momento em que eu as pegava no programa de aprendizagem estendida à noite. Era tempo demais juntas, e as duas acabavam discutindo e se irritando mutuamente. Eu percebi que, ao se separarem, começaram a tratar-se com mais gentileza, já que então tinham muito mais sobre o que conversar."

Se há separação no horizonte

Se a separação na sala de aula parece a escolha certa para seus múltiplos, comece a prepará-los bem antes do primeiro dia de escola. Tal transição é difícil até mesmo para gêmeos extrovertidos e que não vêem problema em mudanças na rotina. Afinal, eles passaram praticamente todos os momentos da vida juntos, desde o nascimento. Assim, é crucial que os pais comecem o processo de desabituação um ao outro bem antes do primeiro sinal de início das aulas.

- Leve cada um dos seus filhos a saídas regulares, sem a companhia do outro. Comece com uma separação lenta e gradual, como uma rápida ida ao supermercado, e aumente o tempo de afastamento para uma tarde.
- Converse abertamente sobre a futura separação dos irmãos na escola. Concentre-se nos aspectos positivos. Encene ou conte histórias para ajudar cada um a imaginar como serão suas experiências escolares sem o irmão.
- Converse com os administradores escolares sobre permitir que seus filhos se reúnam brevemente durante o dia, se assim o desejarem.
- Incentive amizades externas, providenciando colegas duplos de brincadeiras em sua própria casa e, talvez, um encontro separado com um amigo na casa da outra criança.
- Deixe que cada criança explore seus interesses à vontade e não insista para que fiquem juntos o tempo inteiro.
- Dê a cada criança tempo para ajustar-se à vida escolar sem seu gêmeo. Se as coisas ficarem difíceis, ofereça apoio e incentivo, em vez de reverter rapidamente a situação. A maioria dos gêmeos precisa apenas de mais tempo.

Reavalie anualmente a adequação da colocação na escola

A separação na escola não deve ser vista como uma questão de "ou/ou" — ou nós os separamos ou os mantemos juntos —, mas como um processo contínuo. É importante que os pais mantenham a mente aberta e revejam suas posições todos os anos. Fiquei impressionada com o número de pais entrevistados por mim cujos filhos "saltavam" de juntos para separados e vice-versa, a cada ano. Marque uma reunião com o professor de seus filhos a cada início de ano letivo para ouvir a opinião dele. Observe seus filhos na sala de aula e mantenha gráficos de suas conquistas e dificuldades. Este ano, talvez eles sejam colocados na mesma classe, mas talvez a situação indique a separação no ano que

O DILEMA TRIPLO

Você acha que já foi terrível decidir-se sobre a separação dos gêmeos? Então imagine que você tem triplos! Uma vez que muitos triplos consistem em um conjunto de gêmeos idênticos (MZ) com um terceiro gêmeo não-idêntico (DZ), o problema da separação na escola é bem mais complicado. Muitos distritos escolares pequenos não têm classes suficientes na mesma série para a divisão dos três irmãos. Ainda assim, a separação entre a criança fraterna (DZ) e seus irmãos idênticos (MZ) talvez tivesse efeitos devastadores, já que a criança dizigótica se sentiria completamente rejeitada. Em casos assim, a melhor solução seria colocar as três crianças juntas, mas lhes permitir algum senso de privacidade e individualidade, dando-lhes carteiras separadas. Se este for o plano, e para compensar a presença constante dos gêmeos junto dos irmãos, os pais de triplos podem considerar a matrícula de cada criança em uma atividade ou esporte diferente.

vem. Se, por exemplo, seus gêmeos estão juntos este ano e um deles está com problemas e tem a auto-estima prejudicada pelo excelente desempenho do outro, talvez seja útil reconsiderar a colocação dos irmãos no próximo ano.

Seja um defensor dos direitos dos seus múltiplos

Por que pais de gêmeos, triplos e quádruplos parecem discordar de administradores escolares com uma freqüência maior que os pais de crianças não-gêmeas? Os conflitos podem ir de algo tão simples (mas frustrante) quanto ajeitar a confusão entre os boletins escolares de seus gêmeos até algo tão cansativo quanto lutar para manter seus múltiplos juntos na mesma classe. Sejamos justos: nem todos os distritos escolares relutam em mantê-los juntos e nem todos os pais precisam enfrentar uma batalha para isso. Muitas autoridades escolares mostram-se receptivas às opiniões e preocupações de pais com múltiplos e prestam atenção às necessidades educacionais específicas de múltiplos. De fato, apenas quatro famílias, das quarenta e quatro que entrevistei, mencionaram administradores escolares inflexíveis. Ainda assim, muitas famílias enfrentam conflitos anuais com seus distritos escolares o que envolve manter os filhos juntos ou simplesmente obter para eles os serviços necessários.

O principal desafio para pais e educadores é a questão da separação na escola — algumas escolas acham que é melhor separar os múltiplos, enquanto alguns pais preferem manter seus filhos juntos, pelo menos até obterem evidências suficientes indicando a separação. Sob a perspectiva da escola, a separação provém da crença de que a individuação das crianças — o desenvolvimento de autonomia pessoal — será facilitada se os múltiplos estiverem em classes diferentes. Outra preocupação é com a questão da igualdade. Um levantamento com 584 professores australianos, por exemplo, citou a igualdade como uma preocupação, no que diz respeito à colocação dos gêmeos na mesma sala de aula. Muitos afirmaram que era fácil demais comparar os dois, ou que sentiam pressão para manterem o par no mesmo nível acadêmico.

Portanto, como os pais podem ajudar os educadores a compreenderem a real natureza do relacionamento entre os gêmeos e como isso afeta a aprendizagem? Ainda precisamos de uma melhor comunicação entre autoridades escolares, professores e pais de múltiplos. Uma mãe contou-me que, por serem uma família de militares que já residiu em muitos estados diferentes durante doze anos, manter seus filhos (DZSSf) juntos na mesma classe era muito importante. Para tal fim, eles assumiam um enfoque afirmativo e preventivo. Tão logo chegavam ao novo distrito escolar, por exemplo, eles enviavam uma carta ao diretor, solicitando que suas filhas fossem mantidas juntas, e incluíam informações de apoio, como estudos publicados sobre a matéria, assim como uma carta de recomendação de ex-professores das meninas, atestando o sucesso acadêmico de ambas na mesma classe.

Se você prevê problemas para manter seus filhos juntos, aqui estão algumas idéias adicionais para ajudá-lo nessa batalha:

- Bem antes do início da matrícula para o jardim-de-infância, descubra qual é a política escrita de seu distrito escolar sobre a colocação de múltiplos em sala de aula. Ligue para a escola ou para a Secretaria de Educação. Se não houver uma política escrita, isso será um ponto a seu favor para manter seus gêmeos juntos, se esta for sua opção, mas também não significa que o diretor da escola concordará com seus desejos.

- Se a sua escola tem uma "política informal" de separar todos os múltiplos, será crucial reunir-se com o diretor da escola para discutir tal posição. Compareça a essa reunião munido de documentos em apoio à sua afirmação de que manter os gêmeos juntos não perturba o processo de individuação (confira no fim deste livro os estudos relevantes) e de que, às vezes, os gêmeos idênticos têm dificuldade em classes separadas, em virtude de seu vínculo intrinsecamente estreito. Escute e aborde calmamente as colocações feitas pela diretoria da escola. Com freqüência, uma reunião já é suficiente para convencê-los de que seus filhos devem pelo menos ser capazes de estudar na mesma classe em uma base experimental.

- Se você chegar a um impasse ou se a política escrita sobre a colocação de gêmeos tem uma cláusula rígida afirmando que todos os múltiplos devem ser separados, seu próximo passo é escrever uma carta à Secretaria de Educação (envie por carta registrada e sempre confira se a correspondência foi recebida alguns dias depois) ou comparecer a uma reunião do conselho escolar local para verbalizar seu desejo de mudança. Obtenha o apoio de outros pais de múltiplos, enviando-lhes uma carta e dando início a uma campanha de e-mails.

- Se você esgotou todos os recursos e ainda não chegou a lugar algum, suas opções para o próximo passo limitam-se a matricular seus filhos em uma escola particular que possa acomodar seus desejos, contratar um advogado e preparar-se para a batalha legal ou fazer o que uma mãe do estado de Minnesota fez em 2005: tentar convencer os legisladores a mudar a lei estadual. Essa mãe corajosa, que era assessora de um senador por seu estado, ajudou a redigir a lei que dava aos pais a última palavra sobre a colocação de múltiplos em sala de aula. A lei foi aprovada por unanimidade e é a primeira de sua espécie nos Estados Unidos. Pais do Texas, Illinois, Carolina do Norte, Nova York e Massachusetts também se mobilizam para aprovar uma legislação semelhante.

QUANDO OS MÚLTIPLOS TÊM DIFERENTES CAPACIDADES

Há algum tempo recebi uma carta de nosso distrito escolar solicitando que eu submetesse um dos meus gêmeos a um teste para uma possível inclusão em um programa para alunos superdotados. Minha reação inicial foi de orgulho, mas temperada com "Mas por que não também o outro? São igualmente inteligentes!" Senti-me chocada por minha reação e tive de me conter, para pensar em todas as suas implicações. Embora eu estivesse contente e orgulhosa do sucesso do meu filho, meus pensamentos não conseguiam deixar de incluir o outro.

Será que isso era justo? Minha reação não é atípica de pais de múltiplos. Temas ligados a diferentes capacidades acadêmicas são comuns e causam confusão em muitos pais sobre o que fazer. Contudo, a realidade é que o problema

AJUDANTES PARA AS LIÇÕES

Será que devemos permitir que nossos múltiplos ajudem-se durante as lições de casa? Parece tentador, especialmente se você, como eu, é uma negação para a matemática! Será que os gêmeos podem realmente ajudar um ao outro ou apenas dão as respostas, indo pela via mais fácil? E se você deixá-los criar o hábito, será que abordarão todos os trabalhos como um esforço de grupo, em vez de explorarem uma matéria em seu próprio ritmo individual?

Muitos educadores acreditam que a aprendizagem com colegas, o processo no qual um aluno com sólido conhecimento de uma matéria explica o que sabe em uma linguagem compreensível para um companheiro em dificuldade, é benéfica. Além disso, alguns especialistas apontam que, quando um gêmeo ajuda seu irmão com os trabalhos escolares, isso de fato reduz a competição, uma vez que aquele que ajuda sente-se orgulhoso quando seu "aluno" vai bem e recebe notas altas.

Antes de experimentar esse enfoque, garanta que o "professor" realmente deseja ajudar (ele pode sentir-se sobrecarregado pela tarefa) e que o "aluno" deseja assistência (ele pode sentir-se ameaçado pelo conhecimento do irmão). De qualquer forma, um professor particular pode ser uma alternativa. Além disso, tente fazer com que seus filhos ajudem um ao outro em um local visível, como a cozinha ou o escritório da casa, para que você possa ficar de olho no andamento das coisas e garantir que o outro está realmente ajudando, não entregando as lições de bandeja.

é maior para os pais que para os próprios gêmeos, e, infelizmente, o que fica com os gêmeos muito tempo depois que cresceram é o manejo inadequado da situação, não o desapontamento de não atingirem a mesma meta como o irmão gêmeo.

Você deve permitir que um dos gêmeos pule uma série?

Você tem um geniozinho da matemática em casa? Ou você mora com o próximo sucesso literário do país? Para cada gêmeo que tem dificuldade com a leitura, existem muitos múltiplos que excedem muito o nível potencial de sua série, levando muitos pais a se indagarem: "Será que deveríamos deixá-lo pular

DE PAIS
para OUTROS PAIS

"Todd (DZSSm) qualificou-se para um programa para superdotados na escola fundamental e estava a caminho de entrar na lista de honra no ensino médio. Isso certamente exigiu um delicado procedimento de equilíbrio e foi, provavelmente, nosso maior desafio durante os anos de escolarização. Não queríamos que Dan (DZSSm) sentisse que não era tão bom quanto seu irmão, mas, ainda assim, desejávamos valorizar as conquistas de Todd. Inicialmente, acho que isso foi muito difícil para Dan, especialmente quando colegas insensíveis das séries iniciais diziam: 'Você não é tão esperto quanto Todd'. Com o tempo, Dan simplesmente aceitou que Todd é inteligente. Em contraste, Dan é muito cativante, socialmente. Ele é um jovem muito alegre, que está se saindo bem na faculdade de Administração. Todd, por sua vez, aprendeu que ser inteligente não é a única coisa que define uma pessoa. Ele nunca alardeia seus talentos ou age de modo superior; sua liderança é calma, e está sempre disposto a dar o crédito a quem o merece."

uma série?" Ainda assim, antes de promover seu prodígio, você precisa considerar atentamente várias questões, como a maturidade, o vínculo com o irmão, bem como o que é melhor para ambos, no curto e longo prazos.

Em primeiro lugar, saltar uma série pode ser um belo feito acadêmico este ano, mas e quanto ao próximo? Com freqüência, as crianças estão apenas temporariamente entediadas com a leitura ou matemática ensinadas em sua série, já que no ano seguinte essas matérias avançam rapidamente. E, embora seja ótimo oferecer trabalhos mais estimulantes, pressionar por progresso cedo demais pode não ser o ideal. A seguir, você precisa pensar na maturidade física e social do seu filho. Novamente, a imaturidade e a baixa estatura da criança pode não ser um problema nas séries mais iniciais, mas quando a puberdade chega, a lacuna amplia-se e pode causar sérios problemas de socialização para o seu filho. Finalmente, você precisa pensar nas implicações para o irmão que não saltará uma série. Será que um dos seus filhos permanecerá para sempre na sombra daquele que saltou uma série?

Antes de prosseguir, talvez seja melhor você ter uma conversa particular com seu múltiplo talentoso, para conhecer sua reação sem a presença do irmão. Será que ele deseja deixar a série atual e a companhia do irmão? Se não, há outras maneiras de oferecer estímulo intelectual, além de saltar uma série. Procure um programa de enriquecimento cultural extracurricular, como um clube de xadrez ou matemática, ou pesquise aulas de arte ou música. Você também pode verificar se o professor do seu filho pode oferecer projetos adicionais ou se a escola pode providenciar para que seu Einstein freqüente uma série mais avançada durante um turno apenas, o que lhe permitirá passar a maior parte do dia com seus colegas atuais e, mais importante, com o irmão gêmeo.

Você deve apoiar a repetência de um gêmeo com dificuldades escolares?

Você percebe que um dos seus múltiplos passa por dificuldades profundas na escola e não consegue parar de pensar se não seria melhor para ele repetir a série. Essa é a questão mais dolorosa para alguns pais e deve ser cuidadosamente considerada, antes de se seguir em frente e alterar irrevogavelmente o curso da carreira educacional dos seus filhos.

Em primeiro lugar, providencie um diagnóstico apropriado para o gêmeo com problemas, com um especialista em educação ou psicólogo. Apenas então você poderá descobrir se ele está apenas lutando para aprender determinado conteúdo ou se tem deficiências mais profundas. E, se ele tiver uma deficiência, será que é de longa duração ou pode ser remediada?

Existem amplas evidências, também, de que a retenção em uma série simplesmente não funciona, já que repetir uma matéria que não se entende provavelmente não ajuda em sua compreensão. Em primeiro lugar, é mais importante saber por que não entendemos a matéria.

Finalmente, a personalidade do gêmeo com dificuldade também deve ser levada em conta. Como a repetição de uma série afetará sua auto-estima e seu vínculo com o irmão? Nada chama mais a atenção para as diferenças entre gêmeos que quando um deles repete uma série. Se a repetência é a única solução, considere

> **DE PAIS**
> **para** **OUTROS PAIS**
>
> "No penúltimo ano da escola secundária, Michael (DZOSm) foi reprovado em todas as matérias. Ele se esforçou muito para recuperar-se, freqüentando aulas à noite e durante as férias, mas no último ano ainda não conseguia acompanhar o resto da turma. Ele ficou para trás e precisou repetir a última série do ensino médio. Tanto ele quanto Victoria (DZOSf) sentiram-se arrasados por não poderem concluir o ensino médio juntos. Na cerimônia de conclusão, ela chorou em sua cadeira e ele chorou na platéia. Sofri pela dor dos dois."

seriamente a transferência do seu filho para uma escola diferente, para que ele não sofra as conseqüências de comparações indesejáveis. O gêmeo mais capaz pode beneficiar-se também, sentindo menos culpa por superar o desempenho do irmão.

Outra opção é educar seu filho em casa, para dar-lhe o apoio e atenção que precisa até apresentar o desempenho adequado e poder acompanhar o irmão na mesma série.

Diversos pais me contaram sobre seu debate interno envolvendo a repetência de um ou dos dois gêmeos. Pais de um conjunto de DZSSf, por exemplo, tomaram finalmente a decisão de apoiar a repetência de uma das filhas. "Foi uma decisão difícil", admitiu a mãe. "Ela não acompanha a turma, especialmente em leitura, em que está uma série inteira atrás dos outros, embora se esforce muito. Além disso, não consegue relacionar-se bem com os colegas. Não quero que ela perca o entusiasmo pela escola e por aprender e simplesmente desista porque tudo é difícil demais."

DE PAIS para OUTROS PAIS

"Nós os separamos porque nossa filha o tratava como bebê e o dominava o tempo todo, e ele não oferecia resistência a isso. Eu achei que ele precisava de uma oportunidade para lidar com as coisas sozinho e para aumentar sua auto-estima e independência. Eu queria que Kyle (DZOSm) soubesse que poderia funcionar sem a irmã por perto o tempo todo. Eu também queria que Carissa (DZOSf) aprendesse que nem todos os amigos permitirão ser comandados por ela o tempo todo e achava que ela deveria aprender como permitir que outros atuassem como líderes."

Consideração especial por gêmeos de sexos opostos

Em termos de escola e gêmeos de sexos opostos, alguns obstáculos podem surgir. Em primeiro lugar, estudos indicam que meninos gêmeos geralmente ficam atrás das meninas, em termos acadêmicos, nos primeiros anos do ensino fundamental. Portanto, se uma menina gêmea supera o desempenho escolar do irmão, será que os pais devem considerar a separação na escola? Sim, e por bons motivos. A auto-estima do menino pode cair ainda mais, enquanto se esforça por manter o ritmo com uma irmã que está sempre à frente. Para piorar as coisas, ele pode desanimar e pensar que não há razão para se esforçar ainda mais, já que a irmã será sempre melhor de qualquer maneira.

Outro ponto a considerar diz respeito à socialização. No Capítulo 1 — *Entendendo o relacionamento entre gêmeos* —, discutimos como a menina, em gêmeos de sexos opostos, tende a "superproteger" (alguns sugeririam que ela age como "chefe") seus irmãos. Antes de ingressarem na escola, alguns meninos realmente gostam quando suas irmãs tomam a iniciativa. Quem não gostaria de ter alguém que amarrasse seus sapatos ou lhe servisse um copo de suco? Ainda assim, quando começam a freqüentar a escola, os meninos que recebiam todos esses cuidados geralmente não os apreciam mais. À medida que passam a explorar o mundo externo, eles passam a ver as ações das irmãs como intromissões. Entretanto, geralmente é difícil alterar o comportamento delas, já que esse papel consolidou-se durante vários anos. Ou, no caso de meninos que ainda são dependentes de suas irmãs, algumas das meninas não gostam de terem de socorrer seus irmãos como antes. Muitas não gostam de serem forçadas a se tornar a parte dominante do relacionamento.

Como os pais podem ajudar

Quando duas crianças não-gêmeas têm desempenho diferente na escola, a maior parte dos pais não sente estranheza — afinal, os irmãos são pessoas diferentes. Contudo, quando temos múltiplos com carreiras acadêmicas paralelas, os desequilíbrios são ampliados. Ajude seus múltiplos a entender e apreciar suas diferenças, seguindo estas dicas:

- Mantenha um diálogo contínuo sobre as diferenças entre todos os seres humanos. Embora sejam gêmeos, eles também são pessoas diferentes. Deixe que se acostumem com a idéia de que cada um deles será melhor em coisas diferentes.
- Se competições e comparações ocorrem com muita freqüência e o preocupam, considere maneiras de reduzir as chances de seus filhos serem comparados. Talvez eles gostem da idéia de praticar esportes diferentes (ou jogarem em posições diferentes no mesmo esporte) ou buscar atividades distintas. Se isso não funcionar e as comparações perturbarem a harmonia entre os irmãos, você pode considerar a colocação em escolas diferentes.
- Interfira o equilíbrio entre menina-menino seja desfeito para sempre e se estabeleçam papéis não saudáveis. Incentive ambos a serem independentes e a cuidarem de si mesmos.
- Desde cedo, ofereça quartos separados para seus gêmeos ou, no mínimo, alguma privacidade, para que cada um possa explorar seus próprios interesses à vontade.

- Considere a colocação em classes separadas para gêmeos de sexos opostos, especialmente se a menina estiver mais avançada academicamente.
- Não torne as deficiências de seu filho o único foco, com pouca consideração por suas qualidades. Esforce-se para aumentar o desempenho daquele com dificuldades na escola e o congratule por suas conquistas. Entretanto, não negligencie o gêmeo mais capaz. Se não houver essa espécie de incentivo, ele poderá achar que nada do que faz vale muito. Nunca ignore as conquistas de um dos seus filhos para poupar os sentimentos do outro.

DIFICULDADES DE APRENDIZAGEM

Outra questão difícil, no que se refere a múltiplos e educação, é se há entre eles mais problemas de aprendizagem que entre crianças não-gêmeas. A resposta, bastante simples, é sim, mas as razões não estão muito claras. Como mencionei anteriormente neste capítulo, dificuldades de linguagem na pré-escola têm impacto sobre a capacidade do gêmeo para ler depois, no ensino fundamental. Além disso, meninos gêmeos têm mais dificuldades que meninas gêmeas, mas as razões para a discrepância entre os sexos ainda não foram totalmente compreendidas.

A boa notícia, entretanto, é que ser um múltiplo não significa necessariamente que as crianças terão dificuldade na escola ou, mesmo se tiverem, que são menos inteligentes. Na verdade, o Estudo de Gêmeos de La Trobe revelou que muitos daqueles que tinham problemas com a aprendizagem da leitura apresentavam escores superiores à média em habilidades que não exigiam leitura. Além disso, em um estudo holandês recente, os investigadores concluíram que não existe diferença no desempenho cognitivo entre gêmeos e seus irmãos não-gêmeos. Portanto, está claro que a inteligência não está em jogo, neste caso. A finalidade de chamar a atenção para os problemas que alguns múltiplos têm é para que os pais possam afinar suas antenas e perceber as necessidades educacionais individuais de seus filhos. Se um problema é detectado desde cedo (a maior parte das deficiências torna-se evidente nos primeiros anos da infância) e remediado com sucesso, não há limite para as conquistas de um gêmeo.

Meninos e meninas aprendem de maneiras diferentes?

Se você já pisou em uma sala de aula da segunda série, então já viu algo interessante — a maior parte dos meninos remexe-se nas cadeiras, com os olhos fixos no mundo externo às janelas da sala de aula; enquanto a maioria das garotinhas está com o nariz enfiado nos livros, aprendendo suas lições com a maior atenção. Por que isso acontece? Em parte, devido à biologia e, em parte, à sociologia. Em outras palavras, os homens têm uma "configuração cerebral" diferente das mulheres. Tudo isso se traduz no fato de as meninas serem melhores alunas que os meninos. Contudo, embora as meninas possam conquistar notas melhores que os meninos nos primeiros anos, a maioria deles as alcança, em algum ponto do caminho, geralmente quando chegam à adolescência. E, embora meninas gêmeas estejam um pouco atrás de meninas não-gêmeas em termos de aprendizagem, elas também as alcançam no ensino médio. Infelizmente para alguns meninos gêmeos, os problemas que os mantêm atrás de crianças não-gêmeas e de meninas gêmeas podem persistir por mais tempo. Um estudo descobriu, por exemplo, que aos quatorze anos apenas 42% dos meninos gêmeos haviam alcançado padrões adequados de alfabetização, enquanto para meninos não-gêmeos essa porcentagem chega a 71%.

Embora ainda necessitemos de muito mais estudos para entendermos a razão, uma coisa é aparente: problemas de leitura em meninos gêmeos estão ligados a dificuldades de linguagem na pré-escola. O Estudo de Gêmeos de La Trobe, por exemplo, descobriu que gêmeos pré-escolares que apresentavam duas de sete dificuldades comuns de linguagem quase sempre enfrentavam problemas de leitura significativos depois — tanto em termos de acuidade quanto de compreensão. O alto nível de distração de meninos gêmeos aumenta o problema; aqueles que tiveram problemas com a leitura também tinham dificuldade para se concentrar e eram mais descuidados com seus trabalhos. Menos capazes de se concentrar em seu trabalho escolar por muito tempo, muitos desses meninos são rapidamente rotulados como hiperativos. Os pesquisadores especulam que talvez os meninos gêmeos raramente tenham tido oportunidade para realizar qualquer tarefa, desde os primeiros anos da infância, sem a interrupção do irmão, ou tenham sempre competido para serem os primeiros a terminá-la, concentrando-se mais na conclusão que na qualidade do trabalho. Lições sobre priorização do trabalho, desenvolvimento de rotinas e permanência da tarefa podem ajudar a aliviar a condição e, finalmente, melhorar seu nível de sucesso acadêmico.

Como os pais podem ajudar

As crianças demonstram melhor desempenho na escola quando os pais assumem um papel ativo em suas vidas acadêmicas. O melhor momento para combater dificuldades de aprendizagem é logo após o diagnóstico, mas mesmo se você acabou de perceber que seu gêmeo está tendo problemas de aprendizagem nas séries iniciais, nunca é tarde demais para buscar ajuda. A seguir, eu apresento algumas idéias que podem ser incorporadas na rotina diária de sua família.

- Peça para seus filhos lerem para você todas as noites e saliente a exatidão da palavra, ajudando-os a pronunciar as sílabas foneticamente. Pesquisas demonstram que o processo contínuo e consistente de leitura ajuda o cérebro a fazer conexões lingüísticas.

- Tente ler com cada um deles separadamente, sem a presença do irmão, para não criar uma competição entre o par, especialmente se um está mais avançado na leitura. Exatidão, não velocidade, é o que importa mais. Além disso, cada um deles precisa de tempo para discernir o material e fazer perguntas, independentemente do irmão.

- Siga uma rotina noturna de deveres de casa — escolha um local tranqüilo e espaçoso para trabalhar e saliente a necessidade de silêncio, para que os múltiplos possam concentrar-se melhor em tarefas ligadas à escola. Saliente a necessidade de atenção na produção do trabalho e desestimule a competição entre eles para ver quem termina antes.

- O movimento de fato auxilia a aprendizagem nos meninos (ele estimula seus cérebros e acalma o comportamento impulsivo). Se um menino age impetuosamente na classe, o uso de uma bolinha macia pode ajudar a canalizar parte dessa energia. Também pode ser útil providenciar para que o gêmeo impulsivo possa movimentar-se mais na sala de aula (por exemplo, ajudando o professor a distribuir folhas de exercícios ou alongando-se de hora em hora).

- Mantenha um diálogo contínuo com os professores dos seus filhos sobre seu progresso e problemas. Informe-os de quaisquer auxílios à aprendizagem programados para seus filhos.

- Se aulas particulares ou ajuda em casa não estiverem ajudando, marque uma avaliação com o psicólogo da escola para determinar as deficiências e os talentos de seu filho. Você precisa saber especificamente qual é o problema para poder remediá-lo adequadamente.

- Embora a obtenção de ajuda para deficiências de leitura seja crucial, a vida acadêmica não se resume a isso. Não torne a dificuldade o único foco, ofereça também incentivo em outras matérias escolares nas quais eles se saem bem.

Transtorno de déficit de atenção e hiperatividade

Ultimamente, ouvimos falar muito sobre transtorno de déficit de atenção e hiperatividade (TDAH) nos meios de comunicação, mas o que é isso, exatamente? O TDAH é um transtorno do desenvolvimento que se manifesta na infância. Desatenção, impulsividade e hiperatividade são os três componentes do TDAH. Existem, de acordo com a definição, três subtipos do transtorno — a forma mais comum afeta aqueles com os sintomas predominantes de desatenção (as crianças parecem estar "no mundo da lua", não prestam atenção e não conseguem fixar-se em uma tarefa); o segundo tipo afeta crianças que exibem predominantemente hiperatividade e impulsividade (crianças agitadas que, com freqüência, agem segundo seus impulsos); finalmente, o terceiro tipo afeta aqueles com uma combinação desses sintomas. É interessante notar que crianças com qualquer forma de TDAH podem concentrar-se em uma tarefa, desde que esta prenda seu interesse, como um filme favorito ou um videogame. Entretanto, os problemas começam quando a atenção é redirigida para algo sem grande interesse.

Embora atualmente haja quem questione a existência do TDAH, este é um transtorno real, reconhecido pela comunidade médica e identificado desde o começo do século XX. Nos primeiros tempos, entretanto, o conjunto de sintomas era chamado por uma variedade de nomes diferentes, como "síndrome de inquietação". Portanto, o TDAH pode parecer um novo modismo para a "Geração X", mas não é. Na verdade, o TDAH é tão comum em outros países quanto nos Estados Unidos. Portanto, o ritmo frenético da cultura americana não é responsável pelo transtorno.

Por que uma discussão sobre o TDAH foi incluída em um livro sobre gêmeos e múltiplos? Esse transtorno, com alta transmissão genética, é, infelizmente, mais comum em gêmeos que em crianças não-gêmeas. Para subdividirmos ainda mais, meninos gêmeos vivenciam mais problemas de comportamento que meninas gêmeas (o tipo desatento é o mais comum em gêmeos do sexo masculino e a forma hiperativa é a mais rara), e, uma vez que o TDAH tem um forte componente genético, se um gêmeo MZ recebe o diagnóstico de uma forma de TDAH, o outro tem uma incidência muito maior do transtorno também. O problema para múltiplos é aumentado para os gêmeos do sexo masculino, porque eles com freqüência exibem desatenção sem hiperatividade, o que resulta em menos diagnósticos exatos. Ainda assim, uma criança desatenta freqüentemente sofre na escola e não realiza todo o seu potencial. Além disso, há uma alta taxa de co-morbidade com TDAH, e gêmeos que exibem o tipo desatento ou o tipo combinado de TDAH também vivenciam um grau maior de problemas de aprendizagem em termos de fala e leitura. Se não tratadas, as crianças com TDAH transformam-se em adolescentes com TDAH, tornando-se mais propensas a se envolver, em comportamentos de risco como consumo de álcool antes da maioridade, abuso de drogas, delinqüência e, até mesmo, promiscuidade sexual.

A criança com TDAH pode criar o caos à sua volta e trazer estresse indevido também na dinâmica familiar — em particular, a condição pode afetar adversamente o relacionamento entre os gêmeos. Gêmeos sem TDAH muitas vezes sentem-se ansiosos e relatam um alto grau de conflito dentro do relacionamento com seus irmãos que têm o transtorno.

Felizmente, o TDAH é tratável — entretanto, apenas com medicamentos ou por uma combinação de medicamento e tratamento comportamental/psicológico —, e um diagnóstico apropriado é fundamental. No ambiente doméstico, os pais podem ajudar seus múltiplos com comportamento desatento e impulsivo sugerindo gentilmente aos filhos para diminuírem o ritmo. Eles também devem incentivar os gêmeos a terminarem tarefas e a se concentrarem na qualidade do trabalho, em vez da rapidez com que é completado. Você também pode conversar com o professor de seu filho sobre maneiras de

DE PAIS
para OUTROS PAIS

"O maior problema que tive foi que Michael (DZOSm) era um aluno excelente e muito tranqüilo na sala de aula. Jennifer (DZOSf) era uma estudante medíocre e muito ativa e extrovertida. Isso causava alguns problemas com professores, que gostavam mais do meu filho como aluno que de minha filha. Nós descobrimos bem tarde que minha filha tinha TDAH. Ela tinha dificuldade para se concentrar na escola e, no fim, acabou por desistir dos estudos. As pessoas sempre lhe perguntavam: 'Por que você não consegue ser como seu irmão?' Acredito que essa, em parte, foi uma das razões para seu abandono da escola. Para Michael, a desistência da irmã foi muito difícil. Acho que ele se sentiu um pouco abandonado. O fato de ter-se formado sozinho abalou toda a família. Acho que sempre pensamos que eles estariam juntos. Desde essa época, Jennifer começou a tomar medicamentos e agora está concluindo o ensino médio. Michael está muito orgulhoso porque a irmã agora poderá ir em frente e não perde uma chance de dizer isso a ela."

DE PAIS
para OUTROS PAIS

"Christina (DZOf) tinha problemas com a leitura e, posteriormente, recebeu o diagnóstico de TDAH. Antes do diagnóstico, as coisas já estavam difíceis, porque seu irmão (DZOSm) era muito melhor na leitura e tinha notas melhores. A auto-estima de minha filha realmente afundou. Ela chegava a dizer que não sabia a resposta quando sabia, já que era mais fácil assim do que se arriscar a errar. O relacionamento entre os irmãos ainda era forte, mas ela se sentia mal consigo mesma. Depois que recebemos seu diagnóstico e ela começou a tomar o medicamento, toda a sua capacidade de aprendizagem mudou. Desde então, é uma das melhores alunas e se sente muito melhor!"

tornar o ambiente em sala de aula mais propício à concentração, como mover a carteira de seu filho mais para perto do professor, dividir tarefas longas em segmentos menores e oferecer lembretes verbais sobre o que é esperado com mais freqüência.

A ESCOLA ESTÁ ABERTA!

Da prontidão para o jardim-de-infância à questão altamente controvertida da separação dos gêmeos na escola, de diferentes capacidades às deficiências, o tema de gêmeos e educação está repleto de dúvidas e decisões. Entretanto, algumas coisas são óbvias — os múltiplos precisam de um pouco mais de atenção e compreensão para garantirmos que suas experiências sejam tão ricas quanto as de seus contemporâneos sem gêmeos. Em última análise, é a atitude positiva dos pais e a flexibilidade na política dos educadores que podem fazer toda a diferença entre o sucesso ou o estresse na escola.

capítulo 5

Combata a competição e promova a cooperação

Fazer comparações entre os filhos é normal em todas as famílias — quase todos os pais fazem isso. Esse hábito geralmente começa cedo e de forma bastante inocente ("Minha filha mais velha adormecia assim que caía na cama, mas a mais nova custava tanto a dormir!"). Tenho certeza de que você lembra de ter feito isso quando seus múltiplos eram bebês. Talvez, enquanto os olhava com amor após fazê-los dormir, e, como a maioria dos pais, você percebia pequenas semelhanças ("Olhe só! Os dois têm covinhas no queixo!") ou diferenças sutis ("Os cabelos dele são tão encaracolados e os dela tão lisos!"). Era impossível não compará-los, já que estavam lado a lado vinte e quatro horas por dia, sete dias por semana. Pais com gêmeos MZ (idênticos) procuram as diferenças nos filhos, enquanto aqueles com múltiplos DZ (fraternos) buscam as semelhanças. E o que fazer sobre os avós e os vizinhos? Eles também agem assim. Talvez até demais às vezes ("Por que ele está sempre chorando se ela é tão boazinha?").

De fato, não há problema em comparar gêmeos durante esse estágio precoce da vida (afinal, eles não têm idéia sobre o que você está falando). Entretanto, o problema começa a aparecer se o comportamento persiste enquanto seus filhos crescem, especialmente se eles continuam buscando os mesmos interesses, como alguns gostam de fazer. Essas comparações constantes entre as crianças podem levar à rivalidade entre os irmãos. Embora incentivar cada um dos seus filhos a descobrir seu próprio caminho possa ajudar no aumento da cooperação, essa não é uma solução completa, e você não deve insistir para que seus múltiplos assumam interesses diferentes um do outro, especialmente se compartilham o mesmo entusiasmo por um passatempo ou esporte, como ocorre com muitos gêmeos idênticos (você consegue imaginar, por exemplo, fazer cara-ou-coroa para ver quem vai aprender a tocar piano quando essa é a vontade dos dois?). O maior impacto sobre as crianças é causado pelas atitudes dos pais — se eles vêem e tratam seus filhos como indivíduos ou como uma única unidade — e como protegem os filhos das comparações feitas por outras pessoas.

O QUE É RIVALIDADE ENTRE IRMÃOS?

Em dado momento da vida, todas as crianças competem com irmãos ou irmãs, seja para conquistarem uma posição melhor na hierarquia da família, para ganhar atenção adicional da mãe ou pai ou, simplesmente, para reivindicar a posse de algo. Até as crianças mais comportadas do mundo ocasionalmente competem com seus irmãos no momento de reivindicarem o direito a serem vencedores de algum campeonato, em brincadeiras ou esportes. Essa é uma parte normal do crescimento, em qualquer família. Entretanto, a rivalidade pode ser mais freqüente quando os irmãos têm idades muito próximas. Não se pode ter uma idade mais próxima à de um irmão do que sendo gêmeo dele. Portanto, se você tem gêmeos, triplos ou quádruplos, será que isso significa que estão destinados à rivalidade? Claro que não. Na verdade, alguns gêmeos, especialmente os idênticos, competem muito pouco e, em vez disso, preferem cooperar um com o outro.

Comparações — o começo da rivalidade entre irmãos

Todas as famílias fazem comparações entre seus filhos. Contudo, embora essas comparações possam ser prejudiciais, em termos emocionais, para todas as crianças, gêmeas ou não, elas tendem a ser muito mais numerosas em famílias com múltiplos. Os pais esperam que seus filhos não-gêmeos sejam ótimos em diferentes áreas, uma vez que eles geralmente têm interesses e aptidões imensamente diversificados, reduzindo assim comparações entre eles. Quando um filho mais velho brilha no time de futebol da escola, por exemplo, embora seu irmão caçula não tenha absolutamente qualquer interesse por esportes e prefira música, cada um geralmente segue suas preferências individuais com pouca ou nenhuma comparação entre os dois. Ainda assim, em famílias com múltiplos, os amigos costumam perceber a discrepância entre o par e insistem em perguntar: "Por que o Joãozinho não joga futebol também?" ou "Esquisito... o Joãozinho não é tão bom no futebol quanto seu irmão gêmeo." Uma vez que os dois meninos têm exatamente a mesma idade e vivem sob o mesmo teto, comparar um com o outro é simplesmente tentador demais para muitas pessoas.

O problema com tais comparações é que, ao diferenciarmos entre duas coisas, na maior parte das vezes temos claramente um vencedor e um perdedor. "Eu gosto mais de chocolate que de baunilha" e "Adoro a neve no inverno, mas detesto o calor do verão". Com crianças não é diferente. Até mesmo uma simples comparação da preferência de Joãozinho por música, em vez de futebol, pode ser interpretada como a preferência por uma criança em detrimento da outra. Se as comparações são feitas livremente em família, tudo à custa de um dos filhos, este poderá ver-se inevitavelmente como inferior.

A diferença entre comparações favoráveis e desfavoráveis. A maior parte dos pais tenta evitar que estranhos comparem seus gêmeos, mas muitos deles têm dificuldade para abster-se das comparações. Isso não é necessariamente ruim por si mesmo; o problema é quando os pais fazem comparações de maneira aberta e freqüente entre seus filhos para todos ouvirem. Em geral, os pais comparam com as melhores intenções, como dar parabéns a um filho por um trabalho bem feito. Entretanto, uma comparação favorável, como "Parabéns pelo desempenho no ditado! Você é muito melhor que seu irmão, em ortografia", pode realmente ter um efeito prejudicial sobre seu bom aluno. Embora suas intenções sejam boas e você deseje apenas aumentar a autoconfiança de seu filho, motivando-o a continuar com o bom trabalho, seu gêmeo percebe que, para continuar digno de elogios, ele agora precisa continuar sendo melhor que o irmão em ortografia. Seu sucesso deu-se à custa do irmão e terá de continuar assim. Isso pode causar ansiedade em muitas crianças. E não pense que o outro não percebeu seu deslize. Pode ser que ele não verbalize sua mágoa, mas sem dúvida o impacto será negativo.

Por outro lado, alguns pais usam a comparação desfavorável como um modo de forçar uma criança a mudar. Por pura frustração, você pode exclamar: "Seu quarto está um chiqueiro! Por que você não recolhe suas coisas, como seu irmão?" Contudo, a criança bagunceira raramente muda, e agora ela apenas vê a si mesma como inferior, comparada com os padrões do irmão. Pior ainda, ela acha que *você* a considera inferior.

> **DE PAIS**
> **para** **OUTROS PAIS**
>
> "Um dos nossos gêmeos (DZOS) tende a ser competitivo na escola e sempre quer saber como se saiu em comparação com seu irmão. Minha preocupação é de que sua auto-estima fique um pouco atada a sempre desejar ou precisar superar o desempenho do irmão e que este se preocupe, se sempre termina em segundo lugar.
>
> As outras crianças também os comparam. Isso começou quando estavam com quatro ou cinco anos. 'Quem andou antes? Quem falou primeiro?' Minha resposta era: 'Erica andou primeiro, e Chris falou primeiro.' É inevitável que eles se comparem um com o outro, e eu acredito que, mesmo se pedirmos para que não façam isso, eles continuarão com suas comparações, mas sem verbalizá-las. Ambos têm muitas qualidades, e é fácil lembrá-los de que um sempre será o 'primeiro' ou o 'melhor' em algo. Entretanto, não permitimos que se vangloriem de seus feitos."

Esses dois tipos de comparação — favorável e desfavorável — podem ter efeitos adversos sobre o relacionamento entre os gêmeos, plantando as sementes da rivalidade. Uma tática mais eficaz é manter suas observações, positivas ou negativas, concentradas unicamente na criança em questão, sem mencionar o nome do irmão gêmeo — jamais.

Comparação entre gêmeos fraternos. Diferentemente do gêmeo idêntico que divide a mesma carga genética, gêmeos fraternos compartilham aproximadamente 50% de seu DNA. Em termos genéticos, portanto, eles não são mais parecidos entre si que quaisquer dois outros irmãos nascidos em anos diferentes.

E, exatamente como as crianças não-gêmeas, os gêmeos DZ com freqüência desenvolvem-se em diferentes ritmos, em termos cognitivos, sociais e físicos. Ainda assim, a sociedade (parentes, amigos, professores e, às vezes, estranhos) continua comparando-os um com o outro, em vez de compará-los com seu grupo etário. Quando um deles dá os primeiros passos com dez meses de idade, por exemplo, mas o outro só o faz com doze meses, o primeiro é considerado "avançado", embora ambos tenham começado a caminhar dentro da faixa etária normal.

O problema pode persistir durante os anos de escola, quando irmãos gêmeos são comparados quanto ao seu desempenho acadêmico (gêmeos idênticos também não estão absolutamente imunes a comparações acadêmicas, uma vez que gêmeos MZ freqüentemente são muito semelhantes, física, emocional e cognitivamente, e até mesmo leves diferenças no desempenho escolar são percebidas).

Novamente, se um gêmeo não alcança as metas acadêmicas com a mesma velocidade de seu irmão, ele pode ser injustamente rotulado como "aluno com problemas". Ambos podem ser inteligentes, mas, se um está apenas um pouco mais à frente nos estudos, ele é considerado o mais "inteligente". Esses rótulos muitas vezes são injustos, uma vez que a diferença entre os gêmeos não significa necessariamente uma diferença, quando comparada com a população como um todo.

O problema para ambos os tipos de gêmeos pode ser ampliado quando aquele com dificuldade é colocado lado a lado na classe com seu irmão mais "esperto", sob o pretexto de receber ajuda. O professor pode ter boas intenções, juntando os dois, mas ambos podem sofrer nessa situação (o gêmeo "com problemas" continua acreditando que não é tão inteligente quanto o irmão — afinal, ele raciocina, por que outra razão a professora os colocaria um ao lado do outro?) e pode nunca realizar todo o seu potencial, enquanto um gêmeo "mais capacitado" é contido em seus avanços acadêmicos e recebe a formidável tarefa de ter de ajudar o irmão a aprender. Nesse caso, salas de aula diferentes permitiriam que as duas crianças aprendessem em seu próprio ritmo e fossem recompensadas por suas próprias conquistas, sem serem comparadas uma com a outra.

A mania de rotular. Todos fazem isso: "Este aqui é o mais musical dos dois" ou "Ele é o nosso geniozinho da matemática." Rotular as crianças é compreensível. Na maior parte do tempo, sequer percebemos que estamos fazendo isso. Parece apenas um modo prático de identificar cada pessoa, dotando-a de uma qualidade especial. É inofensivo, certo? Afinal, quem não gostaria de ser conhecido como alguém com talento musical ou como um gênio da matemática? Mesmo quando atribuímos rótulos desfavoráveis, isso com freqüência é visto como engraçado: "Ele é o nosso causador de confusões" ou "Já nasceu como um capeta". Ainda assim, exatamente como um rótulo muito bem colado em

---

DE PAIS
para **OUTROS PAIS**

"Eu não gosto quando as pessoas tentam compará-los, especialmente quando não conhecem cada um deles a fundo. Eu me recuso a responder perguntas sobre quem está indo melhor na escola. Tori (DZSSf) está na relação dos melhores alunos, e Alex (DZSSf) não. Preciso lembrar que eles estão se esforçando ao máximo. A professora é muito boa e não os compara, mas nem todos na escola são tão profissionais. Às vezes, alguém me pergunta por que Alex não está também na lista dos melhores. Eu preciso responder que ela é diferente e mais talentosa em outras coisas."

DE PAIS para OUTROS PAIS

"Acho que as pessoas sentem um desejo natural de rotular os gêmeos, não porque estão tentando compará-los, mas como uma forma de diferenciá-los, identificá-los e poderem lembrar com mais facilidade quem é quem. Todd (DZSSm) contou-me, recentemente, que quando ouvia amigos e colegas de aula referindo-se a ele constantemente como 'o esperto', enquanto Dan era o 'extrovertido', sentia-se mais consciente de que não tinha muita habilidade social, o que o tornava ainda menos extrovertido porque temia não ter capacidade para sair-se bem. Talvez Dan (DZSSm) fosse menos inclinado a esforçar-se muito em suas lições, na escola secundária, porque achava que nunca seria 'o esperto.'"

um pote, essas qualificações aparentemente inocentes "grudam". Mesmo quando há muito já não são verdade, os rótulos da infância tendem a permanecer.

Enquanto as crianças crescem, os rótulos deixam de ser engraçadinhos e restringem bastante seu desenvolvimento. O gênio da matemática cansou-se dessa matéria e preferiria escrever poesias, mas algo dentro dele lhe dizia que não, que matemática era o seu dom, não poesia. Quando a mãe ou pai dão atenção ao "gêmeo bagunceiro", mesmo de uma forma negativa, a criança começa a perceber que seu papel é esse mesmo. O comportamento é reforçado e tende a continuar. Mais importante, contudo, é como os gêmeos com freqüência colocam-se à altura de seus rótulos, relutantemente, como um modo de serem vistos como indivíduos. No que se refere ao comportamento, os gêmeos com freqüência seguem em direções opostas — se um é chamado de "o bonzinho", o outro, percebendo que o papel já foi assumido pelo irmão, encontra formas mais negativas de receber a atenção dos pais. Portanto, ele torna-se "o gêmeo mau". Quando um deles é constantemente elogiado por suas habilidades musicais e chamado de "nosso pequeno Mozart", seu irmão pode optar por ignorar música totalmente, mesmo se tiver o desejo de estudá-la, e concentrar-se, em vez disso, em esportes, como um modo de ser diferente.

Quando os gêmeos se tornam as comparações de um com o outro

Há algum tempo, conheci um gêmeo MZ adulto que me contou uma história interessante e até engraçada sobre seu relacionamento com o irmão. Ambos praticavam atletismo de pista e competiram juntos em uma corrida de cem metros — juntamente com quatro outros competidores. O tiro de partida foi dado, mas os dois meninos ficaram rapidamente para trás e acabaram em quinto e sexto lugares. Ainda assim, um deles parecia exultante, ao cruzar a linha de chegada, gritando "Ganhei! Ganhei!". Ele não havia vencido a corrida, já que terminara em quinto lugar, mas, sim, derrotado o irmão. E para esse monstrinho isso era o mais importante.

Para algumas crianças, à medida que crescem quase tudo se transforma em competição. E quando se têm dois filhos nascidos no mesmo dia, que dividem a mesma casa, desenvolvendo-se ao mesmo tempo em termos cognitivos e físicos, enquanto todos, dos familiares aos colegas, os lembram de suas diferenças, parece que tudo se torna uma competição entre os dois — desde quem é o mais alto até quem teve a melhor nota em uma prova.

A boa notícia é que, apesar de todas as brigas e provocações entre pares de gêmeos, há sempre o fato de que alguma rivalidade entre irmãos é perfeitamente normal e, na verdade, útil. Lembre-se, todas as crianças discutem entre si. A diferença é que nas famílias com múltiplos parece haver mais, por trás das brigas, do que os olhos vêem. O conflito entre gêmeos, especialmente durante os anos da pré-adolescência e da adolescência, é apenas uma forma de eles tentarem descobrir quem são separados do irmão. Em outras palavras, eles crescem e se esforçam para serem vistos como indivíduos.

A competição e os tipos de gêmeos. As comparações e a conseqüente competição entre gêmeos podem ser mais óbvias em famílias com múltiplos, mas, felizmente, dados de estudos sugerem que os gêmeos não são mais competitivos que outras crianças. A diferença está na natureza da competição. Crianças de distintas idades

DE PAIS para OUTROS PAIS

"Alguns anos atrás, elas eram muito mais ferozes em sua rivalidade. Lembro-me de discussões sobre quem havia tirado a melhor nota em uma prova, quem tinha o melhor professor e quem recebia mais cartões no dia dos namorados. Eu costumava dizer que me bastava ensinar qualquer coisa a uma das meninas e a outra aprenderia, apenas para não ficar para trás. Sei que Suzanne (MZf) aprendeu a andar de bicicleta porque não queria que Elise (MZf) ficasse muito à sua frente. Elas melhoraram muito nesse aspecto, com parte da melhora tendo a ver com o fato de estarem em classes completamente diferentes agora no ensino médio."

dentro da mesma família competem em diversos níveis do desenvolvimento, enquanto os múltiplos competem entre si no mesmo nível e, com freqüência, nas mesmas áreas. Com isso dito, entretanto, parece realmente haver algumas diferenças competitivas claras entre os tipos de gêmeos. Por exemplo, gêmeos idênticos parecem ser os menos competitivos entre todos os subgrupos (embora alguns pais tenham me contado que seus gêmeos MZ muitas vezes também se comportam como rivais). Gêmeos MZ e DZ usam a ordem de nascimento como um instrumento para controlar o poder: "Eu nasci primeiro, então tenho o direito de ir primeiro!" É interessante notar que, com múltiplos de sexos opostos, a ordem do nascimento geralmente não é um problema, mas, em vez disso, o foco está no sexo de cada um: "Sou menino, então sou eu quem escolhe o que vamos ver na TV!"

Diversos estudos examinaram o relacionamento entre a cooperação e a conexão genética, isto é, será que gêmeos mais semelhantes em DNA cooperam mais um com o outro? Um estudo recente, realizado por Nancy Segal, da Universidade do Estado da Califórnia, em Fullerton, usou o jogo do Dilema do Prisioneiro, no qual a cooperação entre dois jogadores gêmeos beneficia a ambos, mas a exploração de um parceiro oferece uma chance de maior ganho pessoal para o explorador. Os resultados confirmam o que pesquisas do passado já haviam demonstrado: gêmeos idênticos, como um subgrupo, cooperam mais um com o outro que gêmeos não-idênticos do mesmo sexo. Isso não quer dizer que a cooperação seja um comportamento inerente aos gêmeos idênticos, já que, quando cada um era colocado no jogo com um parceiro sem conexão genética, eles não demonstravam maior cooperação. Na verdade, a competitividade aumentava.

Portanto, por que será que gêmeos MZ cooperam mais um com o outro que outros subgrupos? Os psicólogos divergem a esse respeito. A resposta mais plau-

---

DE PAIS para OUTROS PAIS

"É difícil não comparar Jarsen e Kaden (MZm), especialmente por serem idênticos demais, mas eu definitivamente tento não fazer isso. Atualmente, eles praticam esportes, o que aumenta a competitividade entre os dois e os leva a um esforço ainda maior. Eles não se zangam um com o outro se um faz algo melhor — o outro simplesmente se esforça mais para poder ficar no nível do irmão. Porém, eu não quero que se sintam no dever de sempre derrotar o outro, de modo que tentamos incentivar mais as habilidades que a vitória, mas é difícil."

sível, contudo, está nos genes — gêmeos idênticos, que compartilham 100% de seu DNA, têm uma maior proximidade social e características comportamentais e físicas mais semelhantes que gêmeos DZ. Uma vez que suas identidades estão profundamente ligadas, gêmeos idênticos demonstram maior controle, no que se refere ao auto-interesse, que outros tipos. Emoções como ciúme e rivalidade em relação ao irmão idêntico podem ser difíceis demais de tolerar e, assim, para evitarem o problema, gêmeos MZ preferem cooperar em vez de competir um com o outro.

O lado negativo da rivalidade. Embora alguma competição entre gêmeos seja benéfica, às vezes, ela pode levar a um comportamento perigoso, especialmente quando o foco da rivalidade não é saudável, como quando os irmãos tentam emagrecer. Meninas gêmeas ou triplas podem envolver-se em uma competição nunca verbalizada para verem quem consegue ficar mais magra. Os pais precisam estar muito atentos se uma filha cujo peso está dentro da faixa normal para a altura começa a perder peso apenas para alcançar o peso da irmã mais magra. Os parentes também podem agravar a situação. Por exemplo, se a mãe mantém um foco obsessivo sobre sua própria imagem corporal, tentando constantemente conquistar a silhueta hollywoodiana perfeita, ela pode, inadvertidamente, aumentar a vontade de perder peso das filhas. Em vez disso, os pais devem modelar atitudes saudáveis em relação ao peso, aceitando seus próprios corpos e aqueles que vêem em público, assim como os corpos de suas filhas. Além disso, os pais jamais devem permitir que outros membros da família provoquem as irmãs ou os irmãos (ou qualquer outro parente, aliás) com relação ao peso e à imagem corporal.

DE PAIS para OUTROS PAIS

"Talvez as pessoas considerem engraçado perguntar: 'Você é o gêmeo bom ou o gêmeo malvado?' Ou 'Quem é mais esperto ou mais atlético?' Cerca de um ano atrás, em uma reunião familiar, finalmente perdi a paciência e disse a uma tia que James e Rick (MZm) eram duas pessoas diferentes e que nenhum era pior ou melhor que o outro. Eu disse que ela precisava parar de rotulá-los e lhe falei que meu filho havia se magoado demais com a pergunta. Não importando quem faça isso, você precisa interferir e dar um basta a esse comportamento imediatamente. As pessoas não percebem o quanto as crianças levam a sério o que os adultos dizem e com que profundidade as palavras podem ferir. Puxe a pessoa para um cantinho e a ajude a perceber o que acabou de dizer."

Ainda assim, não podemos controlar o que outros dizem sobre nossos filhos. Uma mãe contou-me que seus parentes costumavam comparar o peso de suas filhas MZ adolescentes bem na frente delas. Percebendo que isso poderia ser levado a sério, essa mãe tomou a iniciativa de mudar o rumo da conversa. Depois que as filhas saíram da sala, ela deixou claro àqueles que as comparavam que não admitiria tal comportamento: "Não havia como sermos delicados nessa situação", comentou ela. "Tivemos de escancarar e proibir comparações. Eu precisava proteger minhas filhas."

Para alguns múltiplos, especialmente gêmeos MZ, que têm, por herança genética, preferência e talentos semelhantes, uma rivalidade pode ser desconfortável para a sua união. Usaremos dois atletas de pista como exemplo. Os dois são muito bons, mas um deles sempre vence o outro. Isso causa sofrimento a ambos — o vencedor não consegue desfrutar completamente o sabor de sua vitória ao perceber o desapontamento do irmão perdedor. Em última análise, alguns abandonam completamente o esporte no qual brilham, por medo de prejudicarem seu relacionamento com o irmão. Uma solução para esse dilema, contudo, pode ser simplesmente escolher diferentes áreas dentro do atletismo, para brilhar — o "gêmeo A" pode concentrar-se em corridas de velocidade em curto percurso, enquanto o "gêmeo B" pode optar por corridas de longo percurso. Desse modo, os dois podem oferecer incentivo um ao outro livres de culpa. Muitos múltiplos escolhem instintivamente essa trilha saudável em vez de abandonarem um esporte que adoram. Outros podem precisar da orientação dos pais.

Quando os pais devem interferir? Os pais precisam estar muito atentos quando a competição entre os irmãos começa a sair do controle. O primeiro sinal é quando um subitamente desiste do esporte que seu gêmeo pratica, com o qual sentia grande prazer. Lembre seu filho para se concentrar em dar o melhor de si, em vez de se comparar com o irmão. Além disso, esportes praticados na escola não têm a ver apenas com vencer — será que não podem apenas dar alegria? Considere uma conversa particular com o outro filho, perguntando se ele poderia oferecer incentivo para seu irmão em conflito. Apenas saber que o irmão está ao seu lado, geralmente, é o bastante para transformá-los em parceiros cooperativos, mas se o gêmeo em conflito continua demonstrando frustração mesmo depois de conversas com você e com o irmão, e isso apresenta impacto negativo sobre seu relacionamento com o gêmeo, considere permitir que ele deixe de praticar o esporte. Ninguém deseja ensinar os filhos, especialmente múltiplos, a serem "desistentes", mas se um deles continua demonstrando sinais de que sente desconforto por viver na sombra do irmão, talvez seja hora de tentar algo diferente e que somente ele pratique.

Embora tal situação seja rara, interfira quando os ataques verbais torna-ram-se cruéis ou quando um deles estiver em perigo físico. Entretanto, evite tornar-se um mediador constante, sempre julgando quem está com a razão. Você precisa ser imparcial e ensiná-los a trabalhar suas diferenças de formas construtivas.

O que os pais podem fazer

Embora seus gêmeos idênticos possam não tolerar competir um com o outro, alguns, pela natureza de seu ambiente, meio em que vivem e até mesmo por sua criação, podem sucumbir a isso. Outros tipos de gêmeos também podem sentir a necessidade de competir entre si. Lembre-se apenas: sempre que você mede um dos filhos pelas ações de outros, isso leva a uma comparação. Para combater a rivalidade e, ao invés disso, incentivar o comportamento cooperativo entre eles, lute contra o anseio de compará-los, seguindo estas dicas:

- Não presuma que seus gêmeos gostam da atenção pública de pessoas que sentem curiosidade sobre seu relacionamento — muitos se sentem bastante desconfortáveis quando estranhos e parentes os comparam. Pratique com seus filhos várias "saídas" para situações embaraçosas quando estranhos lhes fizerem perguntas incômodas. Quando lhes perguntarem, algo como quem é o mais velho ou quem é o mais esperto, ajude seus filhos a darem uma resposta (e ensaie com eles) que demonstre, de forma sucinta, mas educada, que a pergunta já é "manjada" — por exemplo, "Quem é o mais inteligente?", "Teremos a resposta apenas depois que deixarmos nossos cérebros para a ciência". Se os parentes e amigos continuam comparando seus filhos, converse com eles em particular, explicando gentilmente por que você gostaria que não fizessem mais isso.
- Combata a sua própria vontade de compará-los, pelo menos em voz alta. Mantenha reprimendas e problemas de disciplina concentrados na criança em questão e nunca toque no nome do outro gêmeo com comparações. Em vez de dizer: "Você sempre se atrasa. Espero que você esteja em casa no horário, como a sua irmã", tente "Você precisa esfor-çar-se para estar em casa na hora do jantar. Se achar que não poderá, pelo menos telefone." Além disso, faça cumprimentos ao indivíduo, não ao par. Por exemplo, substitua "Que beleza o seu trabalho escolar! Sua nota foi mais alta que a do seu irmão", por "Parabéns! Você se esforçou, e aí está o resultado!".

- Não exagere ao reagir às disputas entre irmãos, uma vez que isso às vezes alimenta a rivalidade. Não interfira na tentativa de resolver os problemas entre os dois, mas não se faça de surdo também, pois você poderá explodir quando a discussão aumentar de intensidade. Em vez disso, quando sentir que pode haver uma briga, aja no sentido de lembrar cada criança sobre o modo correto de discordar (ouvindo um ao outro, negociando e chegando a um meio-termo).

- Incentive todos os membros da família não apenas a torcerem pelos irmãos quando conquistarem algo, mas também a oferecerem consolo quando algo não der certo. Comente quando agirem de forma solidária um com o outro e elogie-os por isso.

- No que se refere à escola, nunca deixe que professores comparem as notas de um com as de outro. Insista em saber como cada criança se compara, individualmente com a classe como um todo. Ao marcar reuniões para discutir o progresso dos seus filhos na escola, marque sempre dois horários diferentes. Isso exige mais tempo, mas envia uma mensagem importante sobre como você gostaria que seus filhos fossem tratados.

- Encontre um equilíbrio entre elogiar um sem menosprezar o outro. Não há nada errado em congratular uma criança na frente do seu gêmeo, já que este precisa entender que é normal sentir inveja e orgulho ao mesmo tempo. Entretanto, ofereça parabéns em particular ao vitorioso. Isso mostra que você realmente percebeu seu sucesso, mas não à custa do irmão. Além disso, ofereça àquele que perdeu o prêmio a chance de ventilar suas frustrações e inveja. Dê apoio e lembre-o de suas conquistas passadas. Tudo isso deve ser feito sem recriminar sua raiva e mágoa — assuma o papel de ouvinte solidário.

- Minimize a importância da ordem de nascimento. Não lance os gêmeos no papel de "mais velho" e "mais novo", já que o "mais velho" desejará mandar no "mais novo", estabelecendo uma rivalidade no processo, pois o "mais velho" tentará manter sua posição de líder e o "mais novo" batalhará para desfazê-la. Isso é especialmente importante quando os gêmeos são os únicos filhos na família e a tentação para atribuir papéis de mais velho e mais novo é maior. Em vez disso, dê a cada criança uma oportunidade para ser a mais responsável, aquela que tem a prioridade. Por exemplo, reveze-os para levar bilhetes para o professor, levar a chave de casa, usar o computador primeiro, assinar o cartão de Natal da família etc.

- Se os gêmeos fizerem comparações entre eles mesmos ("Ei, minha nota foi mais alta que a sua no ditado na semana passada!"), permaneça isento e deixe

DE PAIS para OUTROS PAIS

"Eu cometi um grande erro. Deixei que Cortney (DZSSf) fosse responsável pelos dois. Se tinham de levar dinheiro para a escola ou para algo importante, eu o dava a Cortney, porque sabia que ela não o perderia. Depois, ao pensar nisso, percebi que não deixava Amber responsável por nada — Cortney assumira tudo. Era injusto com ambas, Até hoje, Amber não é muito responsável."

que a discussão prossiga até seus filhos cansarem do assunto. Ao chamar-lhes a atenção, mesmo que seja para mandá-los parar, você colocará muita ênfase no assunto e os incentivará a prolongá-lo. Uma tática melhor é desviar a conversa: "Ei, quem quer alugar um filme?"

- Examine suas visões pessoais sobre a competição. Se a sua família mantém uma atitude de "vencer a qualquer custo" e "ser o número um", então seus múltiplos internalizarão essa perspectiva. Em vez disso, minimize a competição e promova os benefícios do trabalho em equipe, cooperação e esforço conjunto em família. Elogie-os quando agirem de forma gentil um com o outro. Ajude-os a ver e apreciar as qualidades um do outro e a demonstrar essa apreciação com freqüência.

- Se os seus gêmeos sentem-se desconfortáveis com as comparações constantes na escola, considere colocá-los em classes diferentes. Se as comparações aumentarem, prejudicando o relacionamento entre os irmãos, talvez seja melhor colocá-los em escolas separadas, caso ambos se mostrem receptivos à idéia. O espaço físico entre o par pode ser exatamente o que desejam para buscarem seus interesses em seu próprio ritmo. Diversas famílias que entrevistei para este livro matricularam seus múltiplos em escolas de ensino médio diferentes, obtendo resultados positivos.

O LADO POSITIVO DA COMPETIÇÃO ENTRE GÊMEOS

No verão passado, na piscina comunitária, um dos meus gêmeos decidiu aprender a mergulhar. Após algumas dicas que lhe passei, ele já havia quase se transformado em um profissional, avançando rapidamente da lateral da piscina para a prancha de saltos.

ATIVIDADES EXTRACLASSE

Para muitos gêmeos, a participação em atividades extraclasse na mesma escola, como esportes de equipe e clubes sociais, nunca representa um problema (os meus três meninos estão na mesma aula de caratê sem problemas). Os gêmeos MZ com freqüência sentem-se atraídos pelos mesmos clubes e equipes em razão de sua conformação genética idêntica. Alguns múltiplos também são grandes companheiros de equipe, ajudando-se no aperfeiçoamento técnico. Outros adoram ver os irmãos como oponentes a qualquer hora do dia. Para os pais, às vezes, isso se torna uma questão prática — é infinitamente mais fácil ter todos os filhos em um só lugar, concentrados no mesmo esporte ao mesmo tempo (ninguém gosta de servir de motorista todas as tardes).

Ainda assim, quando os gêmeos são forçados a praticar o mesmo esporte ou atividades simplesmente por conveniência, isso pode não dar certo. O que acontece se têm capacidades diferentes e um deles não consegue competir no mesmo nível que o irmão? Ou se o outro simplesmente não tem os mesmos interesses? Os pais devem captar os sinais enviados por seus filhos e ser sensíveis aos seus interesses e habilidades.

- Embora nenhum pai ou mãe queira incentivar uma criança a desistir das coisas, alguns múltiplos têm razões veladas para desejarem cessar a prática de determinado esporte ou ser um membro de determinado clube. Seja sensível para as razões do seu filho — será que a menina sente-se ofuscada pelo irmão gêmeo, embora também adore o que fazem juntos? Talvez a freqüência em diferentes classes ou em dias diferentes seja a resposta. Ou será que ela continua praticando um esporte pelo qual sente pouco interesse ou talento simplesmente porque não quer perder a aprovação dos pais por seus esforços?

- Não coloque o foco somente no "astro" do atletismo e em suas conquistas, ignorando o apoio oferecido pelo outro durante as competições. Isso apenas aumentará a rivalidade entre eles. Em vez disso, elogie o esforço, a cooperação e a solidariedade. Lembre seus filhos de que competições esportivas devem ser algo divertido e que aprender uma nova habilidade é o mais importante; vencer deve ser secundário.

- Esteja aberto à experimentação — um dos gêmeos pode desejar experimentar algo único e diferente de seu irmão, um esporte ou uma atividade na qual possa brilhar sozinho. Dê-lhe a opção de tentar.

Eu me sentei na borda, torcendo por ele como qualquer mãe corajosa faria. Entretanto, seu irmão logo percebeu o que estava acontecendo. Talvez porque desejasse minha aprovação ou porque não suportasse ver o outro dominando uma habilidade que ele ainda não dominara ou, ainda, porque simplesmente parecia muito divertido, em instantes ele também estava no alto da prancha, berrando: "Ei, mãe, olhe eu aqui!" antes de saltar de cabeça na água.

Quem disse que toda a rivalidade entre irmãos é ruim? Ela pode percorrer todo o espectro, indo de um extremo a outro — da tensão constante e dor emocional entre irmãos à bagunça alegre em que os duelos verbais não apenas são interessantes, mas formam a base para um relacionamento forte e maduro. Para a maioria das crianças, a rivalidade e a cooperação com irmãos oscila entre os dois extremos, do ocasional "Quero matar você!" até "Você é meu melhor amigo" e tudo o mais entre esses pólos.

> ## DE PAIS
> ### para OUTROS PAIS
>
> "Às vezes, Victoria e Kate (MZf) escolhem um estilo de natação no qual desejam superar uma à outra — Victoria escolhe borboleta ou livre e Kate opta por nado de costas ou livre. Elas já competiram em velocidade e em revezamento e decidiram vencer sempre que pudessem, mesmo se tivessem de atrapalhar a outra para isso. Sinto orgulho, porque até agora a competição tem sido saudável. Espero que permaneça assim, especialmente quando estiverem no ensino médio e na faculdade. Não é fácil ser uma garota que tem exatamente a mesma aparência de outra."

Entretanto, quais são as vantagens de competir com o próprio irmão? Inúmeras, dizem os especialistas. Muitos acreditam que a rivalidade ajuda no desenvolvimento da personalidade e do ego. Em outras palavras, crianças que competem umas com as outras têm um senso maior de autonomia e maior individuação, que, como você viu nos capítulos anteriores, é essencial para todas as crianças, mas, às vezes, parece mais difícil para múltiplos. A competição também age, com freqüência, como um estímulo para maiores conquistas.

Ao ver o irmão esforçando-se e recebendo cumprimentos por seu sucesso, um gêmeo pode esforçar-se um pouco mais também. Contudo, na maior parte dos casos, mesmo quando pleno de competitividade, o vínculo entre irmãos ensina estratégias de manejo para o futuro e habilidades de socialização no mundo em geral.

DE PAIS
para OUTROS PAIS

"Eles sempre se ajudaram na escola, mas agora parecem mais competitivos um com o outro. Ainda assim, vejo algo de útil nisso, já que, se um recebe uma nota mais baixa, sente-se na obrigação de fazer melhor. O interessante, porém, é que quando um deles tem uma nota mais baixa, os dois sofrem. Assim, se Allan (MZm) recebe um 'A' em leitura e Alexander (MZm) recebe um 'B', Alexander sente-se obrigado a fazer melhor na próxima vez, mas Allan o consola, dizendo que tudo ficará bem, mesmo se isso não ocorrer."

Os grandes debatedores

Embora muitas vezes sejam companheiros maravilhosos, os gêmeos podem ser ainda melhores no duelo de palavras. Mas será que isso é tão ruim? Não é agradável para os pais ouvir seus filhos brigando, mas muitas dessas guerras verbais podem, de fato, ajudar os múltiplos a desenvolver a arte da negociação. Ao tornarem sua perspectiva conhecida, eles aprendem a manejar e resolver conflitos, ou, no mínimo, a incentivar grandes debates, uma vez que cada um tenta transmitir seu ponto de vista de forma convincente para o outro gêmeo. Em resumo, eles aprendem como resolver problemas por conta própria (isto é, se os pais conseguirem não interferir). Todas essas são habilidades sociais que as crianças aprendem desde cedo e, uma vez dominadas, podem ser usadas eficientemente na idade adulta, quando lidarem com futuros companheiros, parceiros e, até mesmo, colegas de trabalho.

Decatlo acadêmico

Em nossa escola de ensino fundamental, temos um programa independente de leitura, em que as crianças lêem o livro que desejarem, no seu próprio ritmo,

DE PAIS
para OUTROS PAIS

"Guinevere e Meredith(MZf) vivem competindo. Por exemplo, no Natal nós demos um livro de presente a Meredith. Ela adorou e começou a contar a história para Guinevere. Esta se interessou, mas não conseguiu esperar que a irmã terminasse a leitura e pegou o mesmo livro na biblioteca da escola. Na maior parte das vezes, a competição é amistosa — não há insultos ou maldade na comparação. Acho que isso as levou a progressos na escola, já que têm uma exposição dupla a muitas coisas."

e depois se submetem a testes de compreensão sobre suas leituras.

Elas marcam pontos e recebem medalhas, de acordo com suas conquistas individuais. Ao saber que seu irmão avançara recentemente para o próximo nível, um dos meus filhos começou a ler mais, para poder equiparar-se ao irmão. O que começou como necessidade transformou-se em passatempo, já que ele agora é um leitor tão voraz quanto seu irmão. E então, será que isso é tão negativo?

Muitos gêmeos competem academicamente com seus irmãos, de uma forma consciente ou inconsciente. Se os dois estão no mesmo nível de desenvolvimento, isso com freqüência vem em seu favor enquanto tentam superar-se ainda mais.

E TODOS VIVERAM FELIZES PARA SEMPRE

> **DE PAIS para OUTROS PAIS**
>
> "Interessantemente, no primeiro ano da faculdade Todd e Dan (DZSSm) recusaram-se a jogar tênis em dupla, porque isso lhes parecia 'uma coisa gêmea demais'. Em vez disso, formaram dupla com outros colegas. Eles também jogaram sozinhos, em vez de em duplas naquele ano. Entretanto, no último ano da faculdade, perceberam que ninguém acharia que estavam sendo 'gêmeos demais' jogando juntos e também reconheceram que podiam ter mais sucesso se unissem suas forças!"

Comparar e contrastar seus múltiplos provavelmente é inevitável (como você já sabe), mas não precisa ser nocivo para o relacionamento entre eles. Relacionamentos ternos e cooperativos entre todos os membros da família são possíveis se você tentar evitar comparações e comentários desnecessários ou potencialmente prejudiciais. Lembre a si mesmo e aos seus filhos que todos têm talentos e dificuldades para coisas diferentes, em diferentes momentos da vida. Ainda assim, no que se refere a pessoas fora da família, sempre interfira quando as comparações forem incômodas para seus múltiplos. Lembre-se, você é o maior defensor de seus filhos.

capítulo 6

Repense a igualdade de tratamento e combata o favoritismo

Lembra-se de todos aqueles primeiros presentes de aniversário, Natal e Páscoa que você deu aos seus múltiplos? Se você é como a maioria dos pais de gêmeos, provavelmente deu aos seus filhos exatamente o mesmo presente (duas bicicletas bem parecidas, por exemplo), brinquedos complementares (um que funcionaria bem com o outro, como dois conjuntos do mesmo bloco de montar ou duas bonecas com estilos diferentes de roupas), ou o mesmo presente, mas com cores diferentes (*Game Boys* vermelho e azul, talvez?). Todos já fizemos isso! Em primeiro lugar, agíamos assim porque dessa forma não teríamos brigas entre os gêmeos, desde que a cor estivesse certa. Embora soubéssemos que não precisávamos e não deveríamos tratar os gêmeos como uma única pessoa, parecia mais fácil agir assim, como uma dor de cabeça a menos. Além disso, algo dentro de nós dizia que se não déssemos presentes complementares, estaríamos favorecendo, de algum modo, a um ou a outro.

Certamente, agora seus filhos já demonstram preferências por diferentes brinquedos, livros e aparelhos eletrônicos, e a cada ano são atendidos, mas você provavelmente ainda encontra maneiras de garantir que tudo seja repartido de forma justa. Talvez agora você calcule o número de presentes e seu custo, para ter certeza de que são equivalentes.

> ### DE PAIS
> ### para OUTROS PAIS
>
> "Eu presumo automaticamente que terei de pensar em alguma compensação para um deles (MZm) se o outro ganhar algo. Eu entendo, em teoria, que eles precisam aceitar que às vezes um receberá algo e o outro não e que a vida é assim mesmo. O mundo lhes dá essas oportunidades, mas eu considero difícil colocar esse ensinamento em prática. Quando acontece no mundo, eu não faço o impossível para consertar as coisas. Entretanto, eu realmente tento reconhecer a tristeza de um mundo de oportunidades desiguais."

Contudo, se um deles precisa de um novo par de tênis, será que você se sente obrigado a comprar um par também para o outro? Se um deles precisa de um tempo a sós com você para contar sobre um dia ruim na escola, você chama o outro logo depois e tenta passar um tempo igual a sós com ele? E se você tem triplos ou quádruplos? Garantir que tudo seja distribuído do modo mais uniforme possível certamente cria pressão.

Por que você faz isso? Talvez seja sua tentativa extrema de ser justo porque você acha que precisa amá-los de modo igual. Ou talvez, apenas talvez, você tente tratar cada um da mesma maneira para compensar a culpa por gostar ou apreciar mais a companhia de um dos seus filhos. O favoritismo, embora exista em praticamente todas as famílias em algum grau (e isso não é mais comum em uma família com múltiplos), parece ser mais flagrante e visível quando ocorre em uma família com gêmeos ou triplos. Essa é uma emoção não apenas difícil de comentar, mas ainda mais difícil de admitir.

EU SÓ QUERO SER JUSTO!

Qual é a sua definição de "justo"? O dicionário diz: "Que é conforme à justiça, à eqüidade, à razão" (Houaiss). Ele não diz: "Aquele que trata todos exatamente da mesma forma". Ainda assim, como mãe/pai amoroso, você não quer passar a impressão de ser parcial. Afinal, seu desejo é que todos os seus filhos, especialmente seus múltiplos, saibam que são igualmente amados. Porém, será que é possível amar igualmente? Você precisa amar assim?

No dia-a-dia em família, você costuma policiar-se para ser igualitário com todos os seus filhos? Se sim, saiba que não está sozinho. Eu me lembro de uma vez em que meus meninos, que mal haviam começado a andar, foram comigo ao supermercado para as compras da semana. No balcão do caixa, cada um recebeu um balão da atendente, mas quando chegamos ao carro, um dos garotos já havia soltado o seu balão. Entre lágrimas e gritos de frustração, sua mão tentava agarrar o balão vermelho do irmão. Com pressa, eu não podia voltar para pedir outro, de modo que meu primeiro pensamento foi retirar o balão vermelho do outro gêmeo, para igualar as coisas. Parece loucura, certo? Ainda assim, eu queria que tudo fosse igual, mesmo se tivesse de ouvi-los chorar juntos. Felizmente, resisti ao anseio e, em vez disso, dei muitos abraços e beijos no filho que chorava.

Todos os pais que entrevistei para este livro criticavam-se, em retrospecto, por demonstrarem amor e afeto e distribuir presentes de um modo igual para seus múltiplos. Alguns chegaram a confidenciar que faziam o possível e o impossível para dar o mesmo aos dois. Uma das mães contou-me que quando um dos filhos foi aceito em um programa para alunos superdotados da escola, mas o outro não, ela declinou secretamente o convite de participação daquele filho, por medo de, com isso, gerar rivalidade entre os filhos.

Outra contou-me uma história semelhante. Havia apenas certo número de vagas para a feira de ciências da escola, e os felizes participantes seriam escolhidos por sorteio. Nervosa, ao pensar que talvez apenas um dos filhos pudesse ser escolhido, ela convenceu os professores a colocar os nomes dos dois meninos em uma única folha de papel.

Tenho certeza de que você também tem histórias para contar. Talvez já tenha sentido culpa por ter feito palhaçadas em brincadeiras deliciosas com um dos gêmeos no chão da cozinha. O outro, vendo toda a diversão, exigiu o mes-

> **DE PAIS para OUTROS PAIS**
>
> "Sempre tentamos ser justos — é natural, para nós. Como mãe, tenho muita consciência sobre essa questão. Agora que estão mais velhos, meus filhos querem coisas diferentes, mas ainda tenho dificuldade em comprar algo para um, mas não para o outro. Nesse último Natal, Ryan (zigosidade desconhecida) fez uma lista de coisas que gostaria de ter. Christopher não fez uma lista, mas pediu um relógio de pulso novo. Terminei comprando para Christopher praticamente o mesmo tipo de coisas que Ryan pediu, e comprei relógios novos para os dois. Tentei não agir assim, mas não resisti. Detesto a idéia de um deles pensar que recebeu menos que o irmão. Ao mesmo tempo, sabemos que o mundo não é justo, e eu tento ajudá-los a entender que nem tudo sempre será igual para ambos."

mo, mas já estava na sua hora de fazer o jantar ou aprontar-se para ir trabalhar. A culpa a invadiu enquanto você se afastava e o gêmeo lamentava-se: "Não é justo!" Ou talvez você tenha chamado um dos seus filhos para escutar uma música ou ler um livro que o agradava, mas sentiu-se culpada, no fundo, por não incluir o outro.

Os pais de múltiplos sempre parecem medir suas ações, garantindo que todos os irmãos recebam quantidades iguais de amor, atenção e, sim, até mesmo de sobremesa. É como se existisse uma balança interna dentro de cada mãe, pesando todos os seus movimentos e anotando o que dá a cada filho.

Por que fazemos isso e por que precisamos parar

A maior parte dos gêmeos em idade escolar exige que os pais os tratem com igualdade, e para eles isso geralmente significa receber o mesmo. ("Se ela ganhou botas novas de couro, eu também quero!"). Os pais, que não desejam demonstrar um tratamento preferencial, tentam oferecer o mesmo e, muitas vezes, dão a cada gêmeo exatamente o que o outro tem, não importando se precisa ou não. Se uma filha insiste em ficar acordada até as dez da noite, como a irmã, mas dormiu na casa da colega na noite anterior e está exausta, você provavelmente cede ao seu desejo, mesmo se isso não é o melhor para ela.

Ainda assim, especialistas em educação infantil concordam: na verdade, é injusto tentar tratar cada gêmeo exatamente da mesma forma. Em primeiro lugar, não importa o quanto se pareçam, eles são diferentes, únicos e têm necessidades distintas. Ao tratar todos os múltiplos exatamente da mesma forma, você nega a individualidade deles. Nunca é realmente possível tratar todos os seus filhos exatamente do mesmo modo, e você não deve tentar fazê-lo. Gêmeos formam uma dupla esperta e, se percebem que você duvida de suas habilidades como pai ou mãe e cede às exigências deles ("Ele ganhou jeans novos, então também quero!"), logo percebem que a pressão conjunta dá muito poder em sua casa. Um estudioso apontou que, se gêmeos de sexos opostos são tratados constantemente de forma igual, sempre ganhando o mesmo quanto a atenção e posses, os pais podem estar tratando os filhos como um par do mesmo sexo, privando-os de sua sexualidade inerente. Ainda que você possa pensar nisso como um exagero, a idéia principal permanece verdadeira — não podemos automatizar nossas respostas aos gêmeos. Todas as crianças devem ser tratadas de forma única, com base em suas necessidades. Esse é o verdadeiro sentido de justiça.

Além disso, você não está fazendo nenhum favor aos seus filhos protegendo-os da desigualdade; quando crescerem e não estiverem mais sob sua proteção, eles perceberão rapidamente que o mundo é, de fato, um lugar injusto. À medida que avançam na escola, um ou outro receberá alguma recompensa por determinada conquista, levando o outro a lamentar-se: "Não é justo! Eu também deveria receber um prêmio!" O que você fará? Insistirá para que o outro também receba o prêmio? Ou, pior, não permitirá que o vencedor receba sua recompensa? Em vez disso, como pai ou mãe, sua responsabilidade é apontar gentilmente que o mundo é assim, e deixar que aquele que não recebeu o prêmio ventile suas emoções.

É perfeitamente normal um dos gêmeos sentir ciúme e alegria quando seu irmão conquista algo, mas é importante que o perdedor parabenize o vencedor, já que isso é parte de ser um membro da família. Sentir inveja e alegria ao mesmo tempo pode parecer contraditório, mas é perfeitamente normal e deve ser validado. Lembre o perdedor de que sempre existirão diferenças entre os dois em quase todos os aspectos de suas vidas (social, acadêmica e fisicamente). Ajude-o a ver que essa rejeição não é para sempre e que ele terá muitas oportunidades para brilhar também. Em vez de proteger as crianças de desapontamentos inevitáveis, os pais, os parentes e até mesmo os professores precisam ajudá-los a compreender e a aceitar a rejeição como parte da vida.

> **DE PAIS para OUTROS PAIS**
>
> "Desde cedo, incutimos nas meninas a idéia de que não compramos coisas sem razão em nossa casa. Sheila (DZSSf) sempre via mais injustiça e se manifestava com mais freqüência a esse respeito, enquanto Ginny era mais tranqüila. Se um dia, porém, encontrásse Ginny chorando no quarto e perguntássemos qual era o problema, ela vinha com tudo o que a incomodava e, no meio de seu desabafo, havia sempre algo como: "Você comprou jeans novos para Sheila, mas não comprou para mim." Eu a abraçava e beijava, dizendo-lhe que a amava e que ela não precisava de calças novas."

O que os pais podem fazer

Todos os pais querem demonstrar que amam seus filhos de forma completa e igual. Ainda assim, isso não significa que você precisa literalmente dar a cada filho quantidades iguais de tudo. Aqui estão algumas outras idéias para combater a febre da igualdade:

- Pense em singularidade. Não é preciso amar seus filhos igualmente, mas, sim, de modo único. Cada criança tem algo especial a oferecer e, conseqüentemente, tem talentos e traços de personalidade individuais. Concentre-se em amar os atributos que tornam cada um dos seus filhos excepcional.

- Nunca menospreze, ignore ou diminua as conquistas de um dos gêmeos para poupar mágoas ao outro. Os pais não devem menosprezar ("Não fique tão chateado porque seu irmão venceu. Era apenas a feira de ciências da escola, nada em nível nacional") ou mesmo negar as conquistas de um gêmeo, como o recebimento de uma bolsa de estudos, apenas porque seu irmão gêmeo não ganhou o mesmo. Além disso, os pais precisam pensar duas vezes antes de oferecerem um incentivo (como um carro novo) para que os dois conquistem alguma meta, seja ela acadêmica, atlética ou social. O que acontece quando apenas um deles atinge a meta? Que mensagem isso enviará ao gêmeo que simplesmente não conseguiu superar o desafio?

- Ensine seus filhos a serem bons esportistas; incentive-os a dar parabéns sinceros um ao outro, não importando os sentimentos negativos. Lembre a cada criança que esta não é uma competição apenas entre os dois. Elogie-os quando cumprimentarem um ao outro.

- Em virtude de seu ambiente e desenvolvimento compartilhados, os múltiplos precisam de alguma ajuda adicional para lidarem com as emoções negativas de inveja e raiva que ocorrem quando um recebe ou conquista algo,

DE PAIS
para OUTROS PAIS

"Eu sempre dava a Andy e A.J. (DZOS) a mesma quantidade de tudo — alimentos, camisas, calções, sapatos etc.. Se um queria um brinquedo, eu tinha de comprar também para o outro. Ainda assim, acho que o problema é mais comigo que com eles. Eles não parecem realmente se importar, agora que começam a gastar um pouco do seu próprio dinheiro. Eu agi assim porque não queria que pensassem que eu favorecia um deles quando apenas um precisava de algo. Estou melhorando agora que percebo que os dois têm diferentes desejos e necessidades."

ENTENDA O FAVORITISMO

O favoritismo (preferir a companhia de um filho à de todos os outros) ocorre em todas as famílias, em maior ou menor grau. Em famílias saudáveis, porém, uma criança não é sempre a favorita. Cada uma delas é favorecida por características diversas em diferentes momentos de sua vida. Além disso, pais mentalmente sadios reconhecem suas preferências e fazem tentativas conscientes para manter todos os relacionamentos equilibrados.

mas o outro não. Pais, professores e até mesmo treinadores esportivos precisam ter consciência da complexidade do relacionamento entre múltiplos. Eles não devem esforçar-se demais para igualar a situação, mas, em vez disso, ajudar o gêmeo desapontado a lidar com a sensação de fracasso.

Interessantemente, estudos indicam que famílias maiores podem ter um controle maior sobre o favoritismo que outras, já que pais com muitos filhos precisam distribuir amor para todos eles. Esses filhos, por sua vez, com freqüência sentem-se como uma equipe que trabalha junta para um objetivo comum. Além disso, crianças criadas em grandes famílias, muitas vezes, apegam-se a um irmão como companheiro de confidências, brincadeiras e companhia, compensando assim os dias em que a mãe ou o pai podem precisar dedicar atenção e tempo adicionais para determinado filho.

Às vezes, em famílias com filhos não-gêmeos, a questão do favoritismo não é tão perceptível porque os pais podem qualificar facilmente suas preferências: "Ela é a minha garotinha. Até o irmão mais velho a adora", ou "Ele é o mais velho e o mais responsável de todos os meus filhos." Ainda assim, em famílias com gêmeos, especialmente quando são os únicos filhos, a preferência por um pode ser flagrante e óbvia,

---

DE PAIS para OUTROS PAIS

"Já senti favoritismo, mas acho que diz respeito a ter mais em comum com o filho favorecido. Eu me sentia culpada por não passar tempo o bastante com a outra gêmea (DZSSf) e tentava colocar mais esforço nesse relacionamento. Além disso, com o conjunto mais novo de gêmeas (DDZSSf), uma é mais sensível que a outra, e tenho a tendência a me aproximar mais dela. Contudo, ao mesmo tempo, reconheço que a outra gêmea pode estar se manifestando mais fisicamente apenas para ganhar minha atenção. Assim, eu tento ver também suas necessidades."

Criando gêmeos e múltiplos em idade escolar

pelo menos para o pai ou a mãe que a sente. Embora esse vínculo possa não ser incomum, a culpa associada à preferência por um dos filhos pode ser prejudicial para a família. Se não for abordado de forma saudável, o favoritismo pode tornar-se insidioso e duradouro.

Como começa o favoritismo?

O favoritismo costuma infiltrar-se insidiosamente nas famílias. As explicações para o fenômeno são variadas, especialmente para famílias com múltiplos, nas quais as experiências das mães são muito diferentes daquelas famílias com crianças não-gêmeas. Por exemplo, uma mãe que acabou de dar à luz gêmeos pode descobrir-se preferindo o bebê mais gordinho, mesmo quando o outro é saudável e tem peso apropriado. Alguns estudiosos especulam que talvez o bebê menor seja a manifestação das ansiedades pré-natais da mãe. Ela se preocupou durante meses com a possibilidade de seus filhos nascerem com peso abaixo do normal e agora um deles é de fato menor, tornando seu temor uma realidade. Por outro lado, algumas mães preferem o "bebê mais tranqüilo", aquele que chora menos, dorme melhor ou mama com voracidade. Com freqüência, quando os múltiplos são muito jovens, um dos pais parece ter mais afinidade com um dos bebês (o pai tem mais jeito para fazer o uma das crianças parar de chorar que a mãe). Entretanto, o que começa como algo prático ("Por favor, tome conta, ele está chorando de novo") pode transformar-se em algo mais duradouro, passando muito do estágio do choro dos primeiros meses. Há ainda um terceiro cenário: uma vez que o pai quase sempre precisa ajudar com fraldas e alimentação, nos primeiros meses, cada um dos pais pode, sem perceber, vir a cuidar de apenas um dos bebês. Uma questão prática e inocente pode, às vezes, transformar-se em uma preferência para toda a vida (ele é o "bebê da mamãe" e ela é o "bebê do papai").

Outro estudo descobriu que muitos pais mantêm uma preferência maior pelo gêmeo que teve alta antes do outro. No estudo de 166 conjuntos de gêmeos, 35 pares deixaram o hospital em momentos variados, enquanto os 131 conjuntos restantes saíram no mesmo dia. As mães então comentaram sobre seus sentimentos em relação a cada um dos filhos. Os dois que saíram na mesma época eram vistos favoravelmente pelas mães, mas os múltiplos que tiveram alta hospitalar em diferentes momentos eram vistos diferentemente — a criança que saía antes era classificada de forma mais positiva que seu gêmeo, que ficara um pouco mais no hospital. O estudo indicou, ainda, que, quanto maior o período de permanência da criança na unidade de cuidados intensivos para recém-nascidos (UCI), mais negativamente ela era percebida por sua mãe. Embora fosse perfeitamente saudável, aos olhos da mãe esse bebê precisava de mais atenção, era mais inquieto e difícil de cuidar que seu irmão.

A forma como essa preferência começa é compreensível. A mãe está em casa, amamentando e se apegando ao novo bebê, enquanto o outro bebê ainda está na UCI. Ela cria uma rotina com aquele que está em casa e pode ter dificuldade para ir ao hospital diariamente para ver e dar carinho ao outro filho. Emocionalmente exausta, ela pode relutar, inconscientemente, em começar o processo de apego novamente, quando esse gêmeo finalmente for para casa. Embora tais reações sejam normais, muitas mães (e pais) escondem esses sentimentos negativos, e, sem apoio e tranquilização sobre suas emoções, essas preferências podem continuar até os filhos atingirem a idade adulta. As implicações desse estudo são muito importantes, porque apontam a necessidade de reavaliar se múltiplos devem receber alta hospitalar em diferentes momentos. Ou, no mínimo, talvez os hospitais devessem considerar a oferta de apoio psicológico para pais de múltiplos cujos filhos nascem prematuros e exigem uma permanência extensa na UCI.

Às vezes, o favoritismo tem a ver com os papéis que as crianças assumem na família. Por exemplo, se um dos filhos passou por um estágio de falta de jeito para tudo, derramando constantemente seu leite na mesa de jantar ou deixando garrafas cair acidentalmente, enquanto ajudava a guardar as compras do supermercado, quando algo dá errado em casa ele pode ser automática e injustamente acusado, podendo ressentir-se com as acusações e começar a mentir quando realmente quebra ou derrama algo. Seu irmão, por sua vez,

DE PAIS
para OUTROS PAIS

"Eu tinha uma tendência a favorecer meu filho (DZOSm) porque era uma delícia ficar com ele, por ser mais calmo. Eu cuidava de minha filha (DZOSf) e a amava, mas sempre era mais difícil. Eu sabia que não poderia mudar sua personalidade, de modo que tive de trabalhar meus sentimentos para ajudá-la a crescer. Às vezes, passava-me pela mente que minha filha nunca deveria ter nascido gêmea, porque exigia muita atenção. Se eu lhe dava um tapinha no ombro uma vez, mas dava dois no ombro do seu irmão, ela percebia. Se eu o servia primeiro duas vezes seguidas, ela reclamava, sempre notando meus deslizes. Na verdade, posso jurar que foi assim que minha filha aprendeu a contar."

pode sentir-se culpado por deixar que o outro seja descuidado e agir de modo especialmente bom, para contrabalançar essa situação. A partir daí, logo um padrão se estabelece: o gêmeo aparentemente desajeitado assume seu papel, a mãe ou o pai o reforça e o outro gêmeo transforma-se no "bonzinho" para contrabalançar o papel do irmão. Antes que se perceba, já não há imparcialidade em relação aos filhos.

Finalmente, às vezes, o tipo de gêmeo tem a ver com a preferência dos pais. Quando gêmeos fraternos têm personalidade e aparência muito diferente e são os únicos filhos na família, cada pai pode identificar-se com um dos filhos. A mãe pode sentir-se atraída pelo filho que se parece mais com o seu lado da família, enquanto o pai pode ligar-se mais à criança cujo temperamento ou os interesses afinam-se mais com os seus. O que começa como um compartilhamento inocente de interesses ou preferências semelhantes pode transformar-se em uma preferência forte e, talvez, nada saudável, por cada um dos pais, se não for trabalhada.

As conseqüências do favoritismo

Entenda que os pais sempre terão certo favoritismo ou preferência por um filho sobre os outros, em dado momento, mesmo em muitas famílias com filhos não-gêmeos. Em razão do temperamento da criança ou de interesses afins — esportes, música, arte, ciência, moda etc. —, os pais preferem, compreensivelmente, passar mais tempo com aquela criança. Isso geralmente não é problema, exceto se ocorre em detrimento de outros filhos. Entretanto, uma identificação excessiva com um dos filhos nunca é algo bom, porque pode turvar a linha entre pai e filho, fundindo lentamente os dois papéis. O que aconteceria, por exemplo, se houvesse um divórcio ou morte na família, deixando emocionalmente exilada a criança desfavorecida?

O favoritismo também tem um efeito interessante sobre alguns gêmeos. Uma vez que gêmeos idênticos (MZ) têm uma forte ligação mútua, eles com freqüência evitam sentimentos como inveja e ciúme um do outro a todo custo. Alguns tornam-se, instintivamente, o mais semelhantes possível para evitar o ciúme. A lógica para isso é que, se são iguais, receberão o mesmo, serão igualmente amados e cuidados da mesma forma. Às vezes, ainda, eles se apegam mais estreitamente com um dos pais e depois adotam o papel desse membro do casal dentro do contexto de seu relacionamento. Esse comportamento, ocasionalmente, torna-se claro em gêmeos mais novos, quando um deles "banca" a mãe para o outro ou assume o papel de protetor.

Quando a mãe ou o pai mostra uma inclinação para um dos filhos, a dinâmica familiar é perturbada. Tal desequilíbrio pode trazer sensações de insegurança às crianças, e muitos podem não querer separar-se um do outro, o que posteriormente prejudica seu senso de individualidade. A criança menos favorecida pode temer passar um tempo sozinha com o pai ou a mãe, sabendo ou sentindo que não há uma ligação forte, e apenas se aventurará a sair com essa mãe ou pai se o irmão gêmeo for junto, para agir como uma rede de segurança. Sentindo o que acontece, o gêmeo favorecido geralmente concordará, no anseio de proteger o irmão.

Em raras ocasiões, ao perceber que seu irmão é o filho preferido, o outro desistirá do relacionamento para evitar a rivalidade ou poderá formar uma dependência não saudável do irmão como um modo de se aproximar mais dos pais. Se ficar mais próximo do irmão, segundo essa lógica, ele certamente receberá amor e atenção, ainda que apenas por estar ali. Esse relacionamento nocivo pode continuar durante a vida inteira, com o vínculo entre os gêmeos transformando-se em uma combinação doentia de rivalidade e companheirismo confiável.

Como pai ou mãe, é terrível descobrir que preferimos um filho ao outro. Em resposta a essas emoções incômodas, um pai ou uma mãe pode tentar supercompensar, permitindo que o gêmeo menos favorecido receba mais tolerância, em casa ou em público, violando regras e saindo impune com maior freqüência do que a família normalmente permitiria. Entretanto, em vez de aliviar a culpa, isso na verdade intensifica os sentimentos negativos. É um círculo vicioso — a criança desfavorecida vê que a mãe pode ser manipulada e continua com o mau comportamento, reforçando a antipatia ou a desconsideração inicial da mãe. Por outro lado, se um dos pais permanece firme com as regras domésticas, a criança aprende que o comportamento negativo não cede recompensas. No fim, ela se comportará, e o mais provável é que suas ações positivas sejam também vistas sob uma luz mais favorável.

Favoritismo e adolescência

Embora a maior parte dos estudos empíricos do passado tenha se concentrado nos efeitos do favoritismo sobre múltiplos pequenos, o que acontece quando essas crianças crescem? Muitos estudos recentes abordam essa questão. Um grande estudo, já publicado, observou particularmente o tratamento diferencial por parte dos pais — como eles se comportam em relação a um dos filhos, em comparação com o outro — e seu efeito sobre o apego da criança à mãe ou ao pai. Usando questionários confidenciais e padronizados, 174 gêmeos adolescentes classificaram o afeto e o controle dos pais, assim como sua própria auto-estima e ansiedade em situações sociais e pessoais, para tentar determinar se há uma ligação entre o tratamento recebido pelos pais (como vivenciado pelos gêmeos) e o ajuste social relatado por esses gêmeos. Os resultados mostraram que, em famílias nas quais as crianças percebiam um tratamento diferente por parte dos pais, a criança desfavorecida sofria com insegurança quanto ao apego aos pais, ansiedade e baixa auto-estima.

Além disso, outros estudos indicam que a percepção de favoritismo dos pais pelos filhos desfavorecidos pode ser prejudicial para o relacionamento entre os irmãos — os dois sofrem. Por um lado, a criança desfavorecida com freqüência sente-se hostil e ciumenta e, muitas vezes, mostra-se mais confrontadora em relação ao irmão gêmeo que recebe menos disciplina e mais apoio positivo dos pais. A criança favorecida pode sentir uma culpa enorme por ser preferida ou pode achar que tem muito em jogo e precisa manter seu *status* como a criança mais amada, resultando em níveis maiores de ansiedade. As crianças desfavorecida e favorecida eram mais destrutivas, em termos físicos e verbais, também no que se referia à resolução de conflitos. Além disso, elas viam seus pais de um modo mais negativo que os filhos de famílias sem favoritismo. O resultado é, com freqüência, um relacionamento desequilibrado e distorcido, uma condição que pode continuar durante a vida adulta.

De fato, outro estudo muito recente confirma que a preferência pelos pais continua mostrando seus efeitos sobre a saúde mental de jovens adultos. Os estudiosos descobriram que gêmeos de vinte e dois a trinta anos de idade que se sentiam igualmente próximos do pai e da mãe durante a infância agora sofriam menos depressão e nervosismo do que aqueles que se viam como desfavorecidos.

O que os pais podem fazer

Se você se sente mais ligado a um dos seus gêmeos, tenha em mente que essa é uma emoção normal. Não sinta culpa! O segredo, porém, é não demonstrar esses sentimentos para o gêmeo menos favorecido para que ele não se sinta menos amado.

Além disso, tente construir uma ligação com esse filho. Aceite que o favoritismo acontece e que você não é um pai ou uma mãe ruim por causa dele. Perceba, também, que o favoritismo por um filho não foi gravado em pedra

Repense a igualdade de tratamento e combata o favoritismo | 141

— as circunstâncias mudam enquanto crescemos e amadurecemos. A eliminação do favoritismo não apenas é o melhor para o vínculo entre pais e filhos, mas também terá um impacto positivo no relacionamento entre os irmãos. Com isso em mente, você pode tomar algumas providências desde já para corrigir o equilíbrio do afeto oferecido ao filho favorecido e ao desfavorecido.

- Lembre-se, o adulto é você. É você quem precisa mudar. Tente localizar o que, exatamente, você considera difícil em uma criança e por que, e então torne este o ponto de partida para trabalhar seus sentimentos. Tente não reagir impulsivamente ao comportamento desse filho e faça uma pausa antes de responder. O simples fato de agir de modo mais carinhoso em relação à criança menos favorecida ajudará a gerar sentimentos mais positivos. Tente de modo consciente tornar -se mais disponível física e emocionalmente para a criança menos favorecida.

DE PAIS
para   OUTROS PAIS

"Embora seja muito difícil admitir, acreditava que um dos meus filhos (MZm) me amava mais do que o outro, o que me levava a favorecê-lo. Agora, eu acho que o outro apenas não conseguia expressar seus sentimentos. Desde que ele saiu de casa para cursar a faculdade, sua capacidade para demonstrar emoções melhorou muito e já conseguimos expressar mais o nosso amor um pelo outro."

- Passe mais tempo a sós com a criança menos favorecida, saindo sozinho com ela ou executando projetos, mesmo que simples, como preparar o jantar, ler uma história juntos ou jogar cartas ou um jogo de tabuleiro.

- Tente interessar-se mais pelo mundo da criança menos favorecida e por sua vida. Pergunte sobre seus passatempos, seus sonhos para o futuro e suas matérias favoritas na escola. Depois, tente encontrar um terreno comum para conversas. Demonstre interesse por comparecer às competições esportivas ou sessões de ginástica da criança.

- Ninguém é totalmente bom ou totalmente ruim. Concentre-se nas qualidades que você gosta ou admira na criança menos favorecida e tente desconsiderar ou ignorar os defeitos. Lembre-se de que o equilíbrio é o mais importante em uma família saudável.

DE PAIS
para OUTROS PAIS

"Minha mãe era a mais jovem de treze filhos, e minha avó tinha quarenta e quatro netos, mas, quando estava com ela, parecia sempre que eu era o neto mais querido. Eu adotei a mesma atitude com meus filhos. Às vezes, eles (DZSSm) dizem: 'você gosta mais de Rob [o filho mais velho, não-gêmeo] que de mim.' E eu respondo: 'Não, eu o amo de um jeito diferente. Amo cada um de vocês de um jeito diferente, porque cada um tem coisas únicas que o torna especial.' Não posso dizer que amo um mais que os outros, apenas amo diferentemente cada um."

- Mantenha um diálogo direto com seus filhos sobre questões ligadas à disciplina. Nunca permita que a criança favorecida aja como substituta dos pais, ofereça uma opinião ou alie-se contra a criança menos favorecida durante um desacordo entre pai/mãe-filho.
- Não ceda à culpa, tentando ignorar quando o gêmeo menos favorecido faz algo errado — a disciplina para essa criança deve seguir as regras da casa. Em vez disso, aceite a preferência como um fato da vida (pelo menos por enquanto) e concentre-se em amá-lo e cuidar dele do modo mais adequado possível.
- Deixe que seus filhos falem abertamente para identificar sentimentos de favoritismo, ou tente não se colocar na defensiva se o seu cônjuge tentar

QUANDO A VOVÓ TEM UM FAVORITO

Você pode não ter um favorito, mas alguém em sua família talvez tenha. Mesmo quando tentamos ignorar, a vovó ou o vovô continuam dando uma atenção especial a um dos seus múltiplos. Talvez ela dê mais tempo e atenção ao primeiro neto ou neta da família, enquanto seus múltiplos recebem as sobras. No caso de famílias com múltiplas etnias, alguns avós dedicam-se mais à criança (ou às crianças) que se parece com sua própria etnia. Ou, ainda, talvez você tenha se casado novamente alguns anos atrás e seus novos sogros tenham dificuldade em ver seus gêmeos como parte da família. É triste ver os avós enchendo de mimos o "preferido" enquanto seus outros filhos são ignorados. Mas será que você deve dizer algo?

- Antes de confrontar a situação (e talvez magoar alguém ao fazê-lo), faça a si mesmo algumas perguntas: o que exatamente o leva a pensar que os avós favorecem uma criança em detrimento das outras? Talvez eles estejam somente expressando alegria por um prêmio ou honra conquistados apenas por aquela criança. Certifique-se de que o carinho extra não é apenas reconhecimento por um trabalho bem feito.
- Se o favoritismo é flagrante e consistente, interfira. Descubra um momento apropriado em que possa manter uma conversa franca. Aponte especificamente o que o faz pensar que o avô ou a avó demonstra preferência e ofereça-lhe sugestões sobre como mudar (conte-lhe sobre o que a criança desfavorecida gosta de fazer, por exemplo).
- Se os avós dão a apenas um dos gêmeos muitos presentes e dinheiro, explique que no futuro será tudo ou nada — darão o mesmo a todos, ou absolutamente nada.
- Se o tratamento preferencial continuar mesmo depois que você deixou claros seus sentimentos (o avô ou a avó podem negar o favoritismo), é seu direito tomar as providências necessárias para proteger seus filhos, mesmo se isso significar um afastamento daquele que favorece um dos gêmeos. Quando a parte responsável pelo favoritismo indagar por que vocês não a visitam mais, seja franco e fale a verdade.

apontar seu favoritismo por uma das crianças. Em vez disso, lembre-se de que sentimentos de favoritismo ocorrem às vezes e permita-se tomar uma consciência maior das suas ações em relação à criança menos favorecida.

IGUALDADE, MESMO COM PARCIALIDADE

Embora imparcialidade e favoritismo possam parecer opostos extremos do espectro, há muitos elementos comuns a ambos. Famílias com bom funcionamento são aquelas que mantêm o amor e a atenção fluindo a todos os membros do clã e valorizam cada criança por sua própria singularidade enquanto oferecem coisas como sapatos e roupas apenas quando necessários. Entretanto, mantenha seus olhos e coração abertos àqueles momentos em que está dando tempo e coisas demais a uma criança que não precisa, enquanto ignora aquela que precisa mais. Apenas quando reconhecemos nosso próprio favoritismo podemos aceitá-lo e exterminá-lo.

capítulo 7

Puberdade:
múltiplos na adolescência

Você se recorda da sua adolescência? Se você é como a maioria dos adultos, provavelmente adoraria ter novamente toda aquela energia e o corpo durinho, a sensação de camaradagem com amigos do mesmo sexo e a emoção dos primeiros encontros românticos, mas tenho quase certeza de que você não desejaria reviver a angústia e a insegurança inerentes a esse estágio da vida.

A adolescência é um período de grandes mudanças fisiológicas, cognitivas e sociais. Os adolescentes com freqüência recebem bem a mudança em suas identidades, livrando-se dos papéis superados da infância e buscando afirmação com companheiros e dentro de si mesmos de que estão mesmo amadurecendo. Eles se vestem de maneira diferente, às vezes experimentando cortes de cabelos radicais e alguns chegam a assumir riscos perigosos, provando drogas e álcool ou violando a lei. Essa é a época em que também testam os limites (sem mencionarmos nossa paciência) de professores, pais, irmãos e até de seus amigos. Ainda assim, será que ser um adolescente gêmeo é diferente de ser um adolescente não-gêmeo? Até certo ponto, a resposta é sim. Será que é mais difícil? Provavelmente não, dizem os especialistas. Na verdade, grande parte das pesquisas, assim como os relatos informais dos próprios gêmeos, confirma que as vantagens superam as desvantagens.

AS VANTAGENS DE SER UM ADOLESCENTE GÊMEO

Sem dúvida, passar pela adolescência pode ser bem difícil para todas as crianças. A pressão dos colegas, a necessidade de ser visto como diferente e, ainda assim, também ser parte da multidão além dos hormônios em atividade acelerada atuando na mente e no corpo. É um milagre que alguém sobreviva a tudo isso! Muitos pais que entrevistei descreveram a adolescência de seus múltiplos como um período de enorme amor, associado a um pouco de ciúme. Surpreendentemente, todos sobreviveram sem grandes traumas. Embora seja verdade que os múltiplos enfrentam obstáculos adicionais (que abordaremos logo mais), enquanto passam pelos anos tumultuados da pré-adolescência e adolescência, existem diversas vantagens nítidas e importantes em ser um gêmeo, triplo ou mesmo quádruplo. Muitos gêmeos adultos brincam, dizendo que, se é preciso passar pela adolescência, é melhor fazê-lo com um gêmeo seu ao lado.

Em sua adolescência, por exemplo, você chegou a ir a alguma festa sozinho? De jeito nenhum! Ninguém faria isso. O normal era ligar para todos os amigos para ver se um deles poderia acompanhá-lo. Com múltiplos, porém, situações sociais novas e desconhecidas não são nem de longe tão ameaçadoras, já que estão sempre juntos. A força e o conforto de estar em dois ou até três — seja em um barzinho ou no jogo de futebol das sextas-feiras — parece melhor que aventurar-se nessas águas sociais sozinho a qualquer dia (é claro que muitos gêmeos adolescentes preferem ficar com seus próprios amigos individuais que com seus irmãos, mas outros ainda os têm como melhores amigos).

Estudos também mostram que gêmeos adolescentes, meninas e meninos, permanecem mais próximos dos pais que adolescentes não-gêmeos, e que não raro eles têm uma dificuldade maior para rejeitar os valores dos pais, especialmente se esses valores foram reforçados pelo irmão durante a infância. Em outras palavras, ir contra o que a mãe e o pai dizem significa também ir contra o outro, e a maioria dos múltiplos detestaria fazer isso. Na verdade, dois grandes estudos realizados na Finlândia descobriram que os gêmeos usavam álcool e fumavam menos que seus companheiros etários não-gêmeos. Os pesquisadores, que acompanharam 284 gêmeos desde a gestação de suas mães até a adolescência, concluíram que o vínculo entre os gêmeos oferecia o apoio que esses adolescentes precisavam para dizerem "não" ao comportamento perigoso. Múltiplos que servem de companhia uns aos outros eram também mais fisicamente ativos que seus companheiros etários sem gêmeos, participando de atividades esportivas com uma freqüência maior. Agora, será que podemos argumentar contra todas essas boas notícias?

Estamos no mesmo barco

Que tal voltarmos aos anos de nossa adolescência por um minuto? Se você era como eu, provavelmente passava horas tagarelando no telefone, escondida no *closet* para que sua mãe não escutasse a conversa. Você trocava bilhetinhos com uma amiga sobre o que acontecia na escola, quem havia beijado quem na hora do recreio e coisas parecidas — e isso era o tempo todo. Todos os adolescentes precisam de alguém com quem conversar e contar segredos, grandes e pequenos. Quando se é um múltiplo que se desenvolve simultaneamente com um irmão da mesma idade, há ali alguém que o ouve com atenção e entende tudo o que lhe acontece. Enquanto adolescentes não-gêmeos voltam-se para um amigo íntimo, para essa espécie de apoio, a maioria dos gêmeos tem esse relacionamento especial desde que nasceu. A força do vínculo entre esses irmãos ajuda a aliviar muitas das dores de crescimento da adolescência. Esse componente positivo supera todos os outros desafios especiais de ser um gêmeo adolescente.

O fator popularidade

Muitos gêmeos são grandes amigos e sentem prazer na companhia um do outro. Seu conjunto de amigos geralmente é também maior que o de adolescentes não-gêmeos, já que compartilham muitos conhecidos da classe um do outro na escola. Talvez seja essa força da camaradagem que atraia outros para eles. De fato, pesquisas revelam que ser um pré-adolescente gêmeo realmente aumenta a popularidade. Em um estudo conduzido ao longo de cinco anos, mais de 1.874 colegas de classe gêmeos e não-gêmeos de onze a doze anos de idade usaram a "técnica de citação de colega" para decidir quem, em sua sala de aula, exibia comportamento socialmente ativo (sólidas capacidades de liderança, extroversão e popularidade, comportamento de obediência às regras e capacidade para controlar as emoções). Os resultados? Os gêmeos superaram os não-gêmeos. Em particular, gêmeos de sexos opostos, meninos e meninas, exibiam comportamento socialmente ativo mais forte que os não-gêmeos.

Embora tenhamos visto, no Capítulo 2 — Desenvolvendo a Identidade e Promovendo a Induvidualidade — que muitos gêmeos jovens têm mais problemas com inibições sociais e estão menos dispostos a brincar com amiguinhos desconhecidos que crianças não-gêmeas, os estudiosos acreditam que por volta dos doze anos muitos gêmeos tornam-se mais socialmente seguros talvez devido à sua proximidade com o irmão. Eles tiveram um amplo tempo para praticar habilidades sociais, já que são constantemente expostos a um companheiro da mesma idade, que é seu próprio irmão; aprenderam a usar com sucesso sua familiaridade no relacionamento para enriquecer suas experiências sociais fora de casa.

Embora os gêmeos adolescentes tendam a ser mais capazes socialmente e mais populares que seus colegas não-gêmeos, um estudo de gêmeos dos nove aos dezessete anos revelou que relacionamentos entre múltiplos e seus amigos são menos íntimos que aqueles de duas crianças não-gêmeas. Talvez o relacionamento mais estreito entre os gêmeos impeça que alguns múltiplos desenvolvam amizades tão íntimas com outra pessoa além do irmão. Para muitos, o amigo número um ainda é o irmão gêmeo.

AS DIFICULDADES DE SER UM ADOLESCENTE GÊMEO

Como todos os jovens adolescentes, os gêmeos estão forjando sua independência dos pais (alguns chamam a adolescência de "segunda separação"). Entretanto, diferentemente de seus amigos, os múltiplos têm um componente adicional: também estão tentando desenvolver a autonomia em relação ao seu gêmeo. No começo da infância, a maioria dos múltiplos agia como equipe, mas a adolescência é o momento de descobrir novas identidades e se livrar dos antigos rótulos da infância. O mundo externo a um gêmeo torna-se maior a cada dia. Para muitos, entretanto, a idéia de descobrir o *eu*, em vez de basear-se sempre em *nós*, causa alguma perplexidade e temor. Para complicar ainda mais as coisas, gêmeos adolescentes com freqüência buscam no irmão seu valor e ocasionalmente não gostam do que vêem ("Se você não tiver sucesso ou boa aparência, então eu também não terei."). Muitos acham que o irmão é seu reflexo, a criticar constantemente conquistas, *status* social e até mesmo a sexualidade emergente. Não causa espanto que a adolescência seja também o período em que os múltiplos entram e saem do relacionamento gemelar (hoje eu preciso de você, mas amanhã não), muitas vezes fora de sincronia um com o outro. Exatamente quando o Gêmeo A deseja ficar junto do irmão, o Gêmeo B quer sair sozinho com seu colega da aula de ciências. No mês seguinte, os papéis tendem a mudar novamente e o Gêmeo B realmente quer passar algum tempo com seu irmão, mas este já convidou uma garota adorável da aula de inglês para sair. Tal atração-repulsão pode provocar uma tensão no relacionamento.

Independência incipiente e autonomia em desenvolvimento

A maior parte das culturas valoriza a independência. Os pais preparam os filhos para que possam, um dia, desenvolver a capacidade de pensar e agir por si mesmos e tornar-se indivíduos emocionalmente maduros e independentes. Se tudo corre bem, ao final da adolescência os filhos terão aprendido a agir com maior autonomia e, ao mesmo tempo, buscarão o amor e apoio dos pais e companheiros quando preciso. As crianças precisam aprender a ser autônomas e os pais precisam ceder, para que isso ocorra. Essa é uma parte importante de crescer e tornar-se um adulto com um senso saudável de auto-estima.

Existem vários tipos de autonomia, mas aqui nosso foco está sobre dois deles, emocional e comportamental. A autonomia emocional lida emoções pessoais, concentra a atenção no *eu* interno e até mesmo busca mais privacidade em relação à família (esse é o período em que os adolescentes adoram refugiar-se no quarto fechado durante horas!). Essa forma de autonomia é o processo de busca por mais independência dos pais, resolvendo os problemas que surgem por conta própria. Os adolescentes buscam soluções recorrendo a pessoas de fora da família (amigos), para opiniões e respostas ao que fazem. Esse é, também, o período em que os jovens questionam as idéias e os motivos dos pais, percebendo que eles podem ter falhas e que não são os super-heróis de sua infância.

A autonomia pessoal, por outro lado, é a capacidade para tomar decisões diariamente, avaliar uma situação, fazer uma escolha e executá-la. Os adolescentes percebem que cada decisão tem conseqüências e as pesam com cautela. Nesse sentido, os múltiplos que desenvolvem autonomia comportamental diferem imensamente das crianças sem gêmeos, já que gêmeos e múltiplos devem basear suas decisões não apenas no que os pais acham ou dizem, mas também no que os irmãos gêmeos ou triplos pensarão ou dirão.

A autonomia crescente traz consigo tomadas de decisões mais individuais. Ainda assim, para múltiplos, essa crescente autonomia é complicada, já que é preciso levar em conta o elemento adicional de ter um irmão gêmeo. Cada decisão tomada agora por um múltiplo individual traz em si dois componentes: aprovação ou desaprovação dos pais *e* do gêmeo. Um exemplo perfeito é o do acampamento de verão. Digamos que uma menina gêmea de quinze anos esteja louca para ir a um acampamento e cavalgar por três semanas, durante o verão. Embora tenha recebido permissão dos pais, qual será a reação do irmão gêmeo? Será que ela deve convidá-lo para ir também? Qual será a reação do irmão se não for convidado?

Para alguns múltiplos, a busca por autonomia pode ser temporariamente acidentada, enquanto cada um deles luta por desenvolver a independência por um distanciamento de seu gêmeo. Embora possa ser triste ver o risco aparente ao relacionamento antes feliz entre seus filhos, enquanto as provocações e as brigas aumentam em proporções ensurdecedoras, lembre-se de que esse conflito não apenas é normal (e geralmente de curta duração), mas também necessário, à medida que eles tentam descobrir seus novos papéis como adultos independentes. Para alguns gêmeos, especialmente os idênticos, o desenvolvimento da autonomia comportamental pode levar um pouco mais de tempo, já que muitos gêmeos MZ preferem tomar decisões conjuntas dentro do relacionamento.

A grande separação

Diferentemente de crianças não-gêmeas na mesma faixa etária, que passam livremente algum tempo afastadas da família no começo da adolescência, muitos múltiplos não passaram mais que uma tarde separados de seus irmãos gêmeos. A psicóloga e escritora Mary Rosambeau estudou seiscentos gêmeos e seus respectivos pais, na Grã-Bretanha, e perguntou quando os gêmeos passaram duas ou mais noites afastados um do outro pela primeira vez. Em comparação com crianças não-gêmeas, que haviam feito isso por volta dos nove anos de idade, a resposta média dos gêmeos, de quatorze anos e meio (uma diferença de mais de cinco anos), é bastante surpreendente. Está claro que gêmeos, em geral, não têm as mesmas oportunidades para ficar sozinhos que crianças não-gêmeas. Quando pequenos, eles aprenderam a separar-se de suas cuidadoras principais (as mães), mas o fizeram na companhia dos irmãos. Eles podem ter freqüentado a pré-escola ou a creche ou até mesmo terem ido dormir na casa da avó sem a mãe, mas o gêmeo estava lá, substituindo-a na oferta de amor e carinho. Portanto, quando chegam aos quatorze anos e começam a passar mais tempo longe dos pais e dos seus gêmeos, testar as águas da iminente idade adulta pode ser excitante e amedrontador ao mesmo tempo. A adolescência, assim como o início da idade adulta, ressalta os temores de separação, para muitos múltiplos.

Quando a separação é imposta aos gêmeos. No Capítulo 2 — *Desenvolvendo a identidade e promovendo a individualidade* — falamos extensamente sobre a importância de incentivar a independência desde uma idade tenra. Entretanto, o que acontece se a separação entre os múltiplos é forçada antes de um deles estar pronto, como quando um dos irmãos precisa passar a noite em um hospital? Isso com freqüência pode ter um efeito agudo sobre os gêmeos, e não necessariamente apenas sobre o paciente. Em um esforço dos pais para cuidar do paciente, o irmão saudável muitas vezes é ignorado. Ele pode ter medo de que o outro não volte e até sentir ciúme da atenção que está recebendo por sua doença. É importante que os pais recordem que o gêmeo saudável também precisa de alguma atenção extra.

Quando a separação é mais difícil para um que para o outro. Alguns gêmeos podem estar prontos para a separação bem antes de seus irmãos. O que acontece se um deles faz experiências com a mudança, enquanto o outro ainda se satisfaz em permanecer apenas nos limites do relacionamento com seu gêmeo, ou se um deles sente prazer em expressar-se como indivíduo enquanto o outro se agarra com tenacidade ao seu papel como irmão gêmeo? Embora você deva incentivar seu filho a abrir as asas e voar sozinho, se o outro não estiver pronto para a separação, isso poderá provocar sofrimento e atritos entre os irmãos. O gêmeo que não se sente suficientemente confiante para agir independentemente pode sentir-se rejeitado, julgando que o irmão o deixou para trás. Ele pode, de fato, lamentar profundamente pelo que vê como o rompimento desse relacionamento. Embora seja doloroso ver um dos filhos sofrendo, forçá-los a permanecer juntos nunca é boa idéia e não resolverá o problema. Aquele que está pronto para voar poderá sentir-se preso e obrigado a permanecer junto do irmão. Se você limitar a independência de um em favor do outro, um problema que se resolveria sozinho pode ser exacerbado.

De modo interessante, pesquisas indicam que gêmeos dominantes, aqueles que assumem o papel de líderes ou cuidam dos irmãos, na verdade têm mais dificuldades com a separação. Ao ver-se sozinho, livre das ordens impostas pelo irmão, o membro mais passivo do par realmente desabrocha e descobre sua força pessoal. O gêmeo dominante, por outro lado, muitas vezes não entende por que seu irmão deseja a independência (afinal, para ele a situação funcionava muito bem) e precisa forjar uma nova identidade para si mesmo, agora que não está mais no papel de cuidador. Como conseqüência, ele pode perder a confiança em si e precisar de alguma orientação adicional para encontrar-se novamente.

Ainda assim, não há nada a temer. Com freqüência, quando um múltiplo começa a libertar-se do irmão mais dominante, seja porque começou a namorar, iniciou um emprego em um turno do dia ou fez novos amigos, isso funciona como um "chamado de despertar" para o outro. Se os dois assumem as mudanças simultaneamente, o relacionamento pode permanecer estável e harmonioso.

Quando novos amigos entram em cena. Ao chegarem ao ensino médio, muitos gêmeos ainda compartilham os mesmos amigos ou, no mínimo, têm muitos deles em comum. Além disso, muitos ainda consideram seus irmãos

DE PAIS para OUTROS PAIS

"Agora, Andrew e Jeffrey (DZSSm) são bons amigos, mas não são uma cópia um do outro. Eles se sentem muito à vontade com os mesmos amigos, porque andam com o mesmo grupo, mas, se um sai sozinho, o outro não precisa acompanhá-lo."

gêmeos como melhores amigos (gêmeos MZ em particular). Ainda assim, as crianças precisam formar vínculos estreitos e confiáveis com outros fora de suas famílias. Ter um grupo de companheiros do mesmo sexo durante a adolescência ajuda a prevenir o isolamento e a ansiedade, promovendo auto-estima positiva e confiança e incentivando a individuação. No que se refere aos gêmeos, contudo, a estrada para o desenvolvimento de relacionamentos fortes com colegas outros que não o irmão apresenta alguns acidentes e curvas a mais. Diversos estudos empíricos de gêmeos adolescentes, por exemplo, sugerem que não apenas muitos compartilham os mesmos amigos, mas também relutam em sair com outros jovens se o irmão não quer acompanhá-los. Talvez isso se deva ao sentimento de culpa por deixar o irmão para trás — alguns múltiplos simplesmente não conseguem se divertir se o irmão não tem também alguma ligação com a outra pessoa. Os estudiosos concluem que essas crianças, geralmente, têm mais dificuldade para fazer conexões sociais devido a esse vínculo estreito.

Portanto, o que acontece quando um gêmeo faz um novo amigo antes do irmão? Se o relacionamento entre os irmãos sempre foi estreito, pode ser extremamente difícil o ingresso de uma pessoa nova no grupo, porque um dos irmãos tende a sentir-se excluído e rejeitado no novo relacionamento, e o irmão pode sentir-se obrigado, por culpa, a permanecer ligado ao relacionamento entre os gêmeos. Muitas amizades externas incipientes já terminaram simplesmente porque um dos irmãos viu essa nova pessoa como uma ameaça. Um irmão pode ceder ao temor do outro, deixando a amizade morrer aos poucos, para não magoá-lo ao apegar-se a uma nova pessoa.

Obviamente, se os gêmeos foram criados como "um par", ou se nunca existiram oportunidades para experiências individuais longe da família ou do irmão, eles terão mais dificuldade quando novos amigos inevitavelmente surgirem. Nessas circunstâncias extremas, os gêmeos com freqüência sentem-se mais seguros juntos do que afastados, uma sensação que pode persistir até a idade adulta, quando os irmãos pensam que não sobreviverão um sem o outro. O crucial, aqui, é que os pais incentivem a expressão e as preferências individuais, além de salientarem o respeito por todos os membros da família.

DILEMAS E PRAZERES DO NAMORO

Ser confundido com o irmão idêntico pode ser engraçado quando somos pequenos. Quem não gostaria de fazer brincadeiras de "1º de abril" com a professora da quarta série, trocando de sala com o irmão idêntico? Contudo, quando os gêmeos MZ chegam à adolescência e se interessam pelo sexo oposto, não é nada divertido ser confundido com o irmão. Agora, o foco está sobre a individualidade.

Os pais de gêmeos preocupam-se com a possibilidade de um dia os irmãos do mesmo sexo se interessarem pela mesma garota ou garoto. Surpreendentemente, é raro isso acontecer, já que a maior parte dos gêmeos obedece a um sistema natural e nunca verbalizado — cada um escolhe deliberadamente diferentes objetos de afeto. É como se desejassem instintivamente evitar a ocorrência de um triângulo amoroso antes mesmo de ele começar. Ainda assim, gêmeos raramente deixam de se pronunciar sobre as novas paixões dos irmãos. Desejando apenas o melhor para seu irmão, uma garota pode apontar, sem deixar dúvidas, as falhas do alvo dos olhares do irmão.

Por outro lado, gêmeos de sexos opostos que não têm a preocupação de competir pelos mesmos parceiros têm de fato um bônus a mais — um grupo maior dentre o qual escolher um parceiro. O que pode ser menos tenso que conhecer os amigos de seu irmão na atmosfera tranqüila da sua própria casa, com a segurança da proximidade de sua família? Na verdade, a maioria dos gêmeos formados por menino e menina aprende a sentir-se à vontade com o sexo oposto antes de seus colegas etários não-gêmeos, porque têm maior exposição ao sexo oposto. Entretanto, se a gêmea amadurece antes do irmão e opta por namorar um menino mais velho, este pode tratar o gêmeo como o "irmãozinho mais novo" da menina, em vez de alguém com a mesma idade, o que pode causar mágoas entre o par.

Portanto, como você pode ajudar seus múltiplos a atravessarem o labirinto dos primeiros encontros românticos? Inicie uma conversa do tipo "E se..." com seus múltiplos e incentive-os a discutir algumas regras básicas válidas para o par, como "Será que um dos dois poderá namorar o 'ex' do irmão ou da irmã?" Eles estão abertos a encontros a quatro? Há "permissão" para namorar o melhor amigo da irmã gêmea e vice-versa? Quais são as regras quando gêmeos de sexos opostos trazem amigos para casa — há uma política de manter portas abertas ou fechadas?

Uma das mães que responderam ao meu questionário explicou outro dilema interessante, ocorrido entre seu par adolescente de menino-menina. "Ouvimos uma história interessante quando ambos compareceram a um painel do Clube de Gêmeos, formado por gêmeos adultos. Em conversas sobre suas experiências enquanto cursavam o ensino médio, meus filhos souberam que, na época, muitas meninas interessaram-se por Michael (DZOSm), mas não chegaram a manifestar-se, por acharem que ele estava 'com aquela garota', que vinha a ser a sua irmã. Lição para gêmeos de sexos opostos: deixe claro para os outros que vocês são irmãos!"

Saindo de casa. A faculdade é, em geral, a primeira oportunidade para cada múltiplo seguir seu próprio caminho. De fato, dos diversos pais de múltiplos em idade para cursar uma universidade que entrevistei, todos disseram que essa foi a primeira grande separação entre a dupla. Para alguns múltiplos, freqüentar uma universidade sem a presença do irmão gêmeo é libertador, já que serve de oportunidade para livrar-se do "estigma" do gêmeo. Para esses, a

DE PAIS
para OUTROS PAIS

"Victoria sentiu muita saudade de Michael (DZOS) durante os cinco anos em que ele serviu a marinha. Ao ser recrutado, a marinha marcou a data de sua apresentação para alguns dias após o meu aniversário, mas depois decidiram adiantar em dez dias a data da apresentação. O recrutador ligou-nos em uma segunda-feira, informando que Michael deveria apresentar-se em São Petersburgo na quarta-feira, às 6 da manhã, para embarcar rumo ao seu destino. Eu liguei para Tori, que estava trabalhando, para contar-lhe os detalhes, e sugeri que ela chegasse mais cedo do trabalho para passar algum tempo com o irmão antes da partida. Vi quando seu carro estacionou na frente de sua casa, seguido por outro. Ela ficara tão histérica com a partida antecipada do irmão que seu chefe prontificou-se a levá-la em casa e mandou alguém segui-los para levá-lo de volta ao escritório. Michael e Victoria passaram muito tempo juntos, indo até a escola para ver os professores e o diretor e passando por outros lugares que ambos apreciavam. Naquela noite de terça-feira, ela dormiu na cama de Michael, que se esticou no chão, em um saco de dormir, para poderem conversar e ficar próximos o máximo possível."

Puberdade: múltiplos na adolescência

anonimidade da vida universitária permite-lhes explorar novas atividades e temas, fazer novos amigos e abraçar sua independência e individualidade recém descobertas. Entretanto, nem todos sentem a necessidade ou o desejo de deixar para trás o relacionamento com seus irmãos quando saem de casa para cursar uma faculdade. Na verdade, é bastante comum a freqüência dos gêmeos em uma mesma universidade, especialmente gêmeos MZ, que podem desejar cursar as mesmas matérias e formar-se no mesmo curso. Até mesmo gêmeos DZ escolhem as mesmas escolas. Eles conquistam uma independência paralela, vivendo em lados opostos do campus.

As comparações às vezes aumentam

Quando pequenos, a maioria dos gêmeos não percebe que são alvos de comparações. Alguns consideram excitantes e lisonjeiras as atenções que recebem, mesmo se elas vêm na forma de uma comparação feita pela família, pelos amigos ou por estranhos. Interessantemente, porém, as comparações realmente aumentam à medida que crescem, em vez de diminuírem, como poderíamos esperar. Especialmente para gêmeos não-idênticos (DZ), que pouco se parecem em aparência ou atitudes, as comparações de diferenças entre o par com freqüência são exageradas na adolescência, enquanto crescem e amadurecem como indivíduos. Essas comparações exageradas podem ser um problema para gêmeos adolescentes que mal começam a questionar suas identidades pessoais. As comparações constantes entre peso, altura e diferenças em talentos da dupla tornam-se uma invasão indesejada de sua privacidade, uma intrusão. A auto-estima de um ou de outro pode sofrer com essas avaliações, especialmente se um demonstra grande capacidade de aprendizagem, e o outro luta para atin-

DE PAIS para OUTROS PAIS

"Meus filhos são extremos opostos um do outro. O 'rei do baile' (DZSSm) é muito extrovertido e coloca muita ênfase sobre o cultivo de amizades. Na faculdade, ele reside em uma fraternidade e passa feriados e férias nas praias da Flórida. Meu 'presidente do diretório estudantil' (DZSSm) está mais inclinado para os estudos e é tesoureiro do grêmio estudantil de sua universidade. Ele passa feriados e férias construindo moradias para pessoas sem posses, para uma organização filantrópica, e trabalhando com um grupo ambiental na reforma e conservação de praças públicas."

Criando gêmeos e múltiplos em idade escolar

gir a média na maioria das matérias escolares, ou se um sente que jamais conseguirá igualar-se ao irmão, em termos de aptidão atlética. E quanto à aparência física? Ela é importante para todos os adolescentes, e os gêmeos não são exceções. No caso de MZ, em que um pode não cuidar muito de sua aparência pessoal quanto o outro gostaria, o gêmeo mais caprichoso com freqüência altera totalmente a sua aparência para não ser confundido com o outro mais desarrumado. O resultado para ambos é um rompimento temporário na união, enquanto lutam para firmar sua posição.

Os rótulos, nesse estágio, são habitualmente usados para distingui-los. Um é chamado de "o atleta", enquanto o outro assume o papel de "ator", por exemplo. Em geral, os rótulos dados durante o ensino médio e os primeiros anos da faculdade giram em torno das conquistas acadêmicas — alguém sempre conquistará o título de "o esperto", enquanto ao outro restará algo não tão agradável.

Auto-estima

Já vimos como os gêmeos, em média, passam por mais problemas de aprendizagem que os não-gêmeos e que quando um gêmeo chega ao ensino médio o problema (especialmente se nunca foi abordado no ensino fundamental) pode continuar afetando-o de outras formas, especificamente pela redução de seu amor próprio. Investigadores da área concluíram que a auto-estima apresenta uma relação direta com as conquistas acadêmicas. Se as crianças vão bem na escola, isso aumenta sua sensação de bem-estar. Para gêmeos, a constatação é duplamente verdadeira. Enquanto o desempenho escolar de não-gêmeos é comparado com a população de toda a escola, os gêmeos freqüentemente são comparados um com o outro. Os pais que sempre põem pressão naquele com notas mais baixas para que alcance o irmão podem aumentar o problema. É importante salientar a necessidade de evitar comparações entre gêmeos. O perigo está em tornar tais comparações uma profecia auto-realizável: se um sempre se sentiu o segundo, em relação ao irmão, ou inferior a ele, então por que se dar o trabalho de tentar ter sucesso quando adulto? De qualquer modo, ele acha que sempre acabará em segundo lugar. Portanto, aquilo em que acredita pode tornar-se realidade.

Desafios para os pais

A adolescência com freqüência traz à tona muitos temas ligados à infância. Isso ocorre com todas as crianças, mas para múltiplos algumas questões podem ser ampliadas. Por exemplo, temas ligados ao apego às vezes ressurgem nos anos da pré-adolescência, enquanto alguns questionam seus relacionamentos com os pais, que também estão vulneráveis a emoções semelhantes. A mãe pode sentir-se culpada por ter passado pouco tempo com cada um quando bebês e, agora, cede aos seus múltiplos de personalidade forte para compensar a culpa. Ou, ainda, se ela nunca passou muito tempo a sós com cada criança individualmente durante a infância, agora descobre que não consegue relacionar-se bem com nenhum dos dois na idade adulta. Quando a adolescência chega, alguns gêmeos simplesmente não escutam seus pais e, em vez disso, aliam-se aos irmãos para lutarem por seu ponto-de-vista — certamente, uma força difícil de enfrentar.

O que os pais podem fazer

Será que ser pai ou mãe de um gêmeo adolescente é realmente tão ruim assim? Claro que não. As últimas páginas que você leu apenas apontam as dificuldades que podem surgir, mas nada garante que aparecerão. Se durante a vida inteira seus filhos foram incentivados a trilhar seus próprios caminhos e a assumir uma identidade própria e foram criados em um lar onde a família é valorizada, será muito mais fácil lidar com as questões típicas de valor próprio que surgem na adolescência. Entretanto, apenas para evitar surpresas, aqui estão algumas idéias para ajudá-los a permanecer no curso certo:

- Se um dos gêmeos opta por não sair de casa após concluir o ensino médio e parece sentir falta do irmão, incentive-o a experimentar coisas novas — a fazer outros cursos em uma faculdade local, assumir um novo passatempo, candidatar-se para um estágio ou mesmo viajar. Dê apoio para que ele explore sua própria identidade. Explique que os últimos anos da adolescência e os primeiros da idade adulta são o momento perfeito para descobrir o que realmente queremos da vida.

- Encoraje seus filhos a tolerar e respeitar as amizades um do outro. Não será permitido comportamento rude com alguém que o outro não aprecie. Diga-lhes que todos os que entram em sua casa devem ser tratados com respeito.

- Reconheça e admita os sentimentos negativos entre os gêmeos. Se você permitir que eles os ventilem, a situação tende a melhorar (obviamente, não podemos permitir ataques agressivos — físicos ou verbais — entre irmãos). Tente não interferir nas discussões e não faça julgamentos. Em vez disso, aja como mediador e incentive-os a trabalhar suas diferenças sozinhos. Dê-lhes as ferramentas para lidarem sozinhos com os problemas.

- Ofereça mais tempo a cada um para que tenham experiências independentes. Providencie para que cada um passe a noite na casa da avó sem o outro. Encoraje-os a inscrever-se para um acampamento de verão ou mesmo a procurar um emprego de meio período. Nunca insista para que fiquem juntos, forçando um a levar o outro a uma festa, por exemplo. Deixe que decidam quanto tempo desejam passar juntos.
- Os adolescentes têm uma consciência aguda sobre sua aparência pessoal. Não compare a aparência dos seus filhos.
- Incentive metas e interesses individuais. Permita que cada um dos seus filhos descubra seu próprio talento. Permita a experimentação com novos passatempos (lições de arte ou música), um esporte diferente (um centro comunitário geralmente oferece muitas opções de baixo custo) e interesses acadêmicos (talvez seu pequeno gênio da matéria queira inscrever-se no clube de matéria da escola).
- Mantenha temas ligados a sucessos e decepções acadêmicas separados. Nunca compare um gêmeo com o outro. Quanto menos comparações forem feitas em casa e no mundo externo, maior será a liberdade dos seus filhos para escolherem e buscarem seus próprios objetivos — não aqueles que lhes foram impingidos.
- Tente manter abertas as linhas de comunicação. Escolha momentos tranqüilos para conversas casuais, mas francas, sobre tensões e pressões dos adolescentes (passeios de carro e horários de refeições em família são duas boas oportunidades). Depois que a conversa iniciar, tente escutar, em vez de "resolver" o problema. Ofereça também uma chance para cada um pronunciar-se separadamente, já que talvez eles não queiram compartilhar tudo com o irmão.
- Compreenda que mudanças e conflitos são uma parte normal do processo de crescimento. A aceitação e o entendimento fazem muito no sentido de manter a paz familiar. Abandone os papéis rígidos e permita experimentações mais informais (será que você realmente terá um infarto se um deles pintar o cabelo de roxo?).
- Estabeleça limites. Não deixe que o poder da união dos dois o convença ou o leve a sentir culpa e a relaxar as regras de horários, tarefas, direção segura etc. Torne cada um responsável por suas próprias ações. Não puna os dois com a retirada de privilégios (como ficar com o carro da família por uma noite) por um erro de julgamento do outro.

Uma dupla até o fim

Os gêmeos nascem como um par. Os novos papais, em estado constante de exaustão, sancionam involuntariamente essa união, permitindo que os novos bebês façam tudo juntos. Ao trocar as fraldas de um, o pai já aproveita e troca as do outro. Ambos são colocados na cama no mesmo horário, não importando se o outro ainda não está com sono. Durante o dia, os gêmeos compartilham o mesmo espaço de brincadeiras, para poderem divertir um ao outro. Todos fazem isso. Essa é simplesmente a realidade da vida com múltiplos pequenos.

Além disso, mesmo enquanto estão crescendo e começam a desenvolver personalidades distintas, o mundo com freqüência continua vendo os gêmeos como um par, mesmo se a família não os vê assim. As pessoas esperam que os múltiplos sejam parecidos e ajam um como o outro, e se sentem confusas se eles não se parecem. A pressão vivida pelos gêmeos para que se ajustem às expectativas da sociedade pode ser muito forte. Essa mentalidade de dupla às vezes é embutida no relacionamento e acompanha esses irmãos por toda a vida. Ela também cria um enorme dilema para esses irmãos: por um lado, os gêmeos sentem a necessidade de serem vistos individualmente, minimizando seu *status* de gêmeos, mas ainda são e sempre serão identificados como uma dupla.

O efeito da dupla. Nascer como um par afeta as vidas dos gêmeos de muitas maneiras. Em termos emocionais e psicológicos, eles estão ligados um ao outro e tornam-se essencialmente parte do que cada um é. Como resultado, eles agem e reagem com base no que o outro faz na parceria. O famoso psicólogo René Zazzo chama isso de "efeito da dupla". Zazzo acredita que os gêmeos perdem suas identidades individuais e cultivam uma identidade expandida como conseqüência de tal efeito. Ele não vê os gêmeos como idênticos, mas como dois seres intradependentes.

O efeito da dupla começa no nascimento. Quando pequenos, os gêmeos passam um tempo enorme juntos. Eles aprendem rapidamente a contar um com o outro para conforto e diversão. Uma vez que têm um ao outro, eles recorrem menos aos pais que as crianças não-gêmeas. Embora o vínculo entre gêmeos seja especial, ele pode também isolá-los, levando-os a uma proximidade ainda maior. Enquanto as crianças não-gêmeas enfrentam muitos desafios sozinhas, gêmeos confrontam muitas das mesmas situações juntos, o que facilita seu enfrentamento. Enquanto crianças não-gêmeas fazem novos amigos na vizinhança, por exemplo, os gêmeos com freqüência saem à rua sempre juntos. Para fazer com que a parceria funcione melhor e para evitar conflitos, eles operam instintivamente como equipe, assumindo papéis diferentes e complementares, ou cada um especializa-se em uma área diferente. O lado positivo dessa divisão de tarefas é a força e o poder que a dupla percebe em sua união. Entretanto, conforme Zazzo, eles perdem sua individualidade no processo. Esses papéis podem tornar-se tão embutidos na parceria que nenhum tem a chance de explorar livremente os papéis e as tarefas do outro. O efeito da dupla, portanto, encobre o que o outro realmente é (estudos têm demonstrado que, quando crescem separados, livres do efeito da dupla, os gêmeos realmente exibem muitas semelhanças um com o outro. A hereditariedade assume o controle, enquanto a tendência natural e inata para serem semelhantes se mostra, às vezes, tornando os gêmeos criados separadamente mais similares que aqueles criados juntos). Em casos extremos, alguns se tornam tremendamente dependentes um do outro e têm problema para formar outros relacionamentos. Alguns jamais se aventuram em territórios desconhecidos sem o conforto de ter o irmão ao seu lado.

Muitos pais podem ter dificuldade para assimilar a teoria do efeito da dupla, já que a maior parte dos gêmeos não exibe essas características em nível tão elevado. Ainda assim, se você os observar com muita atenção, poderá perceber sinais sutis do efeito de dupla. Eu vejo alguns nos meus gêmeos. Por exemplo, meus meninos estão na mesma classe de quarta série este ano. Esta é a primeira vez que estão juntos desde a pré-escola. Um deles sempre esquece suas lições de casa e usa seu irmão para lhe passar o material à noite. O filho esquecido — mas, ainda assim, bom aluno — nunca fez isso quando estava em uma sala de aula sem seu irmão, mas nos cinco primeiros meses deste ano escolar ele deixou de anotar suas lições de casa seis vezes. Por quê? Uma vez que o irmão tem uma memória fantástica — é o tipo de menino que consegue escutar uma história uma vez e repeti-la palavra por palavra —, o outro permite, inconscientemente, que ele assuma a tarefa de recordar o que ambos têm de fazer.

Quando os gêmeos chegam à adolescência, o efeito de dupla com freqüência torna-se mais pronunciado. Devido à necessidade de serem vistos como diferentes e únicos, os múltiplos muitas vezes exageram seus papéis como opostos. Se antes foram os melhores amigos e confidentes, de repente eles parecem discordar em tudo. Mesmo se compartilham interesses similares, alguns optam por deliberadamente escolher cursos, esportes ou atividades diferentes daqueles que o irmão escolheu para estabelecerem sua identidade singular. Eles parecem competir entre si na tentativa de serem diferentes, salientando que não são iguais, e tornam-se opostos extremos: um pode vestir-se como um *punk*, enquanto o outro prefere um estilo mais conservador. Um dos gêmeos acha que

Puberdade: múltiplos na adolescência | 161

não pode ser mais um "aluno da lista de honra" da escola, já que o irmão está nela. Ele assume, então, o papel de rebelde. A tentativa de manter esses papéis coloca muito estresse sobre os múltiplos adolescentes — o melhor aluno luta pela perfeição em tudo que faz, enquanto o *bad boy* parece determinado a fracassar sempre, com deterioração concomitante de sua auto-estima. Os pesquisadores descobriram que isso ocorre com mais freqüência quando os gêmeos são os únicos filhos ou quando os pais colocaram muita ênfase no fato de serem gêmeos.

> **DE PAIS para OUTROS PAIS**
>
> "Nós imaginamos o tempo todo como as personalidades de Sheila e Virginia (DZSSf) teriam sido se uma não tivesse sempre afastado a outra do que esta tentava fazer. Elas tentaram ser opostas de propósito. Não podemos evitar pensar em como teria sido se tivessem se desenvolvido separadamente."

O "efeito de prima-dona". Durante a infância, muitas meninas idênticas (e também algumas não-idênticas) gostam de ser vistas como especiais e diferentes. Elas adoram ter uma irmã gêmea e, por causa disso, com freqüência interagem muito facilmente com outras crianças e adultos. Ainda assim, à medida que chegam à adolescência, a novidade de "ver em dobro" costuma desaparecer, enquanto novos colegas procuram cada uma delas individualmente. Muitas crianças podem nem perceber que a menina sentada ali pertinho, na aula de ciências, é realmente gêmea da outra, por exemplo. Agora, mais que nunca, múltiplos precisam ter habilidades sociais individuais para trilharem seus próprios caminhos. Infelizmente, alguns múltiplos não possuem essa capacidade de fazer e manter amigos individualmente. Sendo reconhecidos o tempo todo como gêmeos — e fazendo parte de uma equipe —, essa foi sua plataforma e sua identidade. Agora, alguns podem considerar difícil e talvez até um pouco assustador ter uma vida social só sua. Sem a atenção que as pessoas davam aos gêmeos, a auto-estima sofre, a confiança diminui e esses jovens tornam-se ansiosos.

É nesse ponto que alguns gêmeos, particularmente as meninas MZ, aumentam suas similaridades, quase se agarrando ao fato de serem gêmeos, como um modo de aumentar sua popularidade. Eles tentam fabricar a ilusão de uma semelhança ainda maior do que seus genes sugeririam. As meninas que continuam usando roupas parecidas durante o ensino médio podem estar usando sua gemelaridade para sobreviver socialmente. A psicóloga Helen Koch criou o termo "efeito de prima-dona". Os pais freqüentemente reforçam involuntariamente esse efeito, ao darem às gêmeas MZ e DZ nomes muito semelhantes (Kathy e Karen, Sara e Susan, por exemplo), incentivando as filhas a se vestirem de forma similar em ocasiões especiais em que podem ser notadas e admiradas por muitos, ou simplesmente tratando suas filhas de modo mais igual do que fariam com outros filhos.

O efeito de prima-dona também pode afetar o senso de autonomia das meninas. Um estudo descobriu que gêmeas idênticas adolescentes acreditavam que sua intradependência não era um problema. O estudo indicou, ainda, que, à medida que a popularidade dessas meninas aumentava, sua individuação diminuía — as meninas sucumbiam à pressão dos colegas para serem vistas como uma dupla popular, em detrimento de sua própria individualidade separada.

O CORPO DO GÊMEO

Dê uma olhada em qualquer turma de quinta à oitava série. O que você vê? Adolescentes de todas as alturas, tamanhos e níveis de desenvolvimento. Algumas meninas parecem beirar a maturidade do corpo adulto (algumas talvez pareçam até adultas demais), enquanto suas colegas ainda parecem menininhas. Com os meninos não é diferente. Alguns são altos e têm voz grave, enquanto seus colegas ainda poderiam tentar participar do Coral dos Meninos de Viena. O importante aqui é que, como é sabido, a puberdade atinge a todos em um momento diferente — a biologia raramente está sincronizada com a cronologia. Além disso, as meninas, em média, chegam à puberdade antes dos meninos. O pico de seu crescimento ocorre em média dois anos antes dos meninos.

Isso não deveria causar qualquer preocupação à maioria dos pais e filhos. Para os gêmeos, contudo, esse amadurecimento pode ser um pouco mais problemático.

Diferenças no crescimento

Para múltiplos, os padrões de crescimento na puberdade variam de acordo com a zigosidade. Os gêmeos MZ, por exemplo, que compartilham exatamente a mesma carga genética, geralmente são muito semelhantes em seus padrões de crescimento — em peso e altura — durante a puberdade. Mesmo se o tamanho de ambos variou muito ao nascerem, eles com freqüência alcançam a mesma altura ao longo da infância e também chegam aos estágios da puberdade ao mesmo tempo. Na verdade, no caso de meninas MZ, muitas começam a menstruar em intervalos de dias uma da outra (embora não seja raro tal intervalo ser de três a seis meses).

Os múltiplos DZ que compartilham apenas 50% de seu DNA, por outro lado, são irmãos como quaisquer outros, mas nascidos no mesmo dia. As diferenças em seus padrões de crescimento, assim como no momento em que atingem a puberdade, flutuam como ocorre com quaisquer outros irmãos e irmãs não-gêmeos. As meninas DZ, por exemplo, podem iniciar suas regras uma logo após a outra, mas com mais freqüência a diferença no momento da ocorrência pode ser maior — chegando a anos —, já que a faixa normal para a menstruação está entre os dez e os dezessete anos (mas tente dizer isso à sua filha, enquanto ela lamenta que sua gêmea já é uma "mocinha", enquanto ela ainda é uma menina). E quanto às formas femininas? Em uma sociedade na qual colocamos tanta ênfase no tamanho dos sutiãs, pode ser muito difícil para uma gêmea aceitar suas formas quando seus seios são muito maiores ou menores que os da sua irmã.

> ### DE PAIS
> **para** OUTROS PAIS
>
> "Virginia (DZSSf) chegou à puberdade um ano e meio antes de Sheila (DZSSf). Nós dissemos a Sheila que ela precisa fazer muitas coisas primeiro e que, agora, era a vez de Virginia. Ainda assim, quando alcançou a puberdade, Sheila sabia o que fazer e estava bem preparada, sabendo muito sobre o assunto. Elas devem ter trocado confidências sobre a intimidade feminina."

Enquanto as meninas concentram-se principalmente em sua silhueta e na chegada da menstruação, os meninos, por outro lado, concentram-se em diferenças de altura. Para muitos gêmeos DZ, ser mais baixo que o resto dos colegas já é ruim, mas ver o irmão olhando-o de cima, com vários centímetros de diferença, magoa ainda mais. Familiares insensíveis e até mesmo amigos que sentem a necessidade de apontar a diferença em cada piquenique ou encontro geralmente aumentam a insegurança do gêmeo mais baixo. Ainda assim, uma grande diferença em altura é a norma, quando um dos meninos inicia a puberdade meses à frente de seu irmão O problema é ainda maior se o irmão mais alto tem mais peso, já que crianças mais magras iniciam a puberdade mais tarde.

Gêmeos do mesmo sexo podem vivenciar alguns conflitos quando cada um ingressa na puberdade em um momento diferente, mas o início variado da puberdade nunca é mais evidente que com gêmeos de sexos opostos.

Em nenhum momento o relacionamento entre conjuntos de menino e menina é testado mais do que na puberdade. Como já discutimos, as meninas iniciam a puberdade em média até dois anos antes dos meninos (na verdade, mesmo ao nascerem, as meninas gêmeas estão à frente dos irmãos, em termos biológicos, em um mês e meio). Já vimos que as meninas pequenas são mais avançadas socialmente que os meninos quanto a habilidades de linguagem e leitura. Agora, quando mal começa a se identificar fortemente com todo o universo masculino, um menino adolescente é literalmente ofuscado pela irmã. Em uma sociedade em que a altura é vista como sinal de masculinidade, o ego e a auto-imagem de um menino gêmeo podem ser derrotados se a irmã mede vários centímetros a mais. Com maior consciência social agora, ela tem o comando ao lidar com o sexo oposto. Talvez nem queira mais andar com o irmão e comece a escolher namoradinhos vários anos mais velhos que o irmão gêmeo. Para sentir-se mais confortável em relação a escolhas, o irmão pode, então, escolher namoradinhas mais novas. A lacuna resultante entre a idade do namorado da irmã e da namorada do gêmeo pode ser de vários anos — o que não é exatamente o melhor para um encontro a quatro. Além disso, as meninas que beiram a puberdade anseiam por mais privacidade, enquanto, muitas vezes, seus irmãos gêmeos nem sequer pensam nisso. Ela pode desejar mais momentos a sós com a mãe para discutir assuntos femininos, enquanto o irmão está satisfeito de viver sua vida como um livro aberto.

Grande parte desse sofrimento da adolescência é apenas um problema temporário, já que geralmente tudo se resolve quando os gêmeos alcançam a idade

DE PAIS
para OUTROS PAIS

"Genna (DZOSf) chegou à puberdade alguns anos antes de Nathan (DZOSm). Durante curtos anos, ambos estiveram muito distantes um do outro em termos de desenvolvimento e ela parecia ser sua irmã mais velha. Nathan sentia-se bastante triste aos dez anos de idade quando sua 'companheira' não queria fazer nada em sua companhia e o tratava como um menininho chato. Tentamos ajudá-lo, explicando que meninos e meninas crescem de acordo com diferentes cronogramas e que uma hora dessas a irmã se mostraria mais amiga novamente. Esse problema não foi tão sério porque logo Nathan começou a participar de campeonatos de esqui e, com suas viagens, conseguiu outras distrações. Por volta dos quinze anos, ele começou a desenvolver-se mais e reaproximou-se da irmã."

adulta. Assim, não tenha medo — os meninos realmente alcançam o nível de desenvolvimento das suas irmãs e no fim acabam, em média, com cinco centímetros a mais em altura. Além disso, com freqüência aqueles que desabrocham depois alcançam a altura dos irmãos, às vezes superando-os. A maioria dos irmãos não-gêmeos mal perceberia essa simples realidade da natureza, mas para muitos gêmeos é uma época de insatisfação em seu relacionamento. Para aqueles que se desenvolvem muito depois de seus irmãos, essa é uma fonte de ansiedade e embaraço. Alguns podem não ter confiança e apresentar baixa autoestima. Surtos de frustração associados a oscilações de humor (e até mesmo hostilidade) manifestam-se. Os parentes podem ter expectativas mais altas para o gêmeo maduro; aquele com desenvolvimento mais lento pode ressentir-se amargamente e tentar conquistar a atenção de formas negativas.

O que os pais podem fazer

Embora possamos ter a impressão de que os adolescentes prefeririam morrer a abraçar o pai ou a mãe bem apertado, isso é exatamente o que muitos deles precisam nesse período. Os pais podem ajudar a aliviar parte da ansiedade que os gêmeos sentem acerca de seus corpos simplesmente passando mais tempo ao seu lado e escutando-os. A seguir, apresento algumas outras idéias para aliviar essas preocupações:

- Garantias dos pais de que tudo está certo podem ser muito úteis. Você pode aliviar a ansiedade de seus filhos contando uma história semelhante, relacionada à sua juventude. Ou, ainda, se o seu gêmeo preferir, por que não marcar uma consulta com um pediatra? A opinião e o apoio de um especialista fora da família podem ser exatamente o que seu filho ou filha precisa.

- Lembre-se de que os gêmeos avaliam seus corpos comparando-se com os irmãos idênticos e interferem rapidamente, se o que vêem não lhes parece saudável. Isso é especialmente perigoso para as meninas. Se uma delas pesa um pouco menos que sua gêmea e esta inicia uma dieta para perder alguns quilos, a irmã mais magra pode sentir-se compelida a perder ainda mais peso, para readquirir sua leve vantagem sobre a irmã.

- Em pares de sexos opostos nos quais o menino ainda não amadureceu tanto quanto a irmã, um forte relacionamento entre pai e filho (ou qualquer amigo ou parente masculino próximo da família que possa agir como figura paterna e confidente) é um enorme apoio para a confiança do garoto

DE PAIS
para OUTROS PAIS

"No começo da adolescência, Victoria (DZOSf) costumava ficar sozinha em seu quarto, enfeitando-se, posando e dançando na frente do espelho. O irmão (DZOSm) tinha o hábito de entrar sem bater e pegá-la em momentos embaraçosos — mesmo se apenas para ela — quando queria lhe contar algo e os dois sempre brigavam quando isso acontecia. Ele levou muito tempo para aprender a bater e aguardar, até receber permissão para entrar. É claro que, quando desejava algo, ela também entrava sem bater no quarto do irmão e, então, não entendia por que ele se chateava. As rachaduras nas portas ainda me recordam esse tempo."

nesse período. Além disso, mantenha-o ocupado com passatempos, esportes e até mesmo um emprego de meio período. Considere uma escola só para meninos, na qual ele poderá brilhar por conta própria e aprender a ser independente. Similarmente, as meninas precisam da aceitação por parte de seus pais de que estão crescendo. As saídas de mãe e filha são um modo maravilhoso de reafirmar e celebrar esse estágio da vida.

- Se as diferenças são muito acentuadas, permitir um pouco mais de privacidade pessoal com freqüência beneficia ambos os gêmeos, especialmente no caso de múltiplos de sexos opostos.
- Se os seus gêmeos MZ mostram uma diferença prolongada e acentuada em termos de crescimento, uma ida ao médico para garantir que o desenvolvimento de ambos ocorra de acordo com o esperado pode ser indicada.

DUAS VEZES MAIS HORMÔNIOS E DUAS VEZES MAIS DIVERSÃO

A adolescência pode ser um período de desafios para muitas famílias com múltiplos, especialmente para os pais. Ainda assim, quando um adolescente tem um gêmeo ao seu lado, a estrada pode tornar-se mais tranqüila, mesmo se às vezes o relacionamento não parece nada tranqüilo. O objetivo, aqui, é que gêmeos e múltiplos cheguem à adolescência segundo suas próprias escolhas — os problemas aparecem quando seguem trajetórias idênticas e, então, sentem repentinamente que precisam forçar-se a encontrar outras saídas.

capítulo 8

Relacionamentos familiares: mãe, pai e irmãos não-gêmeos

Dia após dia, enquanto minhas pesquisas sobre relacionamentos entre os gêmeos continuam, algo ainda se esconde no fundo de minha mente, cutucando-me e exigindo atenção. É algo que sempre pareço deixar de lado. É o meu filho mais novo, que não é gêmeo e chegou em minha vida exatamente dois anos e meio após o nascimento de seus irmãos gêmeos. Obviamente, ele é uma parte importantíssima de nossa dinâmica familiar — sua personalidade, que começa a se mostrar, nunca nos deixaria ignorá-lo. Contudo, eu percebo que toda a atenção que coloquei na criação de gêmeos — examinando o modo certo de criá-los e os desafios especiais que enfrentam — pode tê-lo colocado em segundo plano. Talvez você também tenha sentido isso ao ler este texto. Todas essas informações sobre múltiplos são ótimas, você pensa, mas e quanto às outras crianças da família? Elas também têm necessidades especiais! Será que elas não contam? Ah, sim, é lógico que contam. Na verdade, aqui está um capítulo inteiro dedicado a elas.

Ser um filho não-gêmeo em uma família com múltiplos é diferente de estar em uma família com todos os filhos não-gêmeos. Para começo de conversa, o filho mais velho, não-gêmeo, precisa acostumar-se rapidamente a deixar o palco em favor dos irmãos mais novos, que se transformam em "celebridades", especialmente quando os gêmeos são pequenos e estão constantemente juntos. Irmãos não-gêmeos e mais novos também enfrentam obstáculos, enquanto o gêmeo mais velho ou mesmo os irmãos triplos freqüentemente se apresentam como uma frente unida, poderosa demais para que uma criança possa infiltrar-se nela sutilmente.

Neste capítulo, falaremos sobre modos de ajudar seu filho mais velho ou mais novo, não-gêmeo, a construir um relacionamento mais forte com cada gêmeo. Os múltiplos são um grupo unido, mas isso não significa que não possam ter essa espécie de vínculo também com os outros irmãos.

DINÂMICA FAMILIAR

Em todas as famílias, existem dois grupos separados: o casal de pais e o grupo de irmãos. Quando gêmeos ou triplos entram em cena, uma terceira dupla (ou trio ou, ainda, quarteto) forma-se, ou seja, o grupo de múltiplos. Nunca subestime os efeitos que esse grupo pode ter sobre uma família! Eles podem ser poucos, mas são poderosos. Em um extremo do espectro, podem tornar-se a força de comando que exerce uma imensa pressão sobre a família para adotar seus pontos de vista, ou, no mínimo, permanecem firmes e juntos, quando outros parentes se opõem às suas idéias. Felizmente, para a maioria das famílias, a dupla geralmente cria apenas uma leve perturbação para os pais, embora isso certamente cause tensão.

Uma vez que gêmeos idênticos (MZ) compartilham o relacionamento mais intenso entre todos os subgrupos de múltiplos, eles com freqüência agem em concerto, exercendo mais força na família que apenas dois irmãos não-gêmeos juntos ou mesmo gêmeos não-idênticos (DZ). Unindo-se instintivamente, eles, às vezes, tentam boicotar os pais ("Bem, papai disse que podíamos ficar acordados até depois das onze da noite."). Ao apresentarem uma frente unida, os pais contrabalançam essa frente, frustrando os planos de domínio do mundo. Além disso, a mãe e o pai certamente precisam agir em uníssono, já que uma forte solidariedade entre o casal é crucial em famílias com múltiplos. As crianças são espertas e, se chegarem a suspeitar de conflitos entre os estilos de criação dos pais, elas os usarão em sua vantagem. Embora todas as crianças façam isso, gêmeos têm a vantagem de agir como uma equipe. Eles sabem disso e usarão tal força sempre que vier em seu proveito.

Se o casal parece vacilar, as conseqüências são extensas. Se um deles tenta alinhar-se com os gêmeos, por exemplo, como a mãe que sempre age e reage em favor das filhas gêmeas, o outro membro do casal certamente sente-se excluído, levando a dificuldades no casamento. E o que acontece nos lares com apenas o pai ou a mãe? Com freqüência, quando a unidade familiar se rompe por separação, divórcio ou morte, a dupla geralmente permanece intacta e freqüentemente se torna ainda mais forte. O par pode recorrer ao seu pequeno grupinho como um modo de se proteger, oferecendo apoio e um senso de segurança mútua, com a possibilidade de excluir o irmão não-gêmeo. Isso ocorre particularmente com gêmeos MZ.

Todas essas forças — as interações entre os próprios múltiplos e a forma como se relacionam com outros membros da família — têm uma grande influência sobre o desenvolvimento da personalidade de cada gêmeo e dos outros irmãos.

AJUDA PARA FAMÍLIAS COM APENAS UM DOS PAIS

Aposto que você nunca pensou que seria pai ou mãe de gêmeos ou triplos, mas agora é pai ou mãe sem um cônjuge em casa, cuidando de gêmeos e talvez de outros filhos não-gêmeos. Você não é o único — famílias com múltiplos têm uma taxa de divórcio superior àquela de famílias com filhos não-gêmeos. Embora o estresse de cuidar de múltiplos seja quase palpável, especialmente nos primeiros anos, fazer isso sozinho pode ser duas vezes mais assustador. Assim, como podemos dar conta dessa tarefa fenomenal?

- Admita que você precisa de ajuda e encontre todo o auxílio que puder. Você tem várias opções: se os seus múltiplos são pequenos e há espaço em casa, talvez seja possível alugar um quarto para um estudante em troca de serviços de babá e tarefas domésticas leves. Alguns pais solteiros de gêmeos optaram por voltar à casa dos pais ou pelo menos morar nas proximidades deles — o apoio carinhoso da família, emocional ou financeiro, já ajudou muitos pais de gêmeos a enfrentarem melhor essa situação. Se voltar à casa dos pais não está em seus planos, pense em pedir ajuda a algum amigo ou amiga que possa vir à sua casa uma vez por semana. No mínimo, conversar com um adulto servirá para animá-lo para o resto da semana.
- Busque apoio emocional. Atualmente, existem grupos de apoio para tudo e para todos os estilos de vida. Junte-se ao Clube dos Pais de Gêmeos, se houver um nas redondezas, ou a um grupo de pais solteiros, em que outros na mesma situação ofereçem apoio mútuo. Se preferir, você pode conectar-se com outros *on-line*, em grupos de interesses, ou conversar em particular com um psicólogo — em pessoa ou por e-mail, ou mesmo por telefone.

- Atente também para a saúde emocional de seus filhos. Se o pai ou a mãe das crianças faleceu ou afastou-se para sempre, deixando um vazio na vida delas, busque o auxílio de mentores ou outras pessoas que possam atuar como modelos de papel para elas.
- Crie uma rotina. Pode parecer simples, mas uma família funciona melhor quando todos sabem o que esperar dia após dia. Escreva um cronograma diário, anotando onde está cada um, e pendure-o onde todos possam ver. Inclua tarefas diárias para todas as crianças, mesmo as menores. Você ficará surpreso ao perceber como as crianças ajustam-se e se põem à altura do desafio. Envolver e ensinar seus filhos a fazerem coisas sozinhos não apenas unirá mais sua família, mas seu nível de estresse também será reduzido.
- Reserve algum tempo só para você. Torne os exercícios físicos uma prioridade em sua vida (eles combatem o estresse naturalmente) e saia pelo menos uma vez por mês para visitar amigos.
- Seja otimista. Encha sua vida com afirmações positivas e reserve momentos para divertir-se com seus belos filhos. O sorriso que receberá deles fará com que qualquer dia pareça um pouco melhor.

Os múltiplos e a ordem de nascimento

Já ouvimos falar muito sobre a ordem de nascimento dos irmãos e seus efeitos sobre as famílias — o filho mais velho é também o mais sério, o mais batalhador; o filho do meio é o mediador e com freqüência sente que sua posição não é tão respeitada quanto a do mais velho ou do caçula; o mais jovem é o espírito independente, o mimado. Em algumas famílias, os múltiplos também podem colocar uma tensão especial nessa dinâmica. Por exemplo, quando os gêmeos DZ são os mais velhos em uma família, pode haver alguma luta pelo poder entre os dois, na medida em que cada um quer ser visto como o mais velho e como o líder. Na maior parte do tempo, tal batalha é relativamente inofensiva e mais um incômodo que qualquer outra coisa. Se um diz "Quando mamãe sair hoje, eu tomo conta da casa!", o outro certamente responde: "De jeito nenhum! *Eu* sou o chefe!" (devido ao DNA comum, os gêmeos MZ geralmente operam juntos, em vez de um ir contra o outro).

Entretanto, tenho boas notícias. Se os gêmeos são os filhos do meio, eles geralmente não se sentem tão excluídos quanto seus companheiros não-gêmeos, já que têm um parceiro solidário que entende exatamente como se sentem. Novamente, em momentos de estresse, esses gêmeos podem unir-se mais e encontrar conforto um com o outro.

Na maioria das famílias com três filhos não-gêmeos, dois irmãos geralmente se unem e se envolvem mais com a vida um do outro, enquanto o terceiro fica nas laterais do relacionamento. Em uma família com três filhos, incluindo gêmeos, entretanto, um irmão mais jovem ou mais velho pode diluir o relacionamento entre os gêmeos, aliando-se a um e depois ao outro em diferentes momentos, mas com freqüência o vínculo entre os gêmeos permanece mais forte. MZf (meninas idênticas), em particular, às vezes podem ser especialmente críticas em relação a irmãos mais jovens ou mais velhos, forçando o não-gêmeo a se distanciar da família. Em famílias com quatro filhos, entre eles gêmeos, é comum ver duas duplas — os gêmeos e os outros dois filhos. Em famílias com cinco filhos — com ou sem gêmeos —, um deles sem dúvida terá de se virar sozinho, na maior parte das vezes. Este, não importando se mais novo ou mais velho, precisa de orientação, garantias verbais contínuas e compreensão da mãe e do pai, enquanto tenta estabelecer uma posição confortável na hierarquia da família.

Famílias com triplos também devem avançar com cautela, garantindo que dois dos três não assumam os papéis de "mais velho" e "mais novo", deixando o terceiro múltiplo a questionar sua posição na família e buscando atenção de formas mais negativas. Uma mãe de trigêmeas, duas idênticas e uma fraterna, contou-me como manejou a situação desde cedo, quando sua filha não-idênti-

> **DE PAIS para OUTROS PAIS**
>
> "O relacionamento de Kate e Victoria (MZf) com a irmã não-gêmea mais velha, às vezes, é um pouco tenso. Quando tentam unir-se contra Audra [filha mais velha, não-gêmea], nós as repreendemos duramente. Somos abençoados pelo temperamento de Audra — ela é carinhosa, preocupada e compreensiva. Porém, nunca permitimos que as gêmeas se aproveitem de sua generosidade. E, uma vez que Victoria e Kate estão no ensino médio agora, as duas procuram a irmã mais velha, que já passou pelo que estão passando, em busca de conselhos e apoio. Elas conversam sobre moda, o que guardar em seus armários da escola, sobre professores, garotos e outros assuntos. Essa é a melhor parte."

ca percebeu que não era como as irmãs. "As meninas idênticas são morenas e a fraterna é loira. Quando estavam com quatro anos, Kristy, a loira, olhava uma foto de todas elas quando estavam com um ano de idade. Agora, seu olhar era muito intenso e havia tristeza em sua expressão, de modo que perguntei qual era o problema. Ela ergueu o olhar e perguntou-me por que não se parecia com as irmãs", contou-me a mãe. Ela então disse à filha que Deus sabia que ela não conseguiria lidar com mais uma Kelly e Kerry, de modo que lhe deu Kristy. Satisfeita com a resposta, Kristy apenas sorriu e continuou brincando como antes. Esta mãe tentava, com freqüência, mostrar à filha o quanto ela era especial.

De modo interessante, a idade tem pouco a ver com todos esses relacionamentos. Parece que a necessidade de vincular-se ou apegar-se a outro irmão assume precedência sobre a idade do irmão.

OS OUTROS IRMÃOS

Um dia desses eu me sentei e apenas observei meus três filhos, que brincavam na sala. A coisa toda era bem barulhenta (como geralmente é por aqui), enquanto cada um inventava e encenava uma história bobinha e cheia de efeitos especiais. Embora eu já estivesse quase maluca com a gritaria, não consegui evitar a idéia de que meus filhos estavam gerando recordações preciosas como irmãos, que contariam para seus próprios filhos algum dia.

O vínculo entre irmãos é o mais poderoso que pode haver. O relacionamento dos meus filhos uns com os outros será o mais longo de suas vidas — maior que seu relacionamento com o pai e comigo, que

---

DE PAIS
para OUTROS PAIS

"Para falar a verdade, o problema real em nossa família tem sido o relacionamento de Emily [filha mais velha, não-gêmea] com seus irmãos. Ela era muito pequena quando precisou dividir seus pais com dois 'intrusos'. Ela os chamava por um só nome. Sua frase costumeira, quando escondia seus brinquedos de Julie e Kevin (DZOS), era: 'Não, Diuliquév!' Agora que as idades dos três estão muito próximas, isso é uma bênção e um problema. Nós dizemos que quaisquer dois deles podem conviver bem, mas às vezes temos problemas quando os três estão juntos. De fato, Emily está amadurecendo antes dos irmãos, e isso às vezes é útil. Estamos otimistas e achamos que eles continuarão se preocupando e cuidando uns dos outros."

dos seus próprios casamentos e ainda mais longo que os relacionamentos que terão com seus filhos.

Em um nível muito simplista, ter irmãos oferece entretenimento gratuito e interminável. Mesmo no mais chato dos dias, há sempre alguém com quem brincar. Além disso, os especialistas dizem que o vínculo com os irmãos expande as capacidades cognitivas de cada criança, ativa a imaginação, ensina a cooperação, aumenta a autoconfiança e ajuda a afinar as habilidades sociais. Nada ruim. Como bônus, os pesquisadores sugerem que, quanto mais irmãos do mesmo sexo e próximos em idade os gêmeos tiverem, mais fácil será para o par desenvolver um senso sólido de identidade individual, o que é um problema para alguns gêmeos.

Ser o irmão não-gêmeo de um conjunto de gêmeos ou triplos também tem seus desafios. Por exemplo, eu já ouvi meu filho caçula tentando convencer seus irmãos gêmeos mais velhos que, na verdade, eles são triplos (ele adora quando estranhos perguntam se é isso mesmo). É claro que os irmãos responderam a isso com risinhos e menosprezo, mas ele continuou argumentando mesmo assim. Penso que ele simplesmente tentava dizer que queria ser parte dessa aliança especial — quer ser incluído no clube especial dos gêmeos, sentindo e invejando a ligação especial entre eles.

Ser mais jovem ou mais velho que os irmãos gêmeos também faz diferença. O irmão mais velho, às vezes, sente-se destronado pela chegada dos múltiplos, en-

DE PAIS
para OUTROS PAIS

"Kaitlyn é dois anos mais velha que Ally e Beth (MZf). Acho que elas têm um relacionamento maravilhoso e sempre terão. Kate é muito extrovertida e amistosa — quando perguntam sobre as gêmeas, ela faz questão de dizer que é a irmã mais velha das duas. É engraçado, mas ela não teve problemas para diferenciá-las, desde que tinham quatro meses de idade. Ela olhava para a mais próxima e dizia: 'Fale alguma coisa', porque as distinguia pela voz. Isso durou pouco tempo; agora ela não tem problema para dizer quem é quem pela aparência. Katie vê a si mesma como a educadora e protetora. Ela é todo-poderosa (de acordo com a visão que tem de si mesma) e não gosta quando as gêmeas lhe dizem que não querem receber ordens. Ao longo dos anos, Kate aprendeu a deixá-las ter opiniões, e o relacionamento entre as três é maravilhoso."

quanto o mais novo com freqüência fica sozinho, uma vez que os gêmeos já fazem companhia um ao outro nas brincadeiras. Ainda assim, como você verá, essas dinâmicas não precisam ser permanentes ou prejudiciais ao relacionamento entre os irmãos.

O irmão mais velho

As notícias não são todas ruins para um irmão mais velho de múltiplos. Na verdade, os benefícios são numerosos. Em primeiro lugar, irmãos mais velhos, geralmente tornam-se mais autoconfiantes — um traço que os beneficia durante a vida inteira. Se a mãe está ocupada cuidando dos bebês, por exemplo, o irmão não-gêmeo pode ter de pegar sozinho seus biscoitos e leite, em vez de esperar que a mãe faça isso. Após a chegada dos gêmeos, muitos irmãos não-gêmeos realmente desenvolvem um relacionamento mais estreito com seus pais. Talvez isso ocorra porque os pais sentem-se solidários em relação a esse filho não-gêmeo ou porque é mais fácil conectar-se com um único filho, já que se ligar a dois deles ao mesmo tempo é mais demorado. Os pais que tiveram um filho não-gêmeo antes da chegada dos gêmeos me contaram que o filho mais velho foi de grande ajuda, e muitos não teriam conseguido cuidar dos gêmeos sem sua ajuda. Uma mãe cujo marido viajava muito a negócios contou-me que quem cuidou dela durante aqueles primeiros anos de vida dos gêmeos foi o filho mais velho. Se ela adormecia no sofá enquanto amamentava os bebês, por exemplo, ele a despertava para lhe dizer que deveria ir para a cama — e ele tinha apenas sete anos na época. Em virtude desse tipo especial de relacionamento entre mãe e filho, muitas mães continuam sentindo uma enorme proximidade com o filho primogênito não-gêmeo.

Estudos demonstram que quanto maior o número de filhos não-gêmeos em uma

---

DE PAIS
para **OUTROS PAIS**

"Quando Andrew e Jeffrey (DZSSm) nasceram, Rob [filho mais velho, não-gêmeo] mostrou alguma rebeldia. Ele havia sido o filho único por seis anos. Ele queria muito um irmão ou irmã, e então veio Joey, o que o encantou. Entretanto, onze meses depois, já havia mais dois irmãos! Sei que Rob sentiu-se desorientado. Ele comportava-se mal na escola, mas finalmente se adaptou à situação e tornou-se o 'irmãozão' de todos. Ele foi meu braço direito."

Relacionamentos familiares: mãe, pai e irmãos não-gêmeos **175**

família antes da chegada dos gêmeos, melhor será o funcionamento da família como um todo, já que os não-gêmeos formam relacionamentos estreitos uns com os outros (aquela dupla ou grupo de irmãos sobre a qual já falamos antes). E, finalmente, os filhos mais velhos tendem a assumir um papel mais ativo nos cuidados e na criação de múltiplos que de bebês não-gêmeos. Irmãos mais velhos costumam tornar-se professores e mentores aos olhos de seus irmãos mais novos.

Ainda assim, alguns problemas podem aparecer em famílias com múltiplos e filhos não-gêmeos mais velhos. Quando os gêmeos chegam, tantos cuidados e atenção inevitavelmente precisam ser desviados para os novos múltiplos que os filhos mais velhos sentem que estão recebendo muito menos consideração dos pais e outras pessoas, especialmente quando são vários anos mais velhos que os irmãos múltiplos. Para essas crianças, aprender a compartilhar o amor da mãe e do pai com os irmãos recém-chegados exige muita adaptação. Um estudo descobriu que o comportamento de busca de atenção, às vezes, reaparece temporariamente em filhos mais velhos não-gêmeos, como urinar na cama e voltar a falar como bebê. É aí que os avós e outros membros da família podem ajudar. Quando um voluntário carinhoso oferece um pouco de tempo e atenção exclusivos a esse filho, a mãe e o pai podem cuidar das inumeráveis demandas dos múltiplos pequenos sem senti-

DE PAIS
para OUTROS PAIS

"Emily [filha não-gêmea mais nova] adora suas irmãs mais velhas (MZf) e as vê como modelos a seguir. Na verdade, nós a apelidamos de 'a imitadora'. Contudo, há uma diferença de cinco anos entre elas, e Emily estará sempre em uma fase diferente, sempre terá necessidades diferentes e sempre será deixada um pouquinho de lado em comparação com o relacionamento das gêmeas e com as coisas que fazem juntas. Eu quase me sinto mal por ela, vendo que suas irmãs têm um relacionamento impossível de ser igualado, Já cogitei, algumas vezes, se os relacionamentos seriam diferentes se a lacuna de idade fosse menor, ou se os gêneros fossem diferentes (menino não-gêmeo, ou gêmeos de sexos opostos e um filho não-gêmeo). Contudo, as coisas são como são e acho que ela não se saiu mal, pois é uma criança feliz e bem ajustada. Mesmo assim, imagino se não se sentirá sempre um pouco deixada de lado ao crescer."

Criando gêmeos e múltiplos em idade escolar

mentos de culpa. Além disso, é mais fácil para alguém da família desenvolver o relacionamento com essa criança mais velha do que tentar aprender as nuanças de gêmeos muito novinhos. Ainda assim, os pais enfrentam uma delicada tarefa enquanto tentam cuidar dos múltiplos pequenos e garantir que o filho não-gêmeo não se sinta rejeitado.

Os pais também precisam ter cuidado para não presumir sempre que o filho não-gêmeo preferiria estar sozinho com a avó na casa dela a estar com seus novos irmãos. Algumas crianças adoram o tempo que passam com seus irmãos múltiplos e desenvolvem um apego profundo e muito significativo com eles. Em um estudo de famílias com triplos, por exemplo, o irmão mais velho não-gêmeo apegava-se ao múltiplo do mesmo sexo, enquanto os outros dois triplos do mesmo sexo aproximavam-se um do outro. Neste caso particular, a família criou dois pares muito unidos, evitando instintivamente deixar uma das crianças de fora.

A zigosidade também exerce um papel no relacionamento entre os gêmeos. Estudos indicam que irmãos mais velhos mostravam mais ressentimento em relação aos gêmeos MZZ que aos gêmeos DZ, talvez por ciúme do estreito relacionamento inerente a eles. Além disso, não nos surpreende que irmãos mais velhos do sexo masculino tenham mais dificuldade que meninas mais velhas para se apegarem a seus novos irmãos ou irmãs gêmeas. Meninas pequenas geralmente gostam de exercer o papel de irmã mais velha e adoram a atenção extra que os gêmeos trazem. Às vezes, é preciso um pouco mais de tempo para que os meninos se "aqueçam" em seus papéis de irmãos mais velhos. Com o tempo, porém, a maioria dos irmãos mais velhos adapta-se à nova dinâmica familiar e tudo entra nos eixos.

DE PAIS
para OUTROS PAIS

"Kevin e Shane (DZSSm) sempre foram muito chegados um ao outro. Eu nunca vi necessidade de entretê-los tanto quanto faço com minha filha. Acho que com os meninos sendo mais velhos que ela, é mais fácil que se fosse o contrário — eles sempre dividiram a minha atenção, e assim, quando minha filha nasceu, não foram muito afetados por isso. Ela nunca demonstrou ressentimento, porque de certo modo me 'roubou' dos irmãos."

O irmão mais novo

Quando um bebê não-gêmeo chega depois de gêmeos ou triplos, a boa notícia é que a mãe e o pai já adquiriram experiência e cuidar de um parece a coisa mais fácil do mundo. Uma fralda em vez de duas? Café pequeno. Uma mamadeira para aquecer em vez de três? Isso não é nada! De fato, os pais provavelmente poderiam cuidar de um só bebê de olhos fechados — embora eu não recomende isso. Os próprios múltiplos parecem ajudar-se melhor ao novo montinho de alegria que os irmãos não-gêmeos, já que os gêmeos ocupam-se um com o outro enquanto a mamãe ou o papai estão ocupados cuidando das necessidades do recém-nascido (a maior parte dos múltiplos não parece exigir a devolução do novo bebê ao hospital de onde ele veio, por exemplo). Além disso, eles estão acostumados a dividir o amor e a atenção dos pais, já que sempre fizeram isso.

A lua-de-mel pode terminar, porém, quando um irmão mais jovem e não-gêmeo cresce, torna-se um pré-escolar e descobre o que terá de enfrentar. Crianças mais novas e não-gêmeas com freqüência recorrem a um comportamento negativo de busca de atenção ao sentirem que essa é a única forma de obterem o que precisam. Em nossa casa, por exemplo, meu filho caçula,

DE PAIS
para **OUTROS PAIS**

"Heather e Holly (MZf) receberam muita atenção por serem gêmeas e as primeiras netas. Eu me lembro de certa noite em que saímos para jantar com meu sogro e encontramos um de seus amigos no restaurante. Meu sogro disse: 'Essas são as minhas netinhas, Heather e Holly.' Hailey [filha mais nova, não-gêmea] estava sentada perto deles e o avô nem a apresentou! As coisas foram muito difíceis, ao ponto de, aos onze anos, Hailey levar livros junto quando toda a família saía para jantar. Ela sentava-se na outra ponta da mesa e lia, apesar de meus esforços para atraí-la para a conversa. Apenas recentemente a situação começou a mudar. Quando as meninas formaram-se na universidade, Holly foi a Denver para fazer mestrado. Esse foi o ponto de virada no relacionamento com Heather e Hailey — elas se aproximaram mais, porque Holly estava sempre ausente. Depois, Holly voltou e Heather começou a preparar-se para o exame da Ordem dos Advogados. Durante esse período, Holly e Hailey ficaram mais próximas, já que Heather estava quase sempre em uma biblioteca."

não-gêmeo, começa a berrar (estamos falando de berrar mesmo, não apenas falar alto) quando deseja algo de seus irmãos mais velhos. Ele acha que eles não o escutam e pensa que gritar resolverá o problema. Uma vez que isso raramente funciona, ele desiste e então começa a chorar, na esperança de que eu venha em seu auxílio. Ele se sente impotente diante dos irmãos e sua frustração é quase tangível. Isso freqüentemente ocorre por desacordos aparentemente inocentes — o que ver na TV, uma peça do brinquedo de montar que o outro pegou ou mesmo perder em um jogo, por exemplo.

O que os pais podem fazer

Os pais podem ajudar para que os filhos não-gêmeos desenvolvam relacionamentos mais íntimos com seus irmãos múltiplos. Assim, ajuste suas antenas de pai ou mãe, observe as pistas, mantenha-se otimista e continue lendo.

- Minimize a importância da ordem de nascimento para os gêmeos e filhos não-gêmeos. Nunca se refira ao gêmeo que nasceu primeiro como o mais velho e ao segundo como o mais novo. Permita que cada gêmeo e seus irmãos não-gêmeos tenham oportunidades de serem os primeiros. Não se concentre apenas no mais velho. Misture a ordem dos nascimentos ao assinar os cartões comemorativos da família, escolher o DVD para assistir no fim-de-semana, jogar ou mesmo ao se referir a eles para outras pessoas.

- Retire um pouco a importância de serem gêmeos, especialmente em público. Quando alguém perguntar se são gêmeos, tenha um "roteiro" ou uma resposta rápida e automática. "Sim, e esta é a irmã deles. Ela é mais velha, e meus filhos a vêem como um exemplo." Nunca dê privilégios especiais aos gêmeos, e não aos outros irmãos apenas porque estes nasceram primeiro.

DE PAIS
para   **OUTROS PAIS**

"Minha filha (mais velha e não-gêmea) não queria um irmão, menos ainda dois, embora recém começasse a dar os primeiros passos quando eles nasceram. Ela sentia muito ciúme da atenção que Karsen e Kaden (MZm) exigiam. Muitas pessoas conversavam conosco sobre os bebês e a deixavam de fora, de modo que tínhamos de acrescentar que ela era ótima ajudante e excelente irmã. Isso ajudou muito e agora minha filha tornou-se mais amiga dos irmãos. Entretanto, ela ainda preferiria ter tido uma irmã!"

- Ajude o irmão não-gêmeo a sentir-se especial em seu papel de mais velho, dando-lhe privilégios especiais e exclusivos, como ficar acordado até mais tarde ou receber uma mesada maior.
- Ajude o irmão mais novo a ver que seu papel na família tem igual importância, reservando um tempo a sós apenas para ele.
- Desencoraje a mentalidade de "gangue" — os gêmeos contra o filho não-gêmeo —, pedindo que seus gêmeos não se refiram a "nós", e, em vez disso, peça que cada um use "eu" ao falar com o irmão não-gêmeo. Não fale sobre os gêmeos como um par, mas use o nome de cada um para salientar que são dois membros individuais da família.
- Ignore o comportamento negativo de busca de atenção dos filhos não-gêmeos, como "dedurar", gritar e discutir com agressividade. Recompense o comportamento positivo, como cooperação, compartilhamento e compaixão.
- Apóie o relacionamento entre seu filho não-gêmeo e os múltiplos. Mude todos os irmãos de quarto regularmente em vez de juntar os gêmeos em um espaço exclusivamente seu. Incentive os membros mais velhos da família a servirem de mentores para os mais jovens. Leve regularmente um gêmeo e um filho não-gêmeo para um passeio especial para ajudar a melhorar o vínculo entre eles ou descubra algo que o filho não-gêmeo tem em comum com cada um dos gêmeos e incentive-os a explorar seus interesses juntos.

DE PAIS
para OUTROS PAIS

"Rebecca [filha mais nova, não-gêmea] está avançada em seu desenvolvimento, especialmente em termos sociais, e Gabriel e Jordan (MZm) estão com seu desenvolvimento atrasado, especialmente em termos sociais, de modo que eles de certa forma se encontram nesse meio de caminho. Todos são grandes companheiros e se amam profundamente, Às vezes, minha filha se sente deixada de lado, mas isso ocorria especialmente no começo. Na época, meu marido e eu tínhamos dificuldade para incorporá-la — levou algum tempo para assimilarmos a idéia de que tínhamos três filhos. Houve algumas vezes em que compramos algo para os meninos e nada para Rebecca, ou planejamos algo e não a incluíamos. Agora, ela está hipervigilante para não ser excluída de nada e aprendeu a impor sua presença."

OS PAIS

Embora ainda faltem nove anos, eu às vezes penso no dia em que meus gêmeos sairão de casa para a faculdade ou se mudarão daqui. É doloroso visualizar (onde deixei o meu lencinho?) essa situação, já que muito provavelmente os dois sairão ao mesmo tempo, diferentemente de filhos não-gêmeos, que saem de casa um de cada vez, e com intervalo de anos às vezes. De modo tão imediato quanto vieram ao mundo e eu me vi obrigada a aprender a cuidar de dois ao mesmo tempo, quando meus filhos deixarem o ninho meu coração se partirá duas vezes.

Uma experiência de apego diferente

Quando meu terceiro filho nasceu, eu percebi rapidamente que a primeira experiência de ser mãe e de me apegar ao bebê era completamente diferente agora. Embora eu tivesse feito o possível quando meus gêmeos eram pequenos para passar algum tempo sozinha com cada um, apenas aconchegando-o e olhando em seus olhos, havia sempre alguém esperando sua vez para receber exatamente o mesmo que o outro. Com meu filho não-gêmeo, entretanto, todos os meus olhares e arrulhos podiam ser dedicados a ele, e apenas a ele. Essa é uma das diferenças mais notáveis e emocionantes, entre ser mãe de filhos não-gêmeos e mãe de múltiplos. Mães de múltiplos precisam de lugar para parte da intimidade que as mães de filhos não-gêmeos têm com a maior naturalidade.

Quando se têm vários filhos em idades diferentes, todos estão em estágios diferentes também. Quando o seu filho vai para a pré-escola, você está livre para dedicar-se totalmente à sua filhinha recém-nascida. Ou quando esta está cochilando, você então pode ler uma história para seu filho pré-escolar. É possível relacionar-se livremente com cada criança de uma forma singular. As mães de múltiplos, por outro lado, muitas vezes precisam interagir com seus filhos ao mesmo tempo. Além disso, quando se têm gêmeos, é preciso lidar com

> **DE PAIS**
> **para** **OUTROS PAIS**
>
> "Julie e Kevin (DZOS) nasceram depois de sua irmã Emily, que estava com dezessete meses de idade, e então nos tornamos uma família de cinco pessoas. Eu não consegui conhecer muito bem cada um dos gêmeos quando eram bebês — era muito mais difícil apegar-me a eles individualmente do que havia sido com Emily. Eu me lembro que amamentava cada um e tentava imaginar quem eram realmente."

o par — com o vínculo existente entre essas crianças —, do qual somos excluídos, algo que mães de filhos não-gêmeos nunca enfrentam. Isso não quer dizer que seu relacionamento com os gêmeos ou triplos sofre prejuízo ou é inferior apenas porque você teve mais de um filho a um só tempo. Estou meramente apontando que quando se têm múltiplos é preciso estar um pouco mais consciente do relacionamento e ser um pouco mais criativo na hora de encontrar modos de desenvolver esse vínculo íntimo com cada um dos filhos.

Ainda assim, muitos gêmeos têm um relacionamento muito mais forte com seu pai que as crianças não-gêmeas. Se você perguntar a razão, eu lhe digo que uma boa teoria é a de que os pais de gêmeos foram lançados no papel de responsáveis por seus cuidados, mesmo que no começo tenham preferido permanecer como observadores. Embora os tempos estejam mudando aos poucos, a mãe ainda assume o papel de responsável principal, enquanto o pai exerce um papel de coadjuvante. Em famílias com gêmeos ou triplos, porém, o pai entra em cena bem mais cedo e em um nível mais profundo. Imediatamente após o nascimento de seus múltiplos, os pais precisam aprender rapidamente a trocar fraldas e dar mamadeira, banhar e confortar seus filhotes. Por causa disso, muitos desses pais apegam-se muito mais rapidamente aos filhos dos que um pai com um filho não-gêmeo.

A boa notícia para o pai e seus filhos vai ainda além; em virtude de sua forte associação com seus múltiplos, alguns dos aspectos mais difíceis da situação são compensados. Por exemplo, a presença e os cuidados constantes do pai contribuem para o senso de autonomia e identidade pessoal dos gêmeos. Além disso, estudos têm demonstrado que o envolvimento precoce de um pai com os cuidados de seus filhos facilita um senso mais intenso de idade sexual em seus filhos.

Combatendo a sensação de isolamento

Uma vez que têm diferentes experiências em relação às mães de crianças não-gêmas, as mães de múltiplos podem sentir-se um pouco isoladas. Enquanto as mães de filhos não-gêmeos podem ter contato com um grande grupo de mulheres que passam pelas mesmas situações, as mães de múltiplos precisam procurar mais intensamente esse apoio. É por isso que grupos como o National Organization of Mothers of Twins Clubs (Organização Nacional de Clubes de Mães de Gêmeos — nomotc.org) são recursos preciosos. Seus membros passam pelas mesmas circunstâncias que você. Os encontros mensais geralmente apresentam oradores convidados, muitos deles profissionais especializados em educação infantil, que estão familiarizados com a criação de gêmeos. Com freqüência, os grupos organizam encontros de famílias, assim como jantares só para as mães. Com mais de 475 grupos nos Estados Unidos, é uma boa referência para a obtenção de apoio (muitas das mães com quem conversei disseram que não teriam sobrevivido aos primeiros anos com seus gêmeos sem esse grupo. Anos depois, muitas delas ainda são membros ativos). Se a idéia de juntar-se a um clube não lhe agrada, fóruns *on-line*, como grupos da Internet, podem ser cruciais. Mesmo se essas mulheres não podem lhe oferecer soluções exatas para seus problemas, ter alguém mais que conhece o que você está passando, muitas vezes, é o bastante para fazê-la sentir-se melhor. Infelizmente, não existem grupos nacionais para pais de gêmeos atualmente, mas muitos encontram um apoio bem-vindo nesses fóruns (grupos de discussão) *on-line*. Se o pai dos seus múltiplos precisar de maior apoio e conforto, incentive-o a conferir esses grupos de discussão.

> ## DE PAIS
> ### para OUTROS PAIS
>
> "Os grupos para mães de gêmeos e triplos proporcionam muitas recordações e revelações, enquanto passamos para novas mães as nossas próprias experiências. Houve um tempo em que eu me esquecia de certas coisas, depois que eles (DZOS) passavam determinado estágio. Agora, as participantes do grupo surpreendem-se com a quantidade de coisas que recordo. Isso é positivo de outra maneira. Agora que estou com sessenta e oito anos, reviver fatos envolvendo meus múltiplos mantém meu cérebro funcionando e meus pensamentos rejuvenescem com essas memórias."

A busca pela identidade

Quando os gêmeos ou os triplos abandonam o ninho ao mesmo tempo, a experiência pode ser particularmente dura para as mães (e também para os pais), especialmente se os múltiplos são os únicos filhos. Durante dezoito anos ou mais, essas mulheres foram conhecidas como as mães de gêmeos ou triplos e agora seus papéis chegam ao fim, ou assim lhes parece. Muitas mães nessa posição sentem uma perda de sua identidade, já que seu *status* mudou repentinamente. Uma vez que durante grande parte de suas vidas os pais de gêmeos estiveram intensamente envolvidos com seus múltiplos, regozijando-se com a atenção recebida por terem filhos gêmeos, os especialistas os aconselham a preparar-se para o dia em que seus filhos sairão de casa do mesmo modo como alguém se prepara para a aposentadoria. Embora seja importante os pais envolverem-se e investirem nas vidas dos filhos, é igualmente importante terem uma vida que não os inclua. Enquanto os múltiplos estão ocupados, estudando e se socializando no ensino médio, as mães e os pais devem mudar lentamente suas prioridades, dos filhos para a descoberta de passatempos e atividades que possam aproveitar sozinhos ou como casal. Comece descobrindo uma paixão — esportes, artes, música, literatura etc. — e aproveite cada semana para investir nela. Exatamente como precisamos refazer nossos cálculos financeiros quando a aposentadoria aproxima-se, como pais de múltiplos também precisamos reconfigurar nossas prioridades sociais.

Uma mãe de triplos contou-me que pensa com freqüência no dia em que suas filhas, que estão no ensino médio, sairão de casa. Ainda que isso lhe doa, ela continua encorajando-as a descobrirem suas próprias vozes adultas. "Sempre que elas saem sozinhas, estão um passo mais perto de se tornarem adultas."

Como os gêmeos afetam um casamento

Para a maioria das famílias, a chegada de múltiplos é vista como um prêmio. Muitos maridos e esposas lidam com o estresse adicional de múltiplos recémnascidos unindo-se mais e assumindo a atitude de "para o melhor e para o pior", reforçando o compromisso mútuo no processo. Sim, o nascimento de múltiplos é definitivamente uma bênção dupla, tripla ou quádrupla, mas também pode exercer muito estresse adicional sobre um casamento. Infelizmente, para alguns casais a tensão é grande demais para ser superada e, assim, o casamento se desfaz. Sejamos claros, os múltiplos não são necessariamente a causa do fim de um casamento. Mas, provavelmente, já existiam problemas com raízes profundas dentro da união antes da chegada dos filhos. A tensão adicional de ter múltiplos simplesmente trouxe à tona os conflitos existentes há muito tempo.

As estatísticas mostram que as famílias com múltiplos têm taxas superiores de divórcio em comparação às famílias com filhos não-gêmeos. Não é preciso ser um cientista brilhante para imaginar a causa: um casamento é especialmente vulnerável quando os gêmeos são bebês e o estresse de cuidar de dois ao mesmo tempo pode intensificar problemas já existentes no casamento. O pai, embora passe muito mais tempo em casa ajudando a cuidar dos novos filhos, sente a carga adicional de sustentá-los. Ele agora tem duas carreiras — uma em casa e uma no trabalho — e está, basicamente, esfalfando-se. Sua esposa também está exausta por cuidar constantemente de dois bebês e, em muitos casos, tem uma profissão. O fator econômico exerce ainda um papel na forma como a família lida com a questão. Se o casal já lutava com dificuldade para atender a suas necessidades antes da chegada dos gêmeos, agora a tensão aumenta, com as despesas duplas, e a capacidade para manejar a carga extra diminui. Pais nessa situação não têm vontade ou desejo de apoiar um ao outro. Eles estão ocupados demais apenas tentando sobreviver, e o resultado é um casal solitário e isolado. Muitos conseguem recuperar-se; outros, não.

Em famílias problemáticas, alguns pais desenvolvem uma afinidade maior com um dos gêmeos desde o início. Se o marido e a esposa não se sentem ligados um ao outro, ambos podem terminar buscando nos filhos o calor emocional e companheirismo que falta em seu próprio relacionamento. Se essas alianças entre pais e filhos continuam durante anos, pode ocorrer uma linha divisória abismal dentro da família, capaz de romper não apenas o casal, mas também o relacionamento dos gêmeos, especialmente em uma família na qual não há outros filhos.

O que os pais podem fazer

Ter múltiplos não é só glória ou agonia para o seu casamento. A questão é bem clara — prepare-se, mental e economicamente, para a sua chegada e busque auxílio sempre que puder. Aqui estão algumas diretrizes para ajudá-lo:

- Nunca permita que seus múltiplos "escolham lados". Ao mesmo tempo, nunca tente fazer com que eles aliem-se a você contra seu cônjuge. Tente manter quaisquer problemas conjugais entre o casal, e, se chegar a discutir na frente de seus filhos, informe-os de que conseguiram chegar a uma solução satisfatória. "Sim, papai e eu discutimos por causa do preço do novo refrigerador, mas conversamos e já resolvemos esse assunto."
- Divida as tarefas domésticas. Um dos maiores problemas enfrentados em um casamento, com a chegada de múltiplos, é quando parece que todo o trabalho extra recai sobre apenas uma pessoa. Pode ser que não, mas cada um dos pais sente que carrega a maior parte dessa nova carga. Em vez de demonstrar ressentimento, sentem-se e, primeiro, listem o que cada um

faz regularmente, incluindo o trabalho fora de casa, e depois dividam as tarefas de modo proporcional.

- Torne seu casamento uma prioridade. Se houver um problema, admita e busque ajuda profissional.

COMO TRAZER DE VOLTA A FELICIDADE CONJUGAL

A união entre marido e esposa é o relacionamento mais importante dentro da família. Se o casal se desfaz, todos são afetados adversamente. Portanto, manter seu casamento saudável é fundamental. Ainda assim, para a maioria das pessoas, os segredos de um casamento feliz podem parecer enganosos e inacessíveis às vezes. A seguir, estão algumas dicas para devolver a vitalidade ao seu casamento:

- Concentre-se nas qualidades do seu casamento. Elogie as boas coisas ("Ei, obrigada por limpar a cozinha"). Tente ignorar o que irrita (e daí, se você recolhe meias suadas e as coloca para lavar todas as noites?). Lembre-se de dizer "por favor", "muito obrigado" e, é claro, "Eu te amo". Mostre mais afeição um pelo outro — dêem-se as mãos e abracem-se livremente — até mesmo um beliscão malicioso ocasional aumenta a cumplicidade entre marido e mulher.

- Reserve tempo para conversas a sós. Guarde trinta minutos antes ou após o jantar, algumas vezes por semana, para atualizarem-se um com o outro sobre assuntos do cotidiano, assim como sobre seus planos para o futuro. Faça isso enquanto as crianças estão ocupadas com outra coisa (nesses momentos, a TV não parece algo tão ruim assim).

- Saiam juntos. Sim, namorem! Eu sei que babás custam caro e que uma saída noturna típica pode facilmente estourar o orçamento, mas é preciso reconectar-se com seu parceiro ou parceira, e o único modo de fazê-lo é longe das crianças. Para compensar o custo da babá, troque essa tarefa com outra família na mesma rua. As regras são simples — deixe as crianças lá às dezesseis horas e as pegue às vinte e uma horas. Não há conta de babá e nenhum drama para uma estranha na hora de fazer seus filhos irem para a cama. Os pais que estão de saída deixam dinheiro para uma pizza. Acrescente mais um elemento — quando vocês finalmente saírem, não falem sobre problemas dentro do casamento e mantenham a conversa fluindo, conversando sobre o que torna a sua parceria especial.

- Aqueça a sua vida amorosa. Esse é o maior ponto de satisfação conjugal para os homens. Tire a TV do quarto! Além disso, transforme o quarto de casal em seu local adulto inviolável. Crie um espaço que o leve a retirar-se para lá à noite. Em outras palavras, gaste um pouco para torná-lo não apenas confortável, mas agradável para os dois, atraente em termos visuais e para o espírito. Alguns pais possuem uma política de "Proibida a entrada de crianças" após as vinte horas no quarto. Isso também significa que nenhuma criança deve dormir com vocês à noite. Elas precisam aprender que há uma diferença entre o tempo da família e o tempo dos adultos.

UMA GRANDE E FELIZ FAMÍLIA

A chegada de qualquer criança muda tudo, e todos os casamentos precisam adaptar-se a esse acontecimento. Ainda assim, quando os múltiplos chegam, a dinâmica familiar pode apresentar desafios novos e diferentes para todos — para a mãe, o pai e até para os filhos não-gêmeos. Enquanto você cruza esse território desconhecido, lembrar-se de tratar cada membro da família como um indivíduo especial ajudará para que todos se sintam igualmente importantes na hierarquia. Lembre-se, se você deseja que todos os seus filhos apreciem e amem uns aos outros, nunca saliente o *status* dos gêmeos em detrimento dos filhos não-gêmeos da casa.

Bibliografia

Muitos dos periódicos relacionados a seguir podem ser encontrados em bibliotecas de universidades de pesquisas (nos Estados Unidos) ou acessados por um pequeno valor por meio de serviços on-line, como Ingenta Connect (ingentaconnect.com). Embora alguns livros não estejam mais em catálogo, eles também podem ser encontrados em bibliotecas ou comprados pela internet em livrarias de usados, como a Book Finder (bookfinder.com).

Akerman, Britta Alin e Eve Suurvee. "The cognitive and identity development of twins at sixteen years of age: a follow-up study of thirty-two twin pairs". *Twin Research* 6 (2003): 328-333.

Bacon, Kate. "It's good to be different: parent and child negotiations of twin identity". *Twin Research and Human Genetics* 9 (2006): 141-147.

Bakker, Peter. "Autonomous language of twins". *Acta Geneticae Medicae et Gemellologiae* 36 (1987): 233-238.

Bank, Stephen e Michael Kahn. *The sibling bond.* Nova York: Basic Books, 1997.

Bernabei, Paola e Gabriel Levi. "Psychopathological problems in twins during childhood". *Acta Geneticae Medicae et Gemellologiae* 25 (1976): 381-383.

Bouchard, Thomas et al. "Sources of human psychological differences: the Minnesota study of twins reared apart". *Science* 250, no. 4978 (1990): 223-229.

Claridge, Gordon et al. *Personality differences and biological variations: a study of twins*. Oxford: Pergamon Press, 1973.

Danby, Susan e Karen Thorpe. "Compatibility and conflict: negotiation of relationships by dizygotic same-sex twin girls". *Twin Research and Human Genetics* 9 (2006): 103-112.

DiLalla, Lisabeth Fisher. "Social development of twins". *Twin Research and Human Genetics* 9 (2006): 95-102.

DiLalla, Lisabeth Fisher e Rebecca Caraway. "Behavioral inhibition as a function of relationship in preschool twins and siblings". *Twin Research* 7 (2004): 449-455.

Ebeling, Hanna et al. "Inter-twin relationships and mental health". *Twin Research* 6 (2003): 334-343.

El-Hai, Jack. "Uniquely twins". *Minnesota Medicine* 82 (1999).

Faber, Adele e Elaine Mazlish. *Siblings without rivalry: how to help your children live together so you can live too*. Nova York: Quill, 2002.

Gleeson, C. et al. "Twins in school: an Australia-Wide program". *Acta Geneticae Medicae et Gemellologiae* 39 (1990): 231-244.

Hay, David. "ADHD and multiples: a family affair". *Twins* 21, n. 5 (2004): 28-31.

Hay, David. "Twins in School: La trobe twins study". Departamento de Psicologia, Universidade La Trobe, Melbourne, Austrália, e Australian Multiple Birth Association Inc. (1991).

Hay, David et al. "Speech and language development in preschool twins". *Acta Geneticae Medicae et Gemellologiae* 36 (1987): 213-223.

Hay, David et al. "The high incidence of reading disability in twin boys and its implications for genetic analyses". *Acta Geneticae Medicae et Gemellologiae* 33 (1984): 223-236.

Hay, David e O' Brien, P. J. "Early influences on the school social adjustment of twins". *Acta Geneticae Medicae et Gemellologiae* 36 (1987): 239-248.

Hay, David e O' Brien, P. J. "The role of parental attitudes in the development of temperament in twins at home, school and in test situations". *Acta Geneticae Medicae et Gemellologiae* 33 (1984): 191-204.

Johnson, Wendy et al. "The personality of twins: just ordinary folks". *Twin Research* 5 (2002): 125-131.

Koch, Helen. *Twins and Twin Relations*. Chicago: University of Chicago Press, 1966.

Koeppen-Schomerus, Gesina et al. "Twins and non-twin siblings: different estimates of shared environment influence in early childhood". *Twin Research* 6 (2003): 97-105.

Lennarstson, AmyJo. "Minnesota twins win". *Twins* 22, no. 4 (2005): 18-20.

Loehlin, John C. *Heredity, environment and personality: a study of 850 sets of twins*. Austin: University of Texas Press, 1976.

Lytton, Hugh. *Parent-child interaction: the socialisation process observed in twins and singleton families*. Nova York: Plenum Press, 1980.

McClearn, Gerald et al. "Substantial genetic influence on cognitive abilities in twins eighty or more years old". *Science* 276 (1997): 1560-1563.

McDougall, Megan, et al. "Having a co-twin with attention-deficit hyperactivity disorder". *Twin Research and Human Genetics* 9 (2006): 148-154.

Mittler, Peter. *The study of twins*. Middlesex: Penguin Books, 1971.

Moilanen, Irma. "Dominance and submissiveness between twins". *Acta Geneticae Medicae et Gemellologiae* 36 (1987): 249-255.

Moilanen, Irma e P. Rantakallio. "Living habits and personality development of adolescent twins: a longitudinal follow-up study in a birth cohort from pregnancy to adolescence". *Acta Geneticae Medicae et Gemellologiae* 339 (1990): 215-220.

Pearlman, Eileen M. e Jill Alison Ganon. *Raising twins: what parents want to know (and what twins want to tell them)*. Nova York: Collins, 2000.

Piontelli, Alessandra. *Twins: from fetus to child*. Londres: Routledge, 2002.

Posthuma, Daniëlle, et al. "Twin-singleton differences in intelligence?" *Twin Research* 3 (2000): 83-87.

Pulkkinen, Lea et al. "Peer reports of adaptive behavior in twins and singletons: is twinship a risk or an advantage?" *Twin Research* 6 (2003): 106-118.

Rosambeau, Mary. *How twins grow up*. Londres: The Bodley Head, 1987.

Sandbank, Audrey. "The effects of twins on family relationships". *Acta Geneticae Medicae et Gemellologiae* 37 (1988): 161-171.

Sandbank, Audrey. *Twins and the family*. Londres: Arrow Books, 1988.

Sandbank, Audrey (editor). *Twins and triplet psychology: a professional guide to working with multiples*. Londres: Routledge, 1999.

Scheinfeld, Amram. *Twins and supertwins*. Filadélfia: J. B. Lippincott Company, 1967.

Segal, Nancy e Scott Hershberger. "Cooperation and competition between twins: findings from a prisoner's dilemma game". *Evolution and Human Behavior* 20 (1999): 29-51.

Sheehan, Grania. "Adolescent sibling conflict: the role of parental favouritism". *Family Matters* 46 (1997): 37-39.

Sheehan, Grania e Patricia Noller. "Adolescents' perceptions of differential parenting: links with attachment style and adolescent adjustment". *Personal Relationships* 9 (2002): 173-190.

Smilansky, Sara. *Twins and their development: the roles of family and school.* Rockville: BJE Press, 1992.

Stewart, Elizabeth. "Towards the social analysis of twinship". *British Journal of Sociology* 51 (2000): 719-737.

Thorpe, Karen. "Twins and friendship". *Twin Research* 6 (2003): 532-535.

Thorpe, Karen e Susan Danby. "Compromised or competent: analyzing twin children's social worlds". *Twin Research and Human Genetics* 9 (2006): 90-94.

Thorpe, Karen e Karen Gardner. "Twins and their friendships: differences between monozygotic, dizygotic same-sex and dizygotic mixed-sex pairs". *Twin Research and Human Genetics* 9 (2006): 155-164.

Torgersen, Anne Mari e Harald Janson. "Why do identical twins differ in personality: shared environment reconsidered". *Twin Research* 5(2002): 44-52.

Trias, L. Tuulikki et al. "How long do the consequences of parental preference last: a study of twins from pregnancy to young adulthood". *Twin Research and Human Genetics* 9 (2006): 240-249.

Trouton, Alexandra et al. "Twins Early Development Study (TEDS): A multivariate, longitudinal genetic investigation of language, cognition and behavior problems in childhood". *Twin Research* 5 (2002): 444-448.

Tully, Lucy et al. "What effect does classroom separation have on twins' behavior, progress at school, and reading abilities?" *Twin Research* 7 (2004): 115-224.

Van Leeuwen, Marieke et al. "Effects of twin separation in primary school". *Twin Research and Human Genetics* 8 (2005): 384-391.

Wadsworth, Sally e John DeFries. "Genetic etiology of reading difficulties in boys and girls". *Twin Research and Human Genetics* 8 (2005): 594-601.

Walker, Sheila et al. "Nature, nurture and academic achievement: a twin study of teacher assessments of seven-year-olds". *British Journal of Educational Psychology* 74 (2004): 323-342.

Wright, Lawrence. *Twins: and what they tell us about who we are.* Nova York: John Wiley & Sons, 1997.

Yoon, Young-Soon e Yoon-Mi Hur. "Twins have slightly higher self-concepts than singletons in the elementary school period: a study of south korean twins and singletons". *Twin Research and Human Genetics* 9 (2006): 233-239.

Zazzo, Rene. "The twin condition and the couple effects on personality development". *Acta Geneticae Medicae et Gemellologiae* 25 (1976): 343-352.

Índice Remissivo

A

Adolescentes, 145-166
  comparações de, 155-158
  desafios para múltiplos, 148-163
  desenvolvimento físico de, 162-166
  disciplina para, 69-74, 158
  favoritismo e, 139, 140
  independência e autonomia em, 148-150
  orientações para os pais, 156-158, 164, 165
  sentimentos negativos entre, 157, 158
  temas ligados à separação e, 150, 155, 157, 158
  vantagens para múltiplos, 146-148
Ataques de raiva por brinquedos, 62-64
Atividades extraclasse, 123, 124
Aulas particulares, 102
Austrália, estudos realizados na, 85, 97
Auto-estima, 155-157
Autonomia
  comportamental, 149
  emocional, 149

B

Boas maneiras, ensino de, 70, 71

C

Campanha Nacional para Leis para Gêmeos, (Estados Unidos), 98, 99
Carolina do Norte, 98, 99
Casamento
  de gêmeos, 22-24
  dos pais, 183-186
Cochilos, 32
Colocação em salas de aula diferentes, 29, 77, 82-99, 123

defesa pelos pais e, 96-99
fatores envolvidos na decisão, 88-92
individualidade e, 85-87
momento da, 86-88
para gêmeos de sexos opostos,
102-104
preparação para, 94-96
prós e contras da, 92-94
reavaliação, 96
Comparações, 111-141
de adolescentes, 155-158
favoráveis *vs.* desfavoráveis, 112-114
por múltiplos, 116-121
Competição, 6, 7, 111-127
lado negativo da, 118-120
lado positivo da, 121-123
orientação pelos pais e, 121-123
tipos de gêmeos e, 116-119
Comunicação, 158
Contato iminente, 11, 12
Convites, 44-49

D

"Dedurar", 54-58, 93, 94
Deficiências, 18-20, 100, 101
Desenvolvimento da fala. *Ver* Desenvolvimento da linguagem
Adesivos, 68-70
Desenvolvimento da linguagem, 42, 77
auto-estima e, 156, 157
avaliação, 78
colocação em salas de aula separadas
e, 90, 91
diferenças de gênero em, 104, 105
Dificuldades de aprendizagem, 18,
103-109
expressiva, 79, 81
orientação para os pais, 104-107
promoção, 82, 83

prontidão para o jardim-de-infância e,
78, 81-83
receptiva, 79
suscetibilidade a problemas no, 81, 82
TDAH e, 107, 108
Disciplina, 61-75
ataques de raiva por brinquedos e,
62-64
consistência ao disciplinar, 67, 68
dificuldades por tipos de gêmeos na,
72-73
evitar favoritismo, 142
para gêmeos adolescentes, 69-75, 158
para múltiplos pequenos, 63-65
para provocações entre gêmeos, 65, 66
reforço positivo, 68-70
Divórcio, 168, 169, 183-186
amizades e, 49, 51
desenvolvimento físico em, 163
meninas dizigóticas em pares do
mesmo sexo (DZSSf), 3, 4
meninas MZ comparadas com, 5-7
meninos dizigóticos em pares do
mesmo sexo (DZSSf), 3, 4
meninos DZ comparados com, 6-8
padrões de crescimento, 163
Domínio, 7, 8, 50-55
colocação em salas de aula separadas
e, 90, 91
orientação para pais e, 52
separação e, 151, 152
Dor originada no sistema simpático, 11,
12

E

Educação, 77-109
avanço de série e, 99-101
competição e, 126, 127
diferenças em capacidades e, 89, 90
dificuldades de aprendizagem e,
103-109

Índice remissivo

lição de casa e, 98-100, 106
prontidão para o jardim-de-infância, 78-83
retenção na série e, 100-102
separados (*Ver* Colocação em salas de aula separadas)
Efeito da dupla, 159-161
Encontros românticos, 152-154, 164
Escolha da hora, 65, 66
Escore de individuação, 27, 28
experiências intra-uterinas, 11, 12, 16-18
Espelho, reconhecimento, 28-30
Estudo de Gêmeos de La Trobe, 104
Estudo de Minnesota de Gêmeos Criados Separados (MISTRA), 14, 22-24
Estudo do Desenvolvimento Inicial dos Gêmeos (TEDS), 15
Estudos de adoção. *Ver* Separação ao nascer
Estudos por ultra-som, 11, 12
Estudos realizados na Finlândia, 146, 147
Eu *vs.* nós 59, 179

F

Faculdade, anos da, 154, 155
Famílias com um só membro do casal, 168-170
Fase de separação-individuação, 26, 27
Fator celebridade, 62, 63
Fator zen, 61-63
Favoritismo, 129, 130, 135-143
adolescência e, 138-140
conseqüências do, 138-139
definição, 135
desenvolvimento do, 136-138
orientações para que os pais evitem, 140-142
por parentes, 142, 143
Festas de aniversário, 34, 35

Fumar, 146, 147

G

Gêmeo que desapareceu, 8
Gêmeos adolescentes, 69-74
Gêmeos de imagem em espelho, 8
Gêmeos de sexos opostos (DZOS), 3-4
amizades e, 43, 44, 49
colocação em salas de aula separadas e, 102-104
competição entre, 118
desenvolvimento da identidade, 27, 28
desenvolvimento físico em, 163-166
disciplina para, 72, 73
domínio em, 7-8, 51-53
encontros românticos e, 152-154
festas de aniversário para, 35
tratamento justo e, 132, 133
Gêmeos dizigóticos (DZ)
adolescentes, 155
amizades e, 41-44
comparações de, 111, 113, 114, 155
competição entre, 118-119
de sexos opostos (*Ver* Gêmeos de sexos opostos)
desenvolvimento da identidade, 27, 28
favoritismo e, 137, 138
gêmeos de corpo polar comparados com, 2-3
gêmeos MZ comparados com, 4-5
influências genéticas *vs.* desenvolvimentais sobre, 15-18
irmãos (não-gêmeos) e, 175, 176
mesmo sexo (*Ver* Gêmeos fraternos do mesmo sexo)
ordem de nascimento de, 170
padrões de crescimento em, 162-165
porcentagem de DNA compartilhada por, 2
risco de deficiências em, 18

Gêmeos fraternos. *Ver* Amizades entre gêmeos dizigóticos, 40–51. *Ver também* Popularidade
  adolescentes e, 147, 148, 151-154, 157, 158
  compartilhamento, 42-46
  entre gêmeos, 49-51, 147, 148, 151, 152
  orientação para os pais, 45, 46
  problemas na formação, 46-48
Gêmeos idênticos. *Ver* Gêmeos monozigóticos
Gêmeos monozigóticos (MZ)
  adolescência, 150-152, 156
  amizades e, 41-44, 49, 151, 152
  casamento, 22-24
  colocação em salas de aula separadas e, 83, 86-89, 97, 98
  como adultos, 22
  comparações de, 111, 114, 156
  competição entre, 118, 119, 121
  desenvolvimento da identidade, 27-29
  desenvolvimento da individualidade, 36, 37
  discrepâncias nos padrões de crescimento, 166
  favoritismo e, 138, 139
  gêmeos DZ comparados com, 4-6
  influências genéticas *vs.* ambientais sobre, 14-18
  irmãos (não-gêmeos) e, 150-152
  na faculdade, 155
  na pré-escola, 79
  porcentagem de DNA compartilhada por, 2
  relacionamentos familiares e, 168, 169
  risco de deficiências em, 18
  TDAH em, 107, 108
  tempo de vida de gêmeos, 24
Grã-Bretanha/Inglaterra, estudos realizados na, 15, 86, 87, 150

Grupos de apoio e recursos, 169, 181-183

H

Habilidades
  motoras, 77, 78
  sociais, 78
Holanda, estudos realizados na, 75, 89

I

Identidade
  desafios para múltiplos, 26-31
  dos pais, 182, 183
  dupla, 29, 30, 37
  em subgrupos, 27-29
  sexual, 181, 182
Idioglossia. *Ver* Linguagem autônoma
Illinois, 98, 99
Independência, 148-150
Individualidade, 25, 26
  colocação em salas de aula separadas e, 85-87
  dicas para estranhos, 35, 36
  em adolescentes, 158
  promoção da, pelos pais, 32-34, 37-39
Influências
  ambientais, 13-18
  genéticas, 13-18
Irmãos, não-gêmeos, 44, 45, 167, 168, 172-177
  mais novos, 172-178
  mais velhos, 204, 205-8
  orientações para de pais, 210–12
Israel, estudos realizados em, 27, 28

J

Justiça, 130-135, 143
  definição, 130
  orientações para os pais, 133-135

Índice remissivo

real significado de, 132-133
repensando atitudes em relação a,
131-134

K

Koch, Helen, 4-8, 161, 162

L

Lições de casa, 98-100, 106
Linguagem autônoma, 81-83
autonomia, 26-29, 148-150, 181, 182
comportamental e emocional, 149
efeito de prima-dona e, 161-163
Lista de Conferência de Comportamentos para Crianças (CBCL), 41

M

Mãe. *Ver também* Pais
divisão da atenção por, 26, 27
favoritismo e, 137
recursos para, 181, 182
separação da, 26, 182, 183
vínculo com, 180-181
Mães de Gêmeos, 97, 98, 169, 181, 182
Massachusetts, 98, 99
Menarca, 2, 3, 162, 163
Meninas. *Ver também* Meninas dizigóticas em pares do mesmo sexo;
Meninos monozigóticos; Gêmeos de sexos
opostos
capacidades de aprendizagem em, 89, 90
como irmãos não-gêmeos, 176, 177
desenvolvimento acadêmico em, 102
diferenças de crescimento em, 162-165
domínio e, 52, 53
TDAH em, 107, 108
Meninos monozigóticos (MZm), 3-4, 6-8

Meninos. *Ver também* Meninos dizigóticos em pares do mesmo sexo;
Meninos monozigóticos;
Gêmeos de sexos opostos
capacidades de aprendizagem em, 104-105
como irmãos não-gêmeos, 176, 177
desenvolvimento acadêmico em, 102
desenvolvimento da linguagem em, 81
TDAH em, 107-108
Minnesota, 97-99
MISTRA. *Ver* Estudo de Minnesota de Gêmeos Criados Separados
Meninas monozigóticas (MZf), 2-4
ordem de nascimento de, 171
amizades e, 50, 51
efeito de "prima-dona" e, 160-163
meninas DZ comparadas com,5-7
Múltiplos adultos, 22-24

N

Natureza *vs.* criação, debate, 13-18
Noite para namorar, 74
Nova York, 98, 99

O

Ordem de nascimento, 50-52, 118, 122, 123, 170-172, 178, 179

P

Pais, 180-186. *Ver também* Pai; Mãe
amizades dos filhos e, 45, 46
amizades e, 43, 49
busca de identidade por, 182, 183
colocação em salas de aula separadas e, 96-99
desenvolvimento da identidade, 27, 28
diferenças de capacidades nos filhos e, 102-104

diretrizes sobre disciplina para, 66-70, 73, 74

domínio em, 44, 45

mediação da competição por, 120-123

orientações para evitar favoritismo para, 140-142

orientações sobre tratamento justo, 133-135

questões ligadas ao domínio e, 52

vínculo com, 180-182

Pais. *Ver também* Relacionamentos dos pais com gêmeos, 6-7, 20, 181-182

estresses sobre, 183

recursos para, 181-183

Paralisia cerebral, 18

Pensamento idêntico, 11, 12

Percepção extra-sensorial (ESP). *Ver* Telepatia

Perda de peso, preocupação excessiva com, 118-120, 165, 166

Período de "esfriamento dos ânimos", 64, 66

Peso ao nascer, 50-52, 136

Profecia auto-realizável, 157

Prontidão para o jardim-de-infância, 78-83

Q

Quartos, 30, 32-34

privacidade nos, 54-59

relacionamentos com irmãos e, 179

R

Relacionamentos familiares, 167-186. *Ver também* Pais; Irmãos não-gêmeos

dinâmica dos, 168-172

finanças e, 183, 184

questões acadêmicas e, 90, 91

Resolução de conflitos, 64, 65

Revista sobre gêmeos, 169, 181-183

Rivalidade entre irmãos. *Ver* Competição

Rótulos, 115, 116, 156

Roupas

codificação por cores, 79

compartilhar, 32, 33

idênticas, 36-39

S

Segal, Nancy, 118

Sentido acadêmico, 78

Separação

ao nascer, 14, 82, 160

dos pais, 26, 182, 183

questões ligadas à, 150-158

Seqüência, escolha da, 65, 66

SITSS. *Ver* Southern Illinois Twins and Siblings Study

Smilansky, Sara, 27, 28

Socialização

colocação em salas de aula separadas e, 83-86, 90, 91

em gêmeos de sexos opostos, 102, 103

pré-escola e, 78, 79

Southern Illinois Twins and Siblings Study (SITSS), 41, 42

Subgrupos de gêmeos, 2-9

desenvolvimento da identidade, 27-29

descrição, 2-5

diferenças, 4-9

Subgrupos de gêmeos. *Ver* Subgrupos de gêmeos

Suécia, estudos realizados na, 14, 15, 28

T

Tarefas domésticas, 34

Taxa de fertilidade, 62, 63

TDAH. *Ver* Transtorno de déficit de atenção e hiperatividade

TEDS. *Ver* Estudo do Desenvolvimento Inicial dos Gêmeos

Telepatia, 11-15

Tempo de vida de gêmeos, 24

Tese do ambiente compartilhado específica para gêmeos, 16

Teste de Desenho de Wartegg, 28

Texas, 98, 99

Transtorno de déficit de atenção e hiperatividade (TDAH) 7-8, 107-109

Triplos dizigóticos (DZ), 3, 4

Triplos monozigóticos (MZ), 3-4, 16, 17

Triplos trizigóticos, 3-4

Triplos, 16, 17
  colocação em salas de aula separadas e, 96
  disciplina para, 72, 73
  irmãos (não-gêmeos) de, 175, 176
  linguagem autônoma em, 81
  ordem de nascimento de, 171, 172
  privacidade no quarto e, 58, 59
  risco de deficiências em, 18
  subcategorias de, 3-4

Twin Services (site da Internet), 169

Twinsight (site da Internet), 169

U

Universidade de Chicago, 4-5

Universidade do Estado da Califórnia em Fullerton, 118

Uso de álcool, 146, 147

V

Vantagem do gêmeo, 19-24

Vínculo entre gêmeos, 9-13, 20, 181
  colocação em salas de aula separadas e, 83-85, 90, 91
  em adolescentes, 149, 147, 160
  no útero, 11, 12

Vínculos
  com irmãos, 172, 173
  entre gêmeos (Ver Vínculo entre gêmeos)
  entre pais-filho, 180-182

Z

Zazzo, Rene, 159, 160

Zigosidade, 4-5, 22
  colocação em salas de aula separadas e, 86-87
  desenvolvimento físico em, 162, 163
  relacionamentos com irmãos (não-gêmeos) e, 175-177

Nota do Editor

Agradecemos à Cintia Guimarães Gomes Toledo, mãe de Guilherme, Luiz e Bernardo, à Rosa Maria de Oliveira, mãe de Vitor e Vinícius, e à Majoy Antabi, mãe de Maia, Henri e Laila, por terem cedido as fotos de seus filhos para publicação neste livro.

Elas participam do site *www.multiplos.com.br*, onde as mães de múltiplos podem encontrar muitas informações úteis.

GRÁFICA PAYM
Tel. (011) 4392-3344
paym@terra.com.br